노인놀이지도 치매예방 재활놀이 실제 I

건강한 노인의 치매예방을 위해

노인놀이지도 치매예방 재활놀이 실제 I

전남희 저

동문사

머리말

저자는 27년 동안 레크리에이션·이벤트 기획사를 운영하면서 다양한 교육과 행사 경험을 하였습니다. 지난 시간을 돌이켜보면 레크리에이션·이벤트 현장은 많은 변화들이 있었고 지금도 계속 변화하고 있습니다. 자사의 주 고객이었던 기업의 여가 문화도 변하였고, 여가를 즐기기 위한 대부분 사람들의 인식도 변함에 따라 특정 프로그램이 사라지거나 새로운 프로그램이 등장하는 등 많은 변화들이 일어나고 있습니다.

여가 인식의 변화, 프로그램의 변화와 함께, 또 다른 변화는 현재를 살고 있는 노인들의 심·신의 변화였습니다. 즉 현재의 노인은 과거 노인의 심신 상태보다는 더욱 건강한 모습을 보인다는 점입니다. 이로 인해 종전에는 노인에게 활용하지 못했던 프로그램이 가능하게 됐고, 어떠한 경우는 게임성을 강화하기 위해 난도를 높여 활용하는 사례들도 나타나기에 이르렀습니다.

노인의 변화는 저자로 하여금 노인 프로그램에 대한 연구를 일찍 시작하게 하는 계기를 마련하게 했습니다. 이에, 2003년부터는 노인 여가 프로그램에 대한 실태 조사를 위해 노인 관련 복지관 및 센터에 유·무료 출강을 하였고, 유튜브와 학술논문 등을 분석하는 본격적인 연구를 시작하였습니다. 결론을 먼저 말씀드리자면 노인은 계속 젊어지고 있는데, 프로그램은 노인의 변화를 따라가지 못하고 있다는 것이었습니다.

노인에게 여가 프로그램은 단순하게 무료한 여가시간을 채워주는 것 외에 다양한 목적을 가지고 있다고 할 수 있습니다. 그중 건강한 노인을 대상으로 한, 여가 프로그램의 궁극적 목적은 지속적인 치매예방 프로그램 참여를 통해 건강한 노후를 맞이하게 하는 것이라 할 수 있습니다.

저자는 사전 조사로 건강한 노인을 대상으로 한 치매예방 프로그램을 개발하기 위해 그동안 노인 치매예방 프로그램과 관련하여 많이 활용되고 있는 노인레크리에이션, 치료레크리에이션, 놀이치료 현장을 직접적으로 찾아가 확인하였고 간접적으로는 유튜브를 통해 전국에서 활동하는 전문가들과 비전문가들의 영상을 분석하였습니다. 또한 노인레크리에이션, 치료레크리에이션, 놀이치료를 활용한 효과성 검증 논문을 전수 조사하였습니다. 결과는 본서의 논문에 실려 있습니다.

이러한 사전 연구 결과를 토대로 신 노년이라 불리고 있는 현재의 건강한 노인을 위한 치매예방 프로그램을 2005년부터 만들기 시작하여 현재까지 개발·변형·응용하여 상용화시킬 수 있는 놀이 307개를 소개할 수 있게 되었습니다. 소개할 프로그램은 치매예방 프로그램으로서의 효과성을 갖추기 위한 요소들은 필수적으로 삽입하려 노력하였습니다.

효과성을 갖춘 프로그램이라 해도 참여하는 노인들의 입장에서는 흥미와 재미가 동반되어야 능동적인 참여를 유발할 수 있기에, 저자는 놀이가 개발될 때마다 가까운 노인들에게 임상적으로 먼저 활용해보고 참여한 노인들의 소회를 놀이에 반영하는 노력들을 지속적으로 실천하며 완성해나갔습니다.

이와 같은 과정을 거친 후 개발한 치매예방 재활놀이 중에서 노인들의 선호도가 가장 높았던 것을 선별, 선택하여 4년간의 질적 연구를 실행하였고 긍정적인 결과를 얻을 수 있었습니다.

염치불구하고 본서에 재활놀이 활용 사례 논문을 실은 이유는 그동안 발표된 프로그램과 관련한 논문들이 대부분 양적연구로 효과성 유·무에만 중점을 둔 데 반하여, 이번 논문은 질적논문으로 효과성 유무와 함께 프로그램에 활용된 놀이마다의 벌어지는 상황과 참여자의 소회를 여과 없이 기술한 논문이라는 점에서 게재하게 되었습니다.

활용된 놀이마다 참여자의 소회를 중요하게 여긴 이유는 아무리 좋은 프로그램이라 해도 흥미와 재미를 느낄 수 없다면 무의미하다는 생각에서 중요하게 다루었습니다. 우리는 그동안 효과성에만 치중한 나머지 활용되는 개별적인 놀이마다의 흥미와 재미에 대해선 많은 비중을 두지 않았던 것도 사실입니다.

이 책에서는 현재까지 개발한 재활놀이 307개 중 152개만을 우선 공개하고자 합니다. 여러분이 적용하려고 하는 건강한 노인이라 하더라고 심·신 상태는 천차만별이기에 진행 노하우가 갖춰있지 않으면 쉽지 않을 수 있습니다. 모든 건 다양한 현장경험이 해결해 줄 거라 생각합니다.

마지막으로 노인놀이지도 치매예방 재활놀이 실제 I은 아직 미흡하고 부족한 점이 많이 있을 수 있지만, 조금이나마 건강한 노인의 치매예방을 위한 목적으로 활용되기를 바라며 머리말을 마무리하고자 합니다.

감사합니다.

차례

CONTENTS

PART I

노인과 놀이 관련 질적 사례 연구

Chapter

01

노인 대상 치매예방 재활놀이 프로그램의 효과성 검증을 위한 사례 연구

Ⅰ. 들어가며

1. 연구의 필요성

우리나라의 인구 고령화 추세는 세계적으로 예를 찾을 수 없을 정도로 가속화되고 있다. 2000년에 65세 이상 노인이 전체 인구의 7%를 넘어 고령화사회(aging society)로 진입하였고, 2018년에는 755만 6,709명인 14.3%를 넘어 고령사회(aged society)로 이미 넘어섰으며, 2026년에는 1,084만 명으로 20.8%를 넘어 초고령사회(super aged society)로 변화될 것으로 전망하고 있다(통계청, 2018).

노인 인구의 급증은 생산 연령의 감소로 인한 국력의 약화, 노인의 사회적 역할 감소와 의존성의 증가, 노인 계층의 소득보장이나 건강보험 문제, 그리고 노인성 질환의 증가와 더불어 노인부양에 대한 어려움의 가중 등 수많은 문제를 양산할 수 있다(박주한·박용한, 2004). 이 중 노인 당사자와 가족의 우려를 넘어 국가적 문제로 받아들여지고 있는 것이 노인의 건강보장 문제이다.

노인의 건강 보장문제는 인간의 기본적 본능인 삶의 질 향상과 관련된 것으로, 누구나 나이가 들면 직면하게 되는 보편성을 지닌다. 이때의 보편성이란 건강의 유지부터 퇴화된 기능의 회복에 이르기까지 모든 면에 해당될 수 있으나, 그 중 가장 큰 국민적 관심사인 노인성 치매를 들 수 있다. 우리나라 제5대 사회보험으로 2008년에 시행된 노인장기요양보험법의 제정이유에서 '우리나라 인구의 고령화가 세계에서 유례가 없을 정도로 빠르게 진행됨에 따라 치매·중풍 등 일상생활이 어려운 노인들의 수도 날로 증가'하고 있다고 적시하고 있다.

치매는 퇴행성 뇌질환으로 주로 노년기에 발생하는데, 심장병, 암, 뇌졸중에 이어 주요 4대 주요 사인으로 불릴 정도로 중요한 기질성 장애의 하나(이난희, 2009)로 증가추세에 있다. 우리나라 노인의 치매 유병률을 보면 2012년 9.18%(54만 명)에서 2017년 10.31%(72만 5,000명)로 높아졌다. 나아가 2030년에는 10.39%(127만 명), 2050년에는 15.06%(271만 명)로 더욱 가속화될 것으로 예측되고 있다(이진, 2018).

치매 인구의 증가추세에도 불구하고 치매의 치료는 말할 것도 없고, 원인 규명조차 제대로 이루어지고 있지 않은 실정이다. 치매의 의학적 원인으로는 막연하게 대뇌부의 신경조직 및 세포의 손상 등이 거론된다. 그러나 정확히 말하자면 이 또한 대뇌 손상의 결과로 치매의 원인을 설명할 뿐, 그러한 손상이 왜 발생하며, 어떠한 메커니즘으로 치매의 특성을 드러내는지에 관한 명확한 설명은 이루어지고 있지 않다.

치매의 원인에 대한 또 다른 측면으로 노인의 심리적 특성을 들 수 있다. 노인의 심리적 특성인 지능, 기억력, 학습능력, 창의력, 사고능력, 동기, 성격적 특성인 우울증 경향, 경직성, 수동성, 조심성, 의존성, 절망감, 양성성, 사회적 특성인 지위와 역할 등과 같은 부정적인 심리·사회적 요인과 치매가 밀접한 관련이 있다(박선태 외, 2015). 이때의 사회적 요인은 작게는 가정 내에서의 역할상실에 따른 소외감에서부터, 노인이 되면서 사회에서 이탈되었다는 허탈감과 상실감이라는 보다 광범위한 부적 경험을 의미하기도 한다.

치매의 원인에 관한 분석은 위에서 살펴본 바와 같이 의학적·심리적 측면 등에 따라 상이할 수 있지만, 치매의 주요 증상에 관한 인지는 사회적으로 공유되어 있다고 봐도 좋을 것이다. 치매의 주요 증상을 보면 지남력(指南力) 장애, 판단력 저하, 인지기능 저하, 기억장애, 대인관계 불가능, 일상생활 결여, 사회생활 결여, 작업활동 결여, 의욕 상실, 기력 저하, 감정표현 장애, 자기결정력 장애, 자아정체성 상실 등이 일컬어지고 있다(정원철, 2008). 특히 말기에 이르면 인지적 능력은 현저히 떨어지며, 정신행동 및 신경학적 증상의 발현 및 실금, 욕창, 감염 등의 신체적 문제들로 독립적인 생활이 불가능한 수준에 이르게 된다(조유향, 2015).

위와 같이 치매는 대개 치유 불가능한 것으로 알려져 있지만, 노인의 심리·사회적 특성의 악화 방지 및 지연·완화 활동을 통해서도 일정 부분 치매를 지연시킬 수 있음이 경험적으로 증명되고 있다(허근·김지연, 2017). 예를 들어 일본에서 치매(ちほ)라는 용어 대신 인지증(認知症)이라는 용어로 전격 대체한 배경에는 기존의 치매관, 즉 치매는 치유 불가능한 것이 아니라 그 속도를 늦출 수 있으며, 그 과정에서의 지역사회에서의 통합된 삶의 영위가 가능하다는

사회적 합의가 있었다(장지은, 2018).

치매의 진행 속도를 지연시킬 수 있다는 가능성의 발견은, 잠재적 치매 노인의 출현을 일정 예방할 수 있음을 의미하는데, 이것이 사회적 비용이나 개인적 삶의 질에 있어서도 훨씬 효과적임은 이론(異論)의 여지가 없을 것이다. 자연적으로 인지기능이 저하되는 것은 불가피하지만, 초기 치매증상으로 진행되기 전, 적절한 중재 프로그램에 따라 인지기능을 유지·향상시킬 수 있으며 치매 발병률을 낮출 수 있다(이난희, 2011). 또한 건강한 노년을 보내고 싶어 하는 욕구로 다양한 노인 여가활동에 관심을 가지고 발산을 하면, 노화로 인한 신체적 기능의 감퇴와 인지적 기능의 둔화를 늦출 수 있다(Rowe & Kahn, 1997; 정경자 외, 2014 재인용).

이렇게 볼 때 의학적 접근을 제외한 최적의 치매예방 프로그램이란 노인의 심리·사회적 특징의 부적 변화를 지연시켜줄 수 있는 프로그램이라 할 수 있다. 예를 들어, 허근·김지연(2017), 권중돈(2010)이 제안한 대화하기, 외향적으로 변하기, 소통하기, 스트레스 덜 받기, 글쓰기, 그림 그리기, 도전하기, 적극적인 사고, 운동, 계산하기, 경쟁하기, 몰입하기, 게임하기, 웃기, 머리 쓰기, 새로운 정보 입력하기, 산책하기 등과 같은 평상시의 활동을 통해 심리·사회적 안정과 결과로서의 치매 예방 효과를 기대할 수 있다.

위와 같은 치매예방 활동은 우리나라의 치매예방 정책과 방향성과도 일치한다. 일례로 치매에 대한 부정적인 인식을 개선하기 위해 국가는 2007년 7월 21일을 '치매극복의 날'로 선정하였다. 또한 전술한 노인장기요양보험 제4조에도 '국가 및 지방자치단체는 노인성질환예방사업의 실시'를 명시하고 있으며, 같은 해에 제1차 치매관리종합계획, 2013년 2차, 2016년 3차 치매관리종합계획의 추진 방향과 정책에도 치매예방이 강조되고 있다. 한편 「노인복지법」 제27조의4에도 국가와 지방자치단체의 의무로 노인성질환예방사업을 명시하고 있다. 2017년에 출범한 문재인 정부에서도 '국정운영 5개년 계획'에 '치매 국가책임제'를 선포하고, 전국 252개 치매안심센터 확충 등으로 치매를 국가적인 문제로 받아들이고 관련 정책을 추진하고 있다(이진, 2018).

노인의 치매예방 혹은 심신기능의 유지·완화를 위한 실천 양상은 크게 세 가지로 살펴볼 수 있다. 오랜 기간 동안 노인여가 영역에서 대표적 치매 관련 프로그램으로 활용되고 있는 노인 레크리에이션, 노인 치료레크리에이션, 노인 놀이치료(노상은·전남희, 2018)가 그것이다. 각 영역의 목적을 보면 노인 레크리에이션은 건강한 노인의 심신 기능의 유지·향상을 위해 활용되고, 노인 치료레크리에이션과 노인 놀이치료는 활용되는 기능적 요소[1]에만 차이가 있을 뿐 심신 기능이 저하된 노인의 질병 유지와 완화를 위해 활용된다(전남희·조원일, 2018).

상기 세 가지 프로그램의 주 대상은 치매가 진행 중이거나 심신의 기능이 매우 저하된 노인들이다. 이는 건강유지 및 악화진행의 시기에 이뤄져야 하는 예방활동 프로그램 대상자로서의 고려가 필연적으로 요구된다. 이는 동시에 우리나라의 대표적 치매예방과 심신기능의 유지·완화 프로그램으로 대변되는 상기 세 가지 프로그램이 그 대상의 특성에 부합되지 못하고 있다는 실천적 한계를 함의하기도 한다.

본 연구에서 건강한 노인을 대상으로 한 '치매예방 놀이[2]'를 개발하고자 한 이유도 위와 같은 기존 프로그램의 한계 자각에 따른 것이다. 이 경우, 치매예방 놀이의 핵심 구성요소로 협동, 도구 활용, 놀이 들 수 있다. 이들 세 요소가 개별적이면서도 서로 유기적으로 작용할 때 노인에게 개인적·사회적 차원의 긍정적 변화라는 효과성을 기대할 수 있다.

먼저 협동은 하나의 공동 목표를 달성하기 위해 동료 상호 간에 이루어지는 사회적 작용을 함으로써 서로 좋아하고 존중하는 자세를 갖게(정경숙, 2011) 하며 긍정적 상호의존성, 개별적 책무성, 대면적 상호작용, 사회적 기술, 집단과정이라는 긍정적인 현상을 발현하게 한다. 협동은 또한 인지발달론과 인지정교화론에 의하면 쇠퇴라는 노인의 인지능력 유지와 향상에도 효과적이라고 한다(한지선, 2005).

도구 활용은 놀이에 활용되는 모든 시각적인 효과를 제공하는 매개체로 노인들로 하여금 호기심과 흥미를 유발하게 하여 적극적인 참여의지를 발동하

1) 게임, 율동, 손유희, 박수, 스킨십, 싱잉모션, 노래, 놀이 등으로 각 영역에 속한 기능적 세부 요소를 의미한다(전남희·조원일, 2018).
2) 노인 대상 '치매예방 놀이'는 연구자가 개발한 놀이로 '노인 대상 치매 관련 프로그램'에서 말하고 있는 레크리에이션, 치료레크리에이션, 놀이치료와는 다른 것으로 본 연구에 활용된 프로그램의 공식적인 제목을 의미한다.

게 하는 역할을 한다(조장은, 2013). 또한 도구 활용은 치매 노인들의 잔존 능력을 유지하고 향상시키기 위한 즉각적인 피드백 수단으로서 기억력 상실을 겪게 되는 치매노인 교육에도 효과적이다(Camp, 2000; 김경화, 2007 재인용). 놀이는 노인들이 예전부터 접해 왔던 친근함과 용이한 접근성을 그 특징으로 한다. 구체적으로 놀이는 공포 극복, 창조적 사고, 정화, 환상과 상상, 관계증진, 긍정적 정서 배양의 계기가 된다. 이를 통해 몰입과 자유로움을 경험하고 예측할 수 없는 독특한 방법으로 자신이나 다른 사람들 그리고 환경에 반응하게 함으로써 치매예방에 긍정적인 역할을 수행하기도 한다(신혜원, 2009).

본 연구와 관련된 선행연구를 살펴보기 위해 2000년 1월부터 2017년 7월까지 국내에 발표된 학위논문 18편, 학회지 20편 총 38편을 분석하였다. 효과성 측면에서, 노인 레크리에이션은 신체적 기능의 유지·관리·향상을 위한 연구가 주를 이루고 있으며, 정신적 측면의 효과성 검증 연구는 일부에 불과하였다. 반면, 노인 치료레크리에이션과 노인 놀이치료는 주로 정신적 측면의 효과성 검증을 위한 연구가 대부분이었다.

아울러 상기 연구들은 양적 수치를 통한 결과 제시와 관련 프로그램에서 활용된 기능적 요소의 소개 정도에 그치고 있어 실제 진행 과정 등에 관한 생생한 정보 제시까지는 이르지 못하고 있다. 무엇보다 연구 참여자인 노인의 입장에서 위와 같은 프로그램이 얼마나 만족스러웠는지에 관한 평가와 이를 검증하고자 한 연구는 찾아볼 수 없었다. 프로그램의 효과성을 검증한다는 학술적 의미에서뿐만 아니라 이와 같은 활동에 할애한 시간이 연구 참여자들에게는 곧 여가시간이기 때문에 실천적 의미에서도 프로그램 참가에 따른 욕구충족의 확인은 반드시 필요할 것이라 사료된다.

2. 연구의 목적 및 질문

본 연구의 목적은 건강한 노인을 대상으로 협동, 도구 활용, 놀이를 핵심 구성요소로 하는 치매예방 놀이의 효과성을 검증하는 것이다. 이를 위한 연구 질문은 다음과 같다.

첫째, 노인대상 치매예방 놀이는 왜 필요하며, 그 개념은 무엇인가?

둘째, 노인대상 치매예방 놀이를 통해 나타나는 개인적 차원의 효과성은 무엇인가?

셋째, 노인대상 치매예방 놀이를 통해 나타나는 사회적 차원의 효과성은 무엇인가?

본 연구는 건강한 노인을 대상으로 한 치매예방 놀이 연구가 전무한 가운데 이루어진 것으로, 2020년부터 노인세대로 진입하는 건강한 노인의 치매예방 놀이가 갖춰야 할 다양한 조건을 제시하고 효과성의 범위를 재설정하는 기준을 마련하고자 한다. 또한 연구 결과는 노인을 대상으로 치매예방 프로그램 계획을 세우는 데 중요한 방향성을 제시할 것이다.

Ⅱ. 문헌고찰

1. 한국사회의 치매예방 정책과 방향성

1) 치매예방 정책의 실체

우리나라가 치매를 국가의 중요한 정책 아젠다로 인식하게 된 시기는 1990년대 후반부터 급속한 경제성장 및 생활수준의 향상으로 기대수명이 급격히 늘어났던 때이다(장기봉, 2018). 이러한 사회적 변화에 맞춰 1994년 한국치매협회 창립을 시작으로, 1996년 3월에 '삶의 질 세계화를 위한 노인·장애인복지 종합대책'에서, '치매노인 10년 대책 1996~2005'를 마련해 공식적인 치매관리 정책이 수립했고, 2001년 9월부터 2003년 6월까지 국무조정실에 노인보건복지대책위원회가 설치·운영되었다(박주한·박용환, 2004).

이후 노무현 정부 당시 9월 21일을 '치매극복의 날'로 선정하고 매년 기념행사를 통해 치매에 대한 부정적인 인식을 개선하고자 하는 노력이 이어졌다. 국가적 정책과 사회적 합의는 2008년 국가 주도의 보편적인 공적보험서비스인 노인장기요양보험의 태동을 가져오기도 하였다(장지은, 2018). 노인장기요양보험은 고령이나 노인성 질병 등으로 일상생활을 혼자서 수행하기 어려운 노인 등에게 신체활동 및 가사지원 등의 장기요양급여를 제공해, 노후 생활의 안정과 그 가족의 부담을 덜어줌으로써 국민의 삶의 질 향상에 기여하고자 하는 사회보험제도이다(보건복지부, 2017). 노인장기요양보험의 시작과 동시에 본격적으로 '치매와의 전쟁'을 선포하고 2008년 1차 치매관리종합계획을 발표하였고, 2013년 2차 계획에 이어, 2016년 3차 치매관리종합계획이 발표돼 2020년까지 시행되었다.

이처럼 치매 문제는 당사자와 가족만의 책임을 넘어 국가가 본격적으로 개입하는 상태까지 이르렀는데, 이 중 세 번에 걸쳐 발표된 치매관리종합계획이 어떤 추진방향과 정책들을 포함하고 있는지 확인할 필요가 있다. 이는 치매예방 프로그램이라는 실천 상황이 어디를 향하고 있는지를 알려주는 실마리가 될 수 있기 때문이다. 이하, 〈표 1〉은 1차부터 3차까지의 치매관리종합계획을 정리한 내용이다.

〈표 1〉 우리나라의 연차별 치매관리종합계획 정책비교

구분	1차 치매관리종합계획	2차 치매관리종합계획	3차 치매관리종합계획
추진 시기	2008~2012년	2013~2015년	2016~2020년
추진 비전	노인의 편안하고 인격적인 삶	-	치매환자와 가족이 지역사회에서 편안하고 안전하게 살아갈 수 있는 사회구현
추진 방향	건강증진사업과의 연계추진	치매의 예방-발견-치료-보호를 위한 체계적 기반 구축	지역사회 중심의 치매 중증도별 치매 치료·돌봄
	치매 유형별 맞춤 관리	치매환자와 가족의 삶의 질 향상 및 노년의 불안감 해소	치매환자의 권리·안전보호와 가족 부담경감 중심의 지원체계 마련
	종합적·체계적 치매관리·치료	치매에 대한 올바른 이해 및 사회적 관심 제고	-
추진 정책	치매 조기발견 및 예방 강화	조기발견 및 예방강화	지역사회 중심의 치매예방 및 관리
	종합적·체계적 치매 치료·관리	인프라 확충	편안하고 안정된 치매환자 진단·치료·돌봄 서비스 제공
	효과적 치매관리를 위한 인프라 구축	가족지원·사회적 소통 확대	치매가족의 부양부담 경감
	치매환자 부담경감 및 부정적 인식 개선	가족지원 및 사회적 소통 확대	연구·통계 및 기술을 통한 인프라 확충

출처: 김민경(2017: 238).

먼저 차수별 치매관리종합계획의 추진 기간을 보면 1차 계획과 3차 계획의 추진 기간이 5년인데 반해 2차 계획은 3년으로 짧은 기간을 두고 있는데, 이는 1차 치매관리종합계획을 보완하여 발전시키고자 한 형태라고 볼 수 있다. 이어 주요 정책들의 추진 방향을 보면 1차 치매관리종합계획이 치매노인에게만 국한하여 정책을 수립하였다면, 2차와 3차를 거치는 동안 치매환자를 비롯하여 돌봄 서비스 제공자와 지역사회까지 고려하여 정책을 확산함으로써 정책 대상의 범위가 확대되고 있음을 확인할 수 있다(김민경, 2017).

구체적인 내용을 보면 1차 계획은, 치매에 대한 국민적 이해를 돕고, 조기 검진의 필요성을 인식시키는 데 중점을 두었다는 것이 특징(보건복지부, 2008)이었고, 2013년부터 2015년까지 3년 동안 추진했던 2차 계획은, 법적 기반을 토대로 국가적 차원의 치매관리 정책의 당위성을 마련하였다는 것이 특징이라고 할 수 있다(원시연, 2013). 현재 시행되고 있는 3차 계획은 기존 공급자 측면이 아닌 서비스 수요자 측면에서 치매환자 가족의 부담을 실질적으로 경감하기 위한 측면이 강화되었다는 특징이 있다(김민경, 2017).

1차부터 3차까지 종합계획에 나타난 치매예방과 관련한 정책을 보면, 1차 계획의 추진정책에는 '치매 조기발견 및 예방 강화'가 명시돼 있고, 2차 계획에는 두 번 등장하는데 추진 방향에 '치매의 예방–발견–치료–보호를 위한 체계적 기반 구축'이라는 순차적인 프로세스를 제안하고 있고, 추진정책에는 '조기발견 및 예방 강화'가 명시돼 있으며, 3차 계획에는 추진정책에 '지역사회 중심의 치매예방 및 관리'라는 내용이 명시돼 있다.

1차 계획에서부터 예방 강화가 명시되어 있지만, 실제 본격적으로 예방과 연구개발의 중요성이 강화되고 예방활동 장소에 대한 내용이 언급되기 시작한 시기는 2차 치매관리종합계획부터이다. 2차 계획의 세부 내용을 보면, 치매 발생 위험요인을 관리하고 노인운동 프로그램을 확대하며 특히 건강대학, 체조교실 등의 여건에 적합한 건강 프로그램 발굴의 중요성을 강조하고 있다. 그러나 실제 검증을 통한 구체적인 프로그램을 소개하거나 추천할만한 사례까지는 제안하지 못하고 있다.

3차 치매관리종합계획의 세부 내용에는 치매 조기 발견을 위한 건강 검진에 관련한 내용과 치매예방을 위한 습관 형성 및 자가 관리에 대한 내용이었다. 2차와 3차에서 치매예방을 위한 구체적인 프로그램을 소개하거나 추천하는 내용은 없다. 하지만 다른 주요 선진국보다 고령사회를 준비할 시간이 상대적으로 짧았고 치매에 대한 부정적 인식의 개선과 예방의 중요성을 인식하고 정책적으로 강조하고 있다는 데는 긍정적이라 평가할 수 있다.

2) 치매예방 정책의 방향성

치매의 법률상 정의를 보면 '퇴행성 뇌질환 또는 뇌혈관계 질환 등으로 인하여 기억력, 언어능력, 지남력, 판단력 및 수행능력 등의 기능이 저하됨으로써 일상생활에서 지장을 초래하는 후천적인 다발성 장애'이다(「치매관리법」 제2조 제1호). 다른 한편으로 치매는 보기에 따라 '질병'이기도 하고, '장애'이기도 하며, '자연스러운 노화'의 과정 혹은 '새로운 유형의 삶'이기도 하다. 이러한 경계의 모호함이 공포를 불러일으키기도 하지만 후천적인 다발성 장애라는 규정을 보면, 후천적 발병 요인이 발생하지 않도록 하는 예방법에 기대를 갖게 하는 것이 현실이다(장지은, 2018).

치매 노인의 증가는 기본적으로 노인 인구의 급증이 저변에 있다고 볼 수 있는데, 총 인구대비 노인 인구 비율을 보면 2015년 13.1%에서 2030년에서는 24%, 2050년에는 37.4%로 증가할 것으로 예상된다(신순미, 2018). 중기 노인인 75세 이상 인구 비율을 보면 2015년에는 5.5%에서 2030년에서는 9.7%이며 2050년에는 22.1%로 증가할 것으로 예상돼 고연령일수록 발병위험이 높은 치매노인은 계속 증가할 것이다(보건복지부, 2015). 이 같은 초고령화 추세를 선진국에 비추어보면 프랑스 154년, 미국 94년, 독일 77년, 일본이 36년인 반면 우리나라는 26년에 불과할 것으로 파악되고 있다. 초고령 사회로의 급격한 변화는 그로 인해 일어날 다양한 변화, 특히 노인 건강과 관련해 대비할 수 있는 시간적인 여유가 매우 부족했을 것이라 본다(박주한·박용한, 2004).

이렇듯 치매가 노화의 과정 속에 누구나 겪을 수 있는 사회적 문제로 인식되는 데도 불과 얼마 되지 않았고, 발병에 따른 특별한 치료법의 개발과 보급이 진전되고 있지 않은 상황이다. 그렇다고 예방의 중요성이 강조된 지도 그리 오래되었다고 볼 수 없지만, 근래의 경향으로 우리나라의 치매정책에 예방의 중요성은 강화되고 있음을 알 수 있다. 우리나라보다 고령화에 먼저 대비한 해외의 치매예방 정책을 요약해 보면 다음 〈표 2〉와 같다.

〈표 2〉 주요 국가별 치매예방 정책 비교

OECD	일본
치매발생 위험 최소화	사회적 이해도 제고를 위한 캠페인 실시 치매 서포터 양성 및 활동 지원 학교 교육 등 치매환자에 대한 이해 제고
영국	**한국**
치매 발병 위험 증감요인에 대한 이해 제고	전 국민 대상 치매예방 실천 지원

출처: 김민경(2017: 251) 재구성.

〈표 2〉를 살펴보면 '치매발생 위험 요인의 최소화'와 '치매에 대한 이해 재고'로 특정 지어진다. 즉 생활방식이나 의료적 관리 위주의 정책인 반면, 우리나라만이 '치매예방 활동의 적극적인 지원'을 내세우고 있다. 그러나 앞서 기술한 대로 정책적으로 검증된 프로그램을 추천하거나 소개하는 데까지는 이르지 못하고 있으며, 노인운동 프로그램을 확대하고 여건에 맞는 프로그램 발굴 정도를 언급하고 있다.

2. 노인 대상 치매예방 놀이

인간은 누구나 나이가 들어감에 따라 신체적·심리적·사회적 변화가 생기는데 가장 먼저 찾아오는 것이 신체적 특성의 변화이다. 노화과정에서 신체 각 기관의 조절능력이 쇠퇴하고 외부자극에 민첩하게 대응하지 못하며 면역기능이 떨어짐으로 인한 변화들은 노인의 일상생활에 많은 불편함을 준다(박선태 외, 2015). 신체적인 노화는 대처능력의 저하, 보행능력 저하, 유연성 저하, 거동성 장애 등을 유발하기도 한다.

이에 동반하여 심리적인 변화도 큰 영향을 미치는데 경제적인 역할이 위축됨으로 인한 자존감의 저하, 이로 인해 발생할 수 있는 가정 내에서의 역할 감소, 세대 간의 갈등 등이 있다. 이러한 변화들이 심리적인 정서에 영향을 미쳐 우울증, 자신감 상실, 내성적이고 수동적이게 만든다. 이 가운데 우울증은 인지기능 저하, 자격지심, 강박관념, 무기력증, 체중 감소, 식욕감퇴, 자살 충동을 부르기도 한다(송효주, 2009).

최근에는 노화로 인한 사회적 변화에도 많은 관심을 가지는데, 직장에서의 은퇴로 인한 사회적 역할의 축소로 인하여 사회적 지위와 경제력이 변화하면서 고립감과 소외를 경험하기도 한다. 여기에는 직장에서의 은퇴 외에도 가족 구성원의 변화와 핵가족화의 영향도 있다. 사회적 변화가 부정적이게 되면 상실감이나 고립감, 의존성의 증가, 사기 저하 등의 문제를 양산하기도 한다(권중돈, 2010).

노화로 인한 부정적인 신체적·심리적·사회적 변화는 많은 노인성 질환뿐만 아니라, 계속 방치하거나 악화된다면 치매 발병의 위험이 될 수도 있다. 그러므로 어느 하나라도 개별적으로 따로 떼어낼 수 있는 것이 아니다. 이에 치매예방 놀이는 노인의 긍정적인 신체적·심리적·사회적 변화를 위한 역할이 함께 요구된다.

1) 치매예방 놀이의 개념과 의의

노인의 심신 유지와 향상 즉 예방적 효과를 갖게 하는 효과성 선행연구에 나타나는 대표적 프로그램인 노인 레크리에이션, 노인 치료레크리에이션, 노인 놀이치료의 정의, 실제 활용되는 기능적 요소, 진행자의 역할과의 차이점 분석을 통해 설명하고자 한다.

노인 레크리에이션은 전 연령층을 대상으로 하는 보편적인 노인여가 프로그램으로 여기서는 노인 레크리에이션을 말한다. 노인 레크리에이션의 정의를 보면 노화로 인해 심신의 기능이 저하될 것으로 예상되고 사회적으로는 소외감과 고독감을 느끼는 노인들이 노인 레크리에이션 프로그램을 경험함으로써 심신기능의 유지와 향상을 도모하고, 동료들과의 관계형성 등을 통해 여가 욕구를 충족하고 사회적 상실로 인해 파생될 문제를 완화시키는 활동이라고 할 수 있다(김홍록, 2003).

노인 레크리에이션 프로그램에서 활용되는 기능적 요소는 고유영역을 갖추고 있다. 이러한 영역이 모두 젊은이들과 함께할 수 있는 내용은 아니지만, 건강한 노인의 심신 상태에 맞게 축소, 단순화를 통한 활용 가능성은 기대되고 있다(전남희·조원일, 2018).

〈그림 1〉 노인 레크리에이션 현장 2010. 10. 27/ 2011. 01. 02

노인 치료레크리에이션은 노화로 인해 심신의 기능이 쇠약한 노인이나 경미한 치매가 진행돼 정상적인 여가활동을 할 수 없는 노인들이 노인 치료레크리에이션 경험을 통해 심신의 기능을 유지하거나 질병의 유지와 완화를 목적(노상은·전남희, 2018)으로 하며, 노인에 맞는 여가 생활양식을 개발, 유지, 표현하게 하는 활동이라고 할 수 있다(노용규, 2006).

노인 치료레크리에이션의 기능적 요소는 고유영역의 기능적 요소를 갖고 있지 않고, 주로 노인 레크리에이션의 기능적 요소를 차용해 대상 노인의 심신 상태에 맞게 축소, 단순화, 변형을 통해 활용하고 있다(전남희·조원일, 2018).

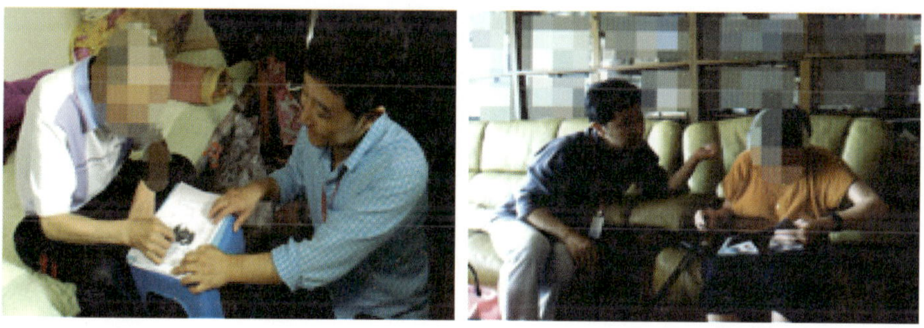

〈그림 2〉 재가노인 노인 치료레크리에이션 현장 2016. 08. 27/ 2016. 08. 28

노인 놀이치료의 정의를 보면 심신의 저하나 결함을 회복함으로써 최소한의 능력 유지와 회복을 도모하고 이로부터 노인의 독립적 생활을 영위하게 하는 활동(신혜원, 2008)으로, 노인 치료레크리에이션의 정의와 유사하다. 활용되는 기능적 요소는 노인 놀이치료만의 고유성을 지니고 있는데, 소도구나 소품을 활용하기도 하고, 실제 활용되는 놀이도구를 노인들이 직접 만들어 활용하기도 한다(전남희·조원일, 2018).

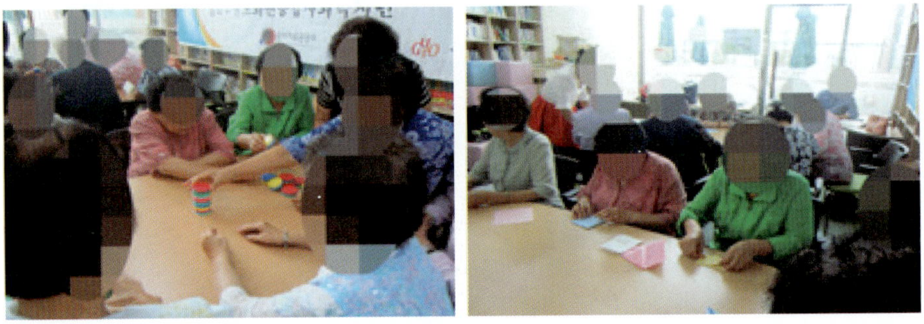

〈그림 3〉 노인 놀이치료 현장 2016. 07. 28/ 2016. 08. 03

치매예방 놀이의 대상은 건강한 노인으로, 이는 노인 레크리에이션 프로그램의 대상과 같고, 기능적 요소는 놀이의 형태를 취하고 있어 맥락은 노인 놀이치료와 같다. 이때의 대상은 노인 레크리에이션과 같지만 진행자의 역할에서 차이가 있다. 〈그림 1〉에서 보듯이 노인 레크리에이션 진행자는 대상에 맞는 프로그램을 준비해 일방적으로 전달하는 역할을 하고, 대상자는 진행자의 지시대로 따라하는 형태를 취하고 있다. 도중에 따라 하지 못하는 대상이 있다 하더라도 계속 진행이 된다. 따라서 프로그램의 효과는 전적으로 노인 레크리에이션 진행자의 진행능력과 재능이 관건이라고 할 수 있다(이정재·김현나, 2012).

반면에 치매예방 놀이는 핵심 구성 요소들의 제 기능과 유기적인 조합, 여기에 강화조건의 최적화가 관건으로서 진행자는 프로그램에 대한 기본적인 설명만을 해주고 대상들이 진행자에게 전적으로 의존하지 않고 스스로 터득하고 응용할 수 있도록 지원하고 응원하는 역할을 한다는 차이점이 있다. 게다가 나이가 들어감에 따라 두 번 생각하는 것에 대한 어려움을 느끼는 것이 노인의 특성인데 반해, 치매예방 놀이는 많이 생각해야 하는 놀이들로 구성되어 있다. 프로그램 중에도 수시로 움직여야 하고 움직이는 범위도 크고 빈번하다는 특징이 있다. 그런 활동을 능동적으로 하고 성취했을 때 심신의 유지를 넘어 향상이 된다고 본다. 때문에 노인 놀이치료의 놀이와는 엄연히 다르다고 할 수 있다.

이와 더불어 기능적 요소로 놀이를 선택하고 개발하게 된 것은, 반복 수업을 통해 대상 중 단 한 명이라도 이해하지 못하고 넘어가는 경우가 발생하지 않도록 하기 위함이다. 노인 레크리에이션의 경우 참여하는 인원도 다수인 경우가 많고 활용되는 기능적 요소의 대부분은 반복해서 활용할 수 없는 것들이 많다. 그러나 놀이는 매번 참여할 때마다 상황이 다르기 때문에 지속적으로 할 수 있고 개발의 확장성이 많기 때문이다.

요컨대 치매예방 놀이의 개념을 정리하면, 건강한 상태를 유지하고 있는 노인에게 여러 번 생각하고 많이 움직이게 하고, 난이도 있는 놀이를 경험하게 함으로써, 한 사람의 방관자나 낙오자 없이 능동적으로 참여하여 심신의 변화를 갖게 하는 활동으로 정의 내릴 수 있다.

2) 치매예방 놀이의 핵심 구성 요소

본 연구에 활용되는 치매예방 놀이는 본 연구자와 관련한 곳에서 2015년부터 실천 현장에서 '치매예방 재활놀이'로 관련 협회와 센터에서 명명하여 활동하고 있는데, 주 업무는 주간보호센터와 복지관에 강사 파견, 프로그램 개발, 재활놀이지도사 양성교육을 실시하고 있다. 또한 치매예방 재활놀이는 수도권에 위치한 사회복지과가 있는 전문대학 2곳에서 교육을 하고 있으며 평생교육원에서는 단일과정을 개설해 실시하고 있다.

〈그림 4〉는 현재 '한국직업능력개발원'에 재활놀이사 과정의 개설을 인증받아 진행자 양성교육을 하고 있는 협회와 센터로, '대한생활건강증진협회', '사단법인한국여가문화지도자연합회'와 '한국여가문화전인교육센터', '꿈나래마음치유센터'이다. 이 네 곳은 장애인과 관련한 교육을 하는 곳이 아니라 치매예방을 위한 지도자 양성과 강사 파견을 하는 곳이다.

〈그림 5〉는 재활놀이지도사 자격정보로 노인의 치매예방과 건강상태 유지를 목적으로 하고 있다는 내용이 명시된 것으로 실제 실천 현장에서는 재활의 의미를 장애인에만 국한하지 않고 확장된 개념으로 활용하고 있다.

자격구분	○ 전체등록 ○ 공인 ◉ 등록
자격명	재활놀이
자격관리기관	
등록번호	**** 등록연도 **** -

※ 동일 명칭의 자격이 다수 존재할 수 있으니, 반드시 자격(기관) 정보를 확인하시기 바랍니다.
※ 취득현황은 해당 기관에서 직접 입력한 정보이며, 데이터 유무와 실제 자격운영여부와는 무관합니다. 검색

[1/1 pages] 총 6건이 검색되었습니다.

등록번호 ▼	구분	자격명	자격관리기관 [공동발급기관]	보기
2016-005137	등록	심리발달재활놀이사	(사)대한생활건강증진협회	자격정보
2015-003016	등록	재활놀이지도사	한국여가문화전인교육센터	자격정보
2015-002458	등록	인지재활놀이상담사	꿈나래마음치유센터	자격정보 취득현황
2015-000527	등록	재활놀이지도사	사단법인한국여가문화지도자연합회	자격정보 취득현황
2013-0420	등록	재활놀이사	대구사이버대학교	자격정보
2012-0505	등록	재활놀이지도사	한국발달장애자립지원학회	자격정보

〈그림 4〉 직업능력개발원에 등록된 재활놀이 관련 협회와 센터

기본정보

자격명	재활놀이지도사 (Certification for Rehabilitative Play Therapy)	자격발급기관	사단법인한국여가문화지도자연합회 (TEL : 02-753-6670) 기관정보
등록번호	2015-000527	공동발급기관	
주무부처	보건복지부	검정시행일정	

자격정보

발달장애 아동과 노인에게 재활놀이 프로그램을 제공함으로서 아동에게는 부적응적 특성을 개선하고 잠재성을 최대한 발휘하도록 지도하고, 노인에게는 치매예방 및 심신의 건강상태를 유지할 수 있도록 서비스를 제공하는 지도자를 양성한다.

〈그림 5〉 치매예방 재활놀이의 목적

재활이란 용어는 사회복지학, 특수교육학, 산업안전재활, 사회학, 스포츠의학, 간호학, 영양학 등의 다양한 분야에서 사용되기도 하고, 운동, 어깨, 언어, 인지, 성 재활처럼 특정 재활을 지칭하는 경우에도 사용되고 있다. 이처럼 재활이란 단어는 광범위하고 확장된 개념으로 사용되고 있지만, 본 논문에서는

건강한 노인에게 재활 프로그램 제공이라는 학술적으로 상충되는 측면을 고려하여 '재활'이라는 용어는 사용하지 않고 '치매예방 놀이'로 기술한다.

따라서 치매예방 놀이는 '현재는 특별한 질병이 없이 건강하지만 노화로 인해 저하될 것으로 예상되는 심신 기능의 유지·향상과 사회성 향상으로 치매를 예방하고 건강한 노년의 삶과 사회적 관계망을 지속적으로 향유하게 하는 활동'으로 정의 내릴 수 있고, 치매예방 놀이의 핵심 구성요소는 협동, 도구활용, 놀이로 개별적인 역할은 다음과 같다.

(1) 협동

집단을 이루고자 하는 것은 인간의 본성이다. 그렇다고 너무 적거나 많은 집단은 본 연구에서와 같은 프로그램 구성에 있어 적절하지 않을 수 있다. 통상 2~6명의 '소집단'에서 정서적으로 두려움 없이 가장 편안한 마음으로 자신의 생각을 표현할 수 있고, 동료들과 의사를 교류할 수 있다(김현화, 2009).

이 정도의 규모에서는 하나의 공동 목표를 달성하기 위해 동료와 자연스럽게 의사소통을 하게 된다. 즉 누가, 어떤 부분의 역할을 수행할 것인지, 각자의 역량 내 역할인지 등을 자연스럽게 의논하고 결정하게 된다(홍은경·강정원, 2001). 여기에 프로그램 진행자에게는 노인의 심신 상태에 부합된 활동을 수행함으로써 한 명의 방관자도 없이 참여할 수 있도록 하는 전문성이 요구되기도 한다.

이와 관련해 존슨과 존슨(Johnson & Johnson, 1994)은 협동의 다섯 가지 원리로, 긍정적 상호의존성, 개별적 책무성, 대면적 상호작용, 사회적 기술, 집단과정을 들고 있으며, 협동 활동의 성패는 이 원리들이 협동 활동 과정 속에서 얼마나 잘 구성되는가에 따라 결정된다(이나영, 2008 재인용). 이하, 상기 원리에 관해 보다 구체적으로 살펴보고자 한다.

'긍정적 상호의존성'은 집단의 성공을 위해서는 자신뿐만 아니라 동료들과 서로 도움을 주는 관계이어야 함을 의미한다(이순천, 2014). '개별적 책무성'은 과제를 수행해야 하는 책임이 각 동료들에게 있다는 것이다. 즉 동료 개개인의 수행 평가 결과가 자신이 속해 있는 집단과 자신에게 적용될 때 개별책무성이 존재한다는 것이다(이나영, 2008). '대면적 상호작용'은 집단의 공동목표를 성취하기 위해 동료들끼리 서로의 노력을 직접 격려하고 촉진시켜 주는 것을 의미한다(김선일, 2015). '사회적 기술'은 집단 내에서의 갈등 관리, 의사결정, 효과적 리더십, 능동적 청취 등을 의미한다(이순천, 2014). 마지막으로 '집단과정'은 집단이 의도한 목표를 성취하기 위해서 집단 구성원들 각자가 목표를 잘 성취하고 공동의 목표를 달성하기 위하여 얼마나 노력하고 협력했는지에 대한 토론과 평가를 의미한다(이나영, 2008).

상기 다섯 가지 원리는 치매예방 놀이의 핵심 구성요소와 밀접한 관련을 맺는다. 먼저 협동은 나이가 들어감에 따라 쇠퇴하는 노인의 인지능력 유지와 향상에 일정 부분 긍정적인 기여를 할 수 있다. 이는 소집단 활동을 통하여 상호작용하는 그 자체로도 인지적 효과를 얻을 수 있다는 인지발달론과 인지정교화론에 근거한 것이다(한지선, 2005).

인지발달론에서는 협동을 통해 동료들과의 상호작용이 지적 능력을 향상시킨다고 주장한다. 즉 동료들과의 활발한 상호작용이 일어나는 협동을 통해 토론, 인지적 갈등의 생성, 부적합한 합리화에 대한 거부, 높은 수준의 개념 이해 등이 가능하게 되어 결과적으로 발달 효과가 있다는 것이다(정문성, 2002).

인지정교화론에 의하면 어떤 정보를 암기하거나 재조직 혹은 정교화할 때 학습효과가 증대한다는 것이다. 예컨대 자신이 이해한 바대로 요약하는 것보다 다른 사람에게 설명해주는 경험을 할 때 그 내용을 이해하고 오래 기억하게 된다는 것이다. 이처럼 협동은 인지 능력 향상에 큰 역할을 한다는 점에서 치매예방에 효과적인 활동 형태의 하나라고 할 수 있다(한지선, 2005).

협동의 원리에 놀이를 더한 협동놀이의 의의 또한 이미 확인되고 있다. 먼저 협동놀이의 구성 요소로, 카미와 드브리스(Kamii & Devries, 1980)는 협동놀이에 대해 첫째 두 명 이상의 동료가 놀이를 하는 동안 성취해야 하는 절정이 있어야 하고, 둘째 정해진 규칙이 있어야 하며, 셋째 상호의존적이고 협동적이면서도 상반된 각자의 역할을 할 수 있는 내용이 있는 놀이어야 한다고 기술하고 있다(오병희, 2001).

협동놀이의 개념정의로 박찬옥(2005)은 동료들끼리 조직되고 체계화된 놀이 형태로 놀이 리더가 있으며, 공동의 목표를 가지고 역할을 분담하여 이루어지는 조직적인 놀이로 정의하고 있다. 김영옥(2000)에서도 두 명 이상의 동료가 각자 자신의 역할을 서로 분담하여 공동 목표에 도달하기 위하여 짝이나 팀으로 함께하는 활동으로 보고 있다는 점에서 유사한 정의를 내리고 있다.

협동의 중요성은 인간의 전 생애주기에 걸쳐 중요하다. 그 중 노년기 특성에 협동이나 협동놀이는 매우 중요하다. 나이가 들어감에 따라 사회적 역할의 상실이나 역할의 불확실성으로 인해 정체감과 자아존중감의 혼란이 발현(박선태 외, 2017)되기 시작하며, 자연히 사회적 관계들이 줄어들기 때문에 사회성은 점점 쇠퇴하게 되기 때문이다. 요컨대 유아기에는 사회성 형성을 위해 협동이 중요하였다면, 노년기에는 젊었을 때의 사회적 관계 회복을 위해서도 협동은 중요한 의미를 지닌다. 똑같은 놀이를 한다 해도 협동하며 함께할 수 있는 놀이를 통해 사회적 노화로 인한 상실감을 다소나마 완화하고 사회적 관계의 재형성에 기여할 수 있다.

위와 같은 인식으로부터 본 연구에서 다루고자 하는 치매예방 놀이의 핵심 구성 요소로 '협동'은 매우 중요한 역할을 수행한다. 연구자가 고안한 치매예방 놀이 대부분은 협동하지 않으면 수행할 수 없거나 수행해도 좋은 결과를 기대하기 어렵게 구성되어 있다. 물론 일부 놀이는 놀이 자체에 협동적인 요소가 존재하지 않는 것도 있지만, 그런 놀이들에서조차 규칙을 수정하는 등 연구자의 의도에 따라 협동심을 발휘하도록 진행하고 있다.

(2) 도구 활용

과거에는 새끼줄이나 막대기, 돌이나 공기 등의 사물을 활용해 놀이를 즐겼다. 이러한 사물들은 본래의 속성과는 다르게 흥미로운 도구로 활용되었고, 사람들은 사물을 정해진 규칙에 따라 만들어진 놀이 활동을 시작하였다(류진희, 2000).

스포츠 과학이 발달한 현대에는 공, 훌라후프, 줄, 매트 등이 다양한 도구가 신체활동에 활용되고 있다(류진희, 2000). 스포츠를 포함한 놀이와 게임 등 모든 여가 활동은 도구 개발의 역사라고도 할 수 있다. 비장애인의 여가활동을 장애인이 즐길 수 있게 된 것도 스포츠 용품의 개발에 따른 것이며, 이로 인해 장애인도 비장애인과 동등한 수준의 활동을 즐길 수 있게 되었다(이석민, 2007). 이처럼 도구의 개발과 활용은 여가 활동에 꼭 필요한 요소라 할 수 있으며, 특히 나이가 들어감에 따라 흥미를 점점 잃어가는 노인의 여가 활동에는 더욱 그러하다.

놀이 활동 이외에도 도구는 노인의 일상생활 영위에 필요한 신체적·지적 능력의 고양에도 도움이 된다. 도구는 치매노인에게 일상생활과 식생활을 비롯한 행동이나 의식을 점검하여 개선하는 데 도움을 줌으로 인지능력을 기르고 노인의 정신이 정상적으로 유지될 수 있도록 돕는 작용을 한다(Montessori, 1992). 또한 프로그램 수행과정에서의 도구 활용은 문제해결능력의 향상과 사회성 발달, 구체적인 대상의 경험을 통한 현실감을 키워주기도 한다(김경화, 2007).

치매 증상의 완화와 관련해서 도구는 인지기능 및 전반적인 일상생활 수행능력이 점진적으로 떨어지는 치매 노인들의 잔존 능력을 유지하고 향상시키기 위한 즉각적인 피드백 수단으로서 기억력 상실을 겪게 되는 치매노인 교육에도 효과적이라 할 수 있다(Camp, 2000; 김경화, 2007 재인용).

위와 같이 이미 치매에 걸린 노인에 대해 도구가 갖는 수단적 유용성이 증명되었다고 하면, 이것이 노화에 따른 신체적·지적 기능의 유지를 위한 일반 노인에게도 효과적일 수 있음은 명백하다. 본 연구에서 지칭하는 치매예방 놀이의 도구(기구, 용품, 소모품)[3]는 스포츠 용품이나 기구뿐만 아니라 때로는 시각적인 효과를 제공하는 매개체로, 참여자들로 하여금 호기심과 흥미를 유발하게 하는 모든 것을 의미한다.

도구를 활용한 놀이가 프로그램 참여자들의 흥미를 끌고, 적극적으로 참여하게 하며, 그 결과로 치매예방 같은 성과를 기대할 수 있다는 것은 본 연구 촉발의 기본적 발상이기도 하다. 이와 관련해 철학자이사 교육학자인 듀이(Dewey, J.)에 따르면 '본래 흥미는 가치에 열중하는 것, 몰입하는 것, 완전히 빠져있는 것을 의미한다.'고 하였다. 흥미는 개인적 행복이나 만족감과 상당히 밀접한 관계가 있으며, 근본적으로 자기표현의 한 형태라고 하였다(조용기

3) 도구에는 교구, 교보재, 기구, 용품, 소모품을 포함한 의미로 계속 기술되는 내용에서는 '도구'로만 기술한다.

역, 2010). 흥미는 비단 유아들에게만 발현하는 것이 아니라, 누구에게나 호기심에서 출발하는데 호기심은 대개 새롭거나, 신기하고, 한 번도 보지 못했던 것을 볼 때 생겨나는 것이다(조장은, 2013).

예컨대, 옛 선인들이 쓰던 물품이 진열된 박물관에 가면, 진열된 물건들이 보는 이로 하여금 상상력을 동원하게 하는 시각적 효과를 갖는 것처럼, 시각적 효과는 단순히 흥미와 재미만을 갖게 하는 것이 아니라 무언의 메시지를 통해 상대방과의 대화나 설득에도 영향을 주고 긍정적 감성을 이끌어내기도 한다(조장은, 2013).

이렇듯 놀이를 비롯한 모든 노인여가 활동에서 도구의 활용은 참여자들에게 호기심과 흥미를 유발하는 매우 중요한 역할을 할 수 있으며(김민정, 2009), 또한 참여자들이 자연스럽게 집중할 수 있게 함으로써 원활한 진행을 도모하는 데도 효과적일 수 있다(박윤자, 2012).

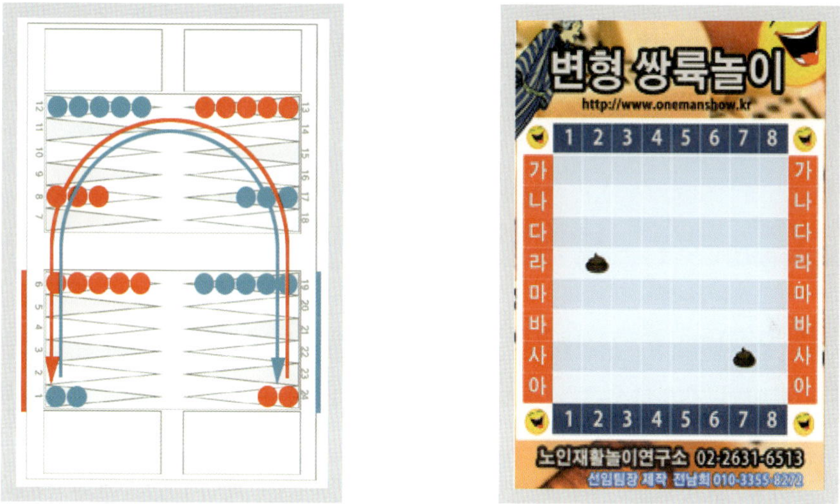

〈그림 6〉 전통 쌍륙놀이와 치매예방 놀이의 변형쌍륙놀이

〈그림 7〉 경마(동물)릴레이 장비

〈그림 6〉은 전통 놀이인 쌍륙놀이를 노인의 수준에 맞게 규칙을 변형하였고 시각적인 효과를 주기 위해 화려하게 제작한 것이다. 〈그림 7〉은 종전에는 칠판에 그려 활용했던 놀이였는데, 규칙을 새롭게 만들어 전혀 다른 놀이로 활용하고 있다. 이처럼 연구자가 변형하여 새롭게 제작한 장비에서 보듯이 같은 놀이라 하더라도 눈으로 보이는 시각적인 효과는 노인들의 참여의지를 고취시키는 데 효과적이다.

(3) 놀이

놀이는 사람들이 생활하는 곳이면 어디에서나 쉽게 접할 수 있고 놀이를 통해 몰입과 자유로움을 경험하고, 예측할 수 없는 독특한 방법으로 자신이나 다른 사람들 그리고 환경에 반응할 수 있게 한다(신혜원, 2009). 그러므로 놀이는 인간의 성장 발달과정에 중요한 역할뿐만이 아니라, 인간의 삶을 긍정적으로 영위하게 하는 데도 필요한 활동이다(유미숙, 2009).

놀이의 가장 중요한 특징은 외부적인 요인으로 참여하는 것이 아닌 내부적인 요인으로 참여하는 행위라는 것이다. 놀이는 누군가의 강요나 명령에 의해 수행되는 것이 아니라 자기 자신의 선택과 욕망으로 수행된다. 이는 타인의 통제를 받기 싫어하는 노년기에 걸맞은 중요한 특징으로 노인 스스로가 사회 속에서 주도적인 역할을 수행한다는 기분을 선사하여, 재사회화의 간접적인 경험을 하게 함으로써 부정적인 정서 상태를 긍정적으로 변화시킨다(손화자, 2016).

노인의 긍정적 변화에 놀이가 활용하는 것은 놀이가 가지고 있는 회복적인 힘 때문인데, 이러한 힘으로 인해 놀이는 신체기능의 향상이나 심리치료에 적극 활용되고 있다(박찬옥, 2004). 신혜원(2009)에서 쉐퍼(Schaefer)가 제시한 놀이의 회복적인 요인을 정리하면 다음과 같다.

〈표 3〉 놀이의 회복적인 요인

공포 극복	반복적인 놀이 경험은 두려움을 감소시킴으로서 새로운 동료들과의 관계 형성이나 낯선 환경으로부터의 적응에 긍정적인 영향을 끼친다.
창조적 사고	놀이를 경험하는 과정 속에 다양한 문제 해결방법을 찾기 위해 다각도로 생각하고 실행하며 많은 시행착오를 겪는 가운데 자연스럽게 창의적인 사고를 갖게 한다.
정화	놀이를 통해 그동안 표출하지 못했던 강렬한 슬픔이나 불안 같은 감정들을 방출함으로써 정서적인 이완을 하게 된다. 이는 놀이의 대표적인 회복 기능의 하나이다.
환상과 상상	놀이를 통해 유연하고 다양한 상상력을 동원하게 되고 상상을 통해 자신이 처한 현실에서 벗어나 자신이 원하는 방향으로 이야기를 진행시키며 결과를 만들어낸다. 이를 통해 외로움, 불안, 질투, 공포, 지겨움, 상실 등에서 회복하게 된다.
관계 증진	놀이를 통해 타인과 주변 환경과의 관계를 형성하게 됨으로써 남을 이해하고 자신을 사랑하게 되는 경험을 하게 된다. 이는 사회적 은퇴로 인한 사회적 노화를 일정 부분 회복할 수 있도록 한다.
긍정적 정서	놀이가 가진 기본적인 속성으로 긍정적인 정서를 통해 놀이를 하는 동안 즐겁고 행복한 느낌을 갖게 됨으로써 그동안의 다양한 갈등과 스트레스를 잊어버리게 되고 자신 자신을 활성화하게 한다.

치매예방이나 유지·완화를 위한 프로그램은 많이 있지만, 기능적 요소로 놀이를 선택하고 개발하게 된 동기는 〈표 3〉에 6가지로 요약한 놀이가 내재하고 있는 회복적인 요인 때문이다. 그렇다면 현재 놀이를 포함하여 어떠한 프로그램들이 노인의 치매와 관련하여 회복적인 효과를 내는 데 활용되고 있는지 그 실태와 한계를 알아보고자 한다.

3. 노인 대상 치매 관련 프로그램

노인을 대상으로 하는 여가 프로그램은 다양하지만, 그중 치매와 관련한 프로그램은 대표적으로 노인 레크리에이션, 노인 치료레크리에이션, 노인 놀이치료를 들 수 있다(노상은·전남희, 2018). 이들 프로그램은 본 연구 주제와 유사한 목적[4])을 지니며, 건강한 노인부터 쇠약한 노인, 경미한 치매를 갖고 있는 노인까지 건강상태와 질병의 정도에 따라 선택·활용되고 있다. 이하에서는 상기 프로그램의 실태와 한계를 파악하고자 한다(노상은·전남희, 2018).

실태 파악은 두 가지 측면에서 수행하고자 한다. 하나는 학술적 내용과 실천 사례를 함께 확인할 수 있는 연구 논문으로 이를 '학술 현장'이라 명명하였으며, 다른 하나는 실제 노인여가전문가들이 현장에서 활동한 내용을 영상으로 제작해 게재한 유튜브 채널을 '실천 현장'이라 명명하였다. 다양하게 이루어지고 있는 실천 현장을 확인할 수 있는 방법이 거의 불가능한 가운데, 관련 영상정보가 집중돼있는 유튜브를 활용하였다. 다만, 이 경우에도 지역의 편차나 진행자[5])의 전문성, 홍보성 의도 등에 대한 한계가 있음을 밝힌다.

학술 현장의 조사기간은 우리나라가 고령화사회로 진입한 2000년도부터 2017년까지로 국회도서관 데이터베이스, 한국교육학술정보원 데이터베이스, 경기대학교 중앙도서관에서 전수 수집하였다. 논문의 주제는 연구 참여자인 노인이 각 영역의 프로그램을 경험한 후 나타나는 효과성 검증 논문으로 노인 레크리에이션 11편, 노인 치료레크리에이션 13편, 노인 놀이치료 14편의 총 38편이었다.

실천 현장의 자료는 체계적인 수집과 분석의 편의를 위해 노드엑셀(NodeXL)을 활용하였다. 기간은 2009년부터 2017년까지인데 학술 현장과 연도가 다른 이유는 유튜브 채널이 본격적으로 서비스를 시작한 때가 2005년부터였는데, 이는 1인 미디어가 활성화된 지 얼마 되지 않아서이기 때문이다. 영상은 각

4) '유사한 목적'은 노인 레크리에이션, 노인 치료레크리에이션, 노인 놀이치료와 내용과 방식이 유사하다는 의미가 아니라 노인의 신신 향상과 유지·완화를 위한 목적을 가졌다는 측면만을 의미함.

5) '진행자'란 노인여가 프로그램을 진행하는 역할을 하는 사람으로 '진행자' 외에 '진행자', '강사', '선생님', '전문가', '사회복지사' 등으로 표현되기도 한다.

영역의 노인여가전문가들이 프로그램 진행 후, 유튜브에 게재한 영역별 동영상으로 노인 레크리에이션 499개, 노인 치료레크리에이션 500개, 노인 놀이치료 500개 총 1499개를 전수 수집하였다(전남희·조원일, 2018). 검색 키워드는 '노인 레크리에이션', '노인 치료레크리에이션', '노인 놀이치료'였다.

1) 노인 대상 치매 관련 프로그램의 실태

본 항에서는 노인 레크리에이션, 노인 치료레크리에이션, 노인 놀이치료의 연구 동향 분석에서 공통적으로 활용한 조건들로, 대상, 목적, 용어, 진행자, 기능적 요소의 다섯 가지에 의거하였다. 실천 현장에 있어서도 특정 대상을 상대로 하는 여가 프로그램인 경우 기획과정부터 진행에까지 위 다섯 가지 정보가 필수적으로 활용된다.

이와 관련한 선행 연구로 박세혁(2006)의 '여가 및 레크리에이션의 연구동향', 김도호·박재성(2005)의 '치료레크리에이션에 관한 국내 학술 연구 동향 분석', 김예주·이윤주의(2012)의 '국내 놀이치료의 연구동향', 노상은·전남희(2018)의 '노인여가 복지 프로그램의 효과성 검증 연구동향 분석: 레크리에이션 치료레크리에이션 놀이치료', 전남희·조원일(2018)의 '유튜브에 나타난 노인여가 프로그램의 영역별 대상과 기능적 요소 분석: 레크리에이션 치료레크리에이션 놀이치료'이다.

이를 통해 학술 현장과 실천 현장에 나타난 치매 예방 및 유지·완화를 위한 프로그램의 주요 내용을 비교 분석한 결과는 아래 〈표 4〉와 같다.

〈표 4〉 노인 대상 치매 관련 프로그램 현장의 실태

구분	학술 현장	실천 현장
대상	건강한 노인부터 치매노인	대부분 건강한 노인
목적	치매예방 및 질병의 유지·완화	치매예방
용어	용어 정리 및 유형화 필요	용어 정리 및 유형화 필요
진행자	대부분 비전문가 위주	전문가
기능적 요소	혼용해서 활용함	대부분 노인 레크리에이션 기능적 요소임

첫째, 대상을 보면 학술 현장은 비교적 각 영역마다의 목적에 맞는 대상에게 프로그램을 제공하고 있다. 노인 레크리에이션은 건강한 노인, 노인 치료레크리에이션이나 노인 놀이치료는 심신이 저하된 노인이나 치매노인을 대상으로 하고 있었다. 반면 실천 현장은 세 영역의 대상이 모두 건강한 노인, 즉 노인 레크리에이션의 대상들이다. 이는 현장 전문가들이 세 영역의 주 대상에 대한 이해 여부와는 상관없이 무분별하게 활동하는 모습으로 비치고 있다고 할 수 있다.

둘째, 목적을 보면 학술 현장은 건강한 노인에게는 치매예방을, 심신이 저하된 노인이나 치매를 앓고 있는 노인에게는 질환의 유지·완화를 목적으로 하고 있다. 이는 각 영역마다의 고유한 목적에 맞게 활용되고 있다고 할 수 있다. 실천 현장은 노인 레크리에이션의 목적인 치매예방이라고 할 수 있는데, 이는 대부분의 대상이 건강한 노인들이었기에 당연한 결과이다.

셋째, 용어 사용은 학술 현장이나 실천 현장이 모두 정리되지 않은 채 혼용하여 사용하고 있었는데, 놀이와 게임을 같은 의미로 해석하기도 하고, 노인 레크리에이션과 재활레크리에이션, 노인 치료레크리에이션이 혼용돼 쓰이기도 하였다(전남희·조원일, 2018). 특히 실천 현장의 경우는 대상에서도 언급했듯이 대부분이 건강한 노인들로 노인 레크리에이션의 기능적 요소를 활용하고 있는데도, 유튜브 게재 시 제목이나 검색어를 기재할 때 의도적이든, 아니든 노인 레크리에이션, 노인 치료레크리에이션, 노인 놀이치료 키워드를 광범위하게 사용하였다고밖에는 볼 수 없다. 이 외에도 용어의 혼재는 많은 곳에서 찾을 수 있다.

넷째, 프로그램 진행자를 보면 학술 현장은 대부분이 비전문가들인 데 반해, 실천 현장은 대부분이 노인여가전문가들이었다.

다섯째, 기능적 요소는 학술 현장에서는 각 영역마다의 고유성이 미약하게나마 발견되지만 여전히 혼용해서 활용하고 있었고, 또한 같은 영역의 연구에 활용한 기능적 요소들 대부분이 거의 비슷하거나 같은 내용들이었다. 실천 현장에서는 정제[6] 후 연구에 활용된 891개의 영상 중에서 53개를 제외하곤 모

6) '정제'는 추출 영상 1499개 중 노인 레크리에이션, 노인 치료레크리에이션, 노인 놀이치료의 연구와 무관한 영상을 삭제하였다는 의미이다.

두 노인 레크리에이션의 기능적 요소들이다. 활용된 기능적 요소들을 보면 건강한 노인의 개별적인 상태하고는 무관하게 거의 비슷한 내용이거나 같았다.

지금까지 학술 현장과 실천 현장의 실태를 살펴봄으로써 다음과 같은 결론을 얻을 수 있었다. 먼저 실천 현장에서는 이유 여하를 막론하고 각 영역마다의 대상과 목적에 구분 없이 무분별하게 활동모습을 보였는데, 이는 노인여가 프로그램과 관련한 정보를 얻고자 하는 사람들에게 혼란을 가져다주거나 잘못된 정보를 제공할 우려가 있다. 특히 용어의 혼용은 오래전부터 있었던 문제로 아직도 체계적인 유형화가 안 되고 있음을 보여주는 결과로 이는 학술적으로 또는 실천적으로 혼란을 일으킬 것이다.

학술 현장의 진행자는 대부분이 연구자(비전문가)가 진행자의 역할까지 하게 되면서 진행자의 역할이 매우 중요한 노인여가 프로그램의 효과를 상승시키는데 부족했을 수 도 있다고 여겨진다. 따라서 앞으로는 노인여가전문가들이 프로그램을 진행하고 결과를 도출한 연구물이 지속적으로 등장해야 지금까지의 결과보다 더 객관적인 지지를 받을 수 있을 것이다.

두 현장의 공통점이자 가장 중요한 것으로 기능적 요소의 혼용이다. 이는 각 영역마다의 프로그램 개발 부진이 원인이라고 할 수 있는데, 학술 현장의 경우 영역마다의 혼용은 물론이고, 연구 참여자인 노인의 개별적 심신 상태가 다른데도 불구하고 활용되는 기능적 요소들은 거의 같거나 비슷하였다. 이런 현상은 실천 현장도 마찬가지였다.

세 영역이 우리나라의 대표적인 노인 치매 관련 프로그램으로서 그들의 건강에 긍정적인 변화를 제공하고는 있지만, 분석한 내용처럼 여전히 해결하지 못한 문제들이 산재하고 있는 실정이다. 그러한 이유를 한 가지로 요약할 수는 없지만 가장 큰 원인으로 각 영역마다의 체계적인 유형화가 명확하게 이루어지지 않음으로 인해 발생한 문제이며, 지속적으로 해결해야 할 과제이다 (노상은·전남희, 2018).

2) 노인 대상 치매 관련 프로그램의 한계

노인 인구의 급증으로 노인 관련 복지서비스 제공기관의 양적 증가는 확대되었지만. 그에 맞는 프로그램의 질적인 향상에 대해서는 아직까지 구체적으로 확인된 바가 없다. 특히 대부분의 복지관에서 진행되고 있는 치매예방 프로그램에 대해서는 더욱 그러하다.

앞으로 과거 노인과는 다른 우수한 인적 자본의 특성을 지닌 노인들의 노인세대 편입으로 프로그램의 질적인 향상을 더욱 요구할 것이다(주찬희·김옥녀, 2018). 즉 과거의 노인이 본인의 의사와는 상관없이 프로그램을 제공받았다면, 미래의 노인은 다양한 프로그램 중에서 본인의 취향이나 몸 상태에 따라 선택하길 원하는 적극적인 노인세대(active senior)의 등장 때문이다(전남희·조원일, 2018).

2020년이면 젊고 건강한 노인이라고 부르는 1차 베이비 붐 세대가 노인층에 진입하게 된다. 이들을 낀 세대라고도 하지만, 본격적인 경제성장과 서구 선진문화를 접하기 시작한 첫 번째 세대로 스스로가 실제 나이 대비 5~10살은 젊다고 생각하는 꽃 중년이라고 한다(백찬규, 2017). 특징으로는 현재의 건강을 오래 유지하는데 발생하는 시간적·금전적 투자를 아끼지 않고 적극적으로 노년을 즐기려는 실버산업의 주 고객이라는 것이다(백찬규, 2017).

사회의 변화만큼이나 노인이 생각하는 노년의 삶에 대한 가치관도 변하고 있다. 노인이면 누구나 건강한 삶을 영위하고 싶고 치매 발병의 우려 속에서 벗어나고 싶어 한다. 이런 시점에서 현재 치매 관련 프로그램으로 가장 많이 활용되고 있으며, 연구를 통해 효과성이 검증된 노인 레크리에이션, 노인 치료레크리에이션, 노인 놀이치료가 프로그램으로서의 한계는 없는지 선행연구의 제언을 통해 살펴보고자 한다.

먼저 38편의 논문에서 밝힌 43개의 제언을 보면, 프로그램[7] 개발 26개, 지속적인 연구 5개, 국가의 정책 및 재정 지원 4개, 학교 정규 학제화 3개, 전문가 양성 2개, 분류 및 유형화 2개, 전문 센터 건립 1개로 나타났다. 제언 중 60% 정도가 프로그램 개발로 나타났는데, 노인 레크리에이션에서 9개, 노인

7) 여기서 말하는 프로그램이란 노인 레크리에이션, 노인 치료레크리에이션, 노인 놀이치료에서 수단으로 활용하는 기능적 요소이다.

치료레크리에이션에서 8개, 노인 놀이치료에서 9개로 세 영역이 거의 같다고 할 수 있다. 프로그램 개발과 관련한 문제는 김정순·정정심(2003)의 '민속놀이 프로그램이 치매 노인의 인지기능 일상생활 수행 능력 및 문제 행동에 미치는 영향'에 프로그램 개발의 필요성이 처음 제언으로 등장하였고, 최근에는 정애련·김미연(2017)의 '치료놀이 프로그램이 서울형 데이케어센터 이용 노인의 자아존중감과 자아통합감 증진에 미치는 효과'에 아직까지도 등장하고 있다. 이는 처음 등장한 해부터 오랜 기간이 지났음에도 여전히 프로그램 개발은 답보 상태이다. 프로그램 개발이 부진한 데에는, 제언에서 언급하게 될 '전문가 양성'과 '국가적인 정책 및 재정 지원'과 연관이 없다고는 할 수 없다. 또한 '전문가 양성'과 관련해서는 '학교 정규 학제화'나 '전문 센터 건립'과도 연관성이 있다고 할 수 있다.

기존 연구에서는 효과성을 입증하고 있지만, 프로그램에 활용된 기능적 요소가 내재하고 있는 어떤 기능과 작동으로 인해 치매예방과 유지·완화에 효과가 나타났는지에 대한 구체적인 내용과 요소들의 난이도, 상세한 진행방법, 노인여가 활동으로서의 기본적인 속성8) 등은 확인할 수 없었다.

장지은(2018)의 '영화를 통해 본 치매관의 실체와 인간긍정의 보편적 인간상 모색'을 보면 치매는 후천적 발병 요인이 발생하지 않도록 예방하는 것이 중요하다고 지적하고 있다. 치매예방 활동과 관련해 허근·김지연(2017), 권중돈(2010)이 권장한 평상시 실천 활동을 보면, 대화하기, 외향적으로 변하기, 소통하기, 스트레스 덜 받기, 글쓰기, 도전하기, 적극적인 사고, 운동, 계산하기, 경쟁하기, 몰입하기, 게임하기, 웃기, 머리 쓰기, 새로운 정보 입력하기, 산책하기 등을 제안하고 있는 것처럼, 어떤 작용이나 활동으로 인해 치매예방과 유지·완화적 효과가 작동되는지에 대한 내용이 밝혀져야 한다.

건강한 노인에서부터 질병을 앓고 있는 노인에까지 그 건강과 질병 정도의 차이는 매우 다양하다. 때문에 프로그램에 활용된 기능적 요소의 난이도와 진행방법은 매우 중요하게 다루어져야 할 정보이다. 그런데 현재까지 발표된 논문에서는 그런 내용을 상세히 담아내지 못하고 있다.

또한 연구를 위한 프로그램 제공이라 하더라도 참여하는 노인의 입장을 고

8) 노인이 스스로 참여하여 만족을 느낄 수 있는 기본적인 재미와 즐거움을 의미함.

려해 여가 활동으로서의 기본적인 속성인 재미와 즐거움이 함께 제공되어야 한다. 이정훈(2012)의 '시설거주 치매노인의 우울 감소 및 인지 기능 향상을 위한 노인 치료레크리에이션 프로그램 개발 및 효과에 관한 연구'에 따르면 "아무리 좋은 프로그램이라 하더라도 즐겁지 않으면 하기 싫다."는 제언이 말해주듯이 연구를 위한 프로그램 제공이라도 노인여가 프로그램으로서의 기본적인 속성을 간과해서는 안 된다고 생각한다.

위 내용을 요약하면 세 영역이 공히 프로그램 개발 부진, 유형화 및 체계화 시급, 진행 매뉴얼의 부재를 시사하고 있다. 이런 상황에서 앞으로 등장할 젊고 건강한 노인들의 치매예방 및 유지·완화를 위한 프로그램으로서, 예전과 같은 역할을 수행하기에는 한계가 있다.

4. 효과성의 개념과 검증 범위

효과성이란 인간의 심리 및 환경적인 요인, 집단의 목적과 목표개념이 확장되어 능률과 효율성보다는 효과성으로 주로 활용이 되어 목적과 목표를 달성하는 성공의 척도로 주로 쓰이고 있다(정병천, 2010).

아래 〈표 5〉의 사회복지 현장에서 말하고 있는 효과성을 종합해 보면, 궁극적으로는 프로그램 실행 후 목표들을 성취하는 정도이다. 즉 프로그램이 대상자에게 적절하게 활용되었는지, 애초에 의도했던 데로 어느 정도 성과를 거두었는지를 포괄적으로 보고자 하는 것이다(심영미, 2010).

이 중 이용돈(2010)은 효과성에 대한 평가를 다음의 세 가지로 나타내고 있다. 첫째, 대상자에게 나타난 효과들이 과연 그 프로그램 때문에 나타났는지에 대한 여부, 둘째, 나타난 효과들이 목표에 대비해 어느 정도의 크기인지 여부, 셋째, 효과의 크기가 충분히 그 문제를 해결할 수 있을 정도인지의 여부이다. 이 가운데 대상에 나타난 효과가 과연 그 프로그램 때문인지, 아니면 우연한 사건들에 의해서 그러한 성과가 도출된 것인지에 대한 내용으로 본 연구와 직결된다(이태영, 2004).

특정 대상에게 여가 프로그램을 제공한 후 효과성을 보는 연구들 대부분은 심신의 변화를 보고 있다. 선행연구 효과성 검증 내용을 보더라도 심신의 변화 유·무만을 보고 있을 뿐 그 변화가 프로그램의 어떠한 작동으로 인해 양산됐는지에 대한 내용까지 담아내지 못하고 있다. 이는 그 변화가 활용된 프로그램 때문일 거라는 확신을 갖는 데 미흡한 측면이라고 볼 수 있으며, 이용돈(2010)에서 말하는 효과성 평가와 관련해서도 부합하지 못한다.

아래 〈그림 8〉은 치매예방 놀이를 구성하고 있는 핵심 구성요소들의 제 역할과 유기적인 조합 그리고 이를 실행할 때의 강화 조건이 최적을 이루었을 때 그 효과성이 개인적 차원과 사회적 차원의 긍정적인 변화로 나타난다는 것이다.

〈표 5〉 사회복지 논문에 나타난 효과성에 대한 정의

연구자	효과성 정의
Basarab·Root (1992)	프로그램 개선에 활용되는 결과를 기록하고 프로그램의 질을 향상시키기 위한 방법
신경자(2002)	프로그램을 통해 의도한 목적들이 성취되었는가에 대한 정보
이화정·양병찬·변종임(2003)	목적달성에 참여자의 반응을 토대로 프로그램의 질과 적합성을 판단하는 것
이태영(2004)	프로그램을 통해 의도한 결과가 성취되었는가에 주된 관심
이기영·정순둘 (2005)	그 서비스로 인하여 발생한 클라이언트의 변화를 과학적으로 입증하는 것
조성한(2006)	목표도달에 의도했던 결과가 성취되었는가와 얼마나 달성했는지를 검토하는 것
이용돈(2010)	효과의 발생과 동시에 어느 정도 해결됐는지를 파악하고 분석해야 함
윤영숙(2013)	프로그램을 통해 참여자들의 변화 요인을 찾아내는 것

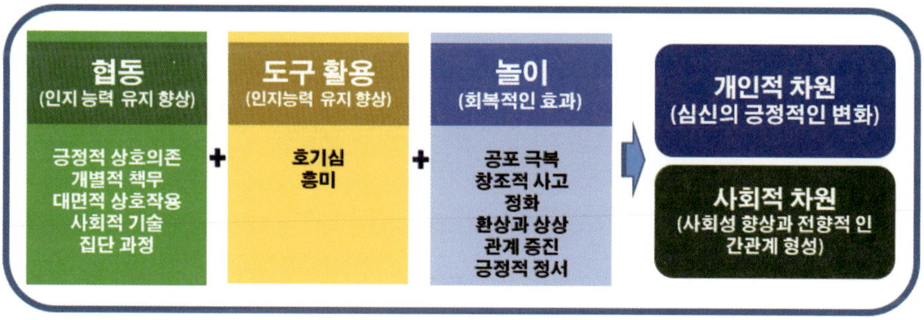

〈그림 8〉 치매예방 놀이의 핵심구성 요소와 효과성

말하자면, 공동의 목표를 달성하기 위해선 동료들과 자연스럽게 의사소통을 해야 하고 역할을 분담함으로써 책임감을 갖게 되고 결국 적극적인 사고와 행동을 갖게 하는 역할이 협동이다. 그러나 단순히 협동할 수 있는 조건을 갖춘 활동이라 하더라도 그 활동이 호기심과 흥미를 유발시키지 못한다면 즐거움은 고사하고, 협동의 형태도 미비하거나 아예 발현되지 않을 수도 있다. 따라서 호기심과 흥미를 제공하고 즐거움을 더할 수 있는 도구 활용은 필수적이라고 할 수 있다. 기능적 요소로 놀이를 선택한 데에는 놀이가 가지고 있는 회복적인 요인과 다른 기능적 요소가 갖고 있는 않은 지속적인 개발이 가능하다는 장점, 어느 정도 훈련이 되면 노인들 스스로가 할 수 있다는 것들이다. 여기에 팀 편성과 경쟁(적당한 긴장)이 더해져 프로그램을 강화한다는 것이다.

이 같은 작동으로 노인의 신체·정신에 긍정적인 변화를 만들게 되는데, 이는 아래 선행연구 〈표 9〉 유사 영역의 검증 요인에 유의미한 결과가 말해주고 있다. 다른 사람들과 상호작용하는 사회적인 존재로서 인간의 사회적 변화도 중요한데 이것은 노인에게도 마찬가지이다. 노년기에 경험하게 되는 사회적 역할의 변화와 상실감, 자아정체성의 혼란으로 인한 사회성의 쇠퇴와 상실은 사회적 존재로서의 활동을 위축하게 한다. 이는 치매예방 놀이 속에 내재하고 협동의 장점과 도구 활용을 통한 호기심 자극, 놀이가 가진 회복적인 역할 그리고 강화조건이 더해진 프로그램 경험을 통해 사회적 변화를 예상하고 있다. 따라서 본 연구에서 말하는 효과성이란 치매예방 놀이 경험이 노인들의 개인적·사회적 변화에 미치는 긍정적인 영향을 의미한다.

5. 선행연구

본격적인 연구에 앞서 유사 영역인 노인 레크리에이션, 노인 치료레크리에이션, 노인 놀이치료를 활용해 효과성을 검증한 선행연구를 면밀하게 분석하고자 한다.

자료는 우리나라가 고령화사회로 진입한 2000년도부터 2017년까지로 국회도서관 데이터베이스, 한국교육학술정보원 데이터베이스, 경기대학교 중앙도서관에서 전수 수집하였다. 논문의 주제는 연구 참여자인 노인이 각 영역의 프로그램을 경험한 후 나타나는 효과성 검증 논문으로 노인 레크리에이션 11편, 노인 치료레크리에이션 13편, 노인 놀이치료 14편의 총 38편이었다. 먼저 대상별 심신 상태와 세 영역별 연구 참여자의 연령 구간을 보면 다음과 같다.

〈표 6〉 세 영역의 연구 대상별 심신 상태

영역	정상	쇠약	우울증	치매	뇌병변	참여자 연령
노인 레크리에이션	9(81.8)	2(18.1)	·	·	·	60~87세
노인 치료레크리에이션	2(15.4)	2(15.4)	1(7.69)	8(61.5)	·	65~87세
노인 놀이치료	6(42.8)	·	·	7(50)	1(7.14)	60~89세
총계	17(44.7)	4(10.5)	1(2.63)	15(39.4)	1(2.63)	62~88세

출처: 노상은·전남희(2018: 119) 재구성.

노인 레크리에이션은 쇠약한 노인을 포함하더라도 정신적인 질병을 앓고 있는 노인은 없었고, 노인 치료레크리에이션과 노인 놀이치료를 합해 보면 60% 정도가 치매를 앓고 있는 노인들이었다. 영역별 연구 참여자들의 평균 연령을 정확하게 확인할 수 없어 최저 연령과 최고 연령 구간을 확인해본 결과, 각 영역마다 고연령 연구 참여자가 있음을 확인할 수 있었다. 이는 노인 레크리에이션에 정신적 질병을 앓고 있는 노인이 없다 하더라도 온전히 건강한 노인들이라고는 할 수 없다.

〈표 7〉 세 영역의 연구 방법

영역	양적연구	질적연구	병행연구
노인 레크리에이션	11(100)	·	·
노인 치료레크리에이션	10(76.9)	1(7.14)	2(15.3)
노인 놀이치료	13(92.8)	1(7.14)	·
총계	34(89.4)	2(5.26)	2(5.26)

연구방법적 측면에서 노인 레크리에이션은 11편 모두가 양적 연구였고 노인 치료레크리에이션에 1편, 노인 놀이치료에 1편, 총 2편이 질적 연구였다.

병행 연구 2편도 양적 연구의 보완을 위한 용도로 질적 연구가 활용되었다.

이처럼 효과성 검증을 위한 연구의 대부분은 양적 연구였는데, 연구자는 수량화된 결과만을 보고자 하는 것이 아니라, 결과가 나오게 된 과정도 경·중에 차이 없이 중요하게 생각했기에 질적 연구를 선택하게 된 동기이기도 하다.

〈표 8〉 세 영역의 연구 기간

영역	단기시간	장기시간
노인 레크리에이션	8주, 주 3회, 총 24회, 회당 60″ 총 시간 환산: 1,440분	36주, 주 3회, 총 108회, 회당 60″ 총 시간 환산: 6,480분
노인 치료 레크리에이션	8주, 주 1회, 총 8회, 회당 60″ 총 시간 환산: 480분	12주, 주 2회, 총 24회, 회당 40″ 총 시간 환산: 960분
노인 놀이치료	8주, 주 1회, 총 8회, 회당 90″ 총 시간 환산; 720분	5주, 주 6회, 총 32회, 회당 40″ 총 시간 환산: 1,280분

출처: 노상은·전남희(2018: 120).

연구기간을 시간으로 환산해 분석해 본 결과 단기 연구 시간은 노인 치료 레크리에이션의 480분이었고, 장기 연구시간은 6,480분이었다. 연구 기간의 길고 짧음이 중요하다기보다는 효과성 향상을 위한 프로그램이라 하면 연구 참여자들과의 라포 형성 기간을 갖는 것도 중요하다.

그러므로 본 연구에서는 연구 참여자들과의 라포 형성 기간을 충분히 가졌고, 연구 시간은 총 20회, 회당 60분, 1,200분을 실시하였다.

〈표 9〉 세 영역의 연구 검증 요인

영역	검증 요인
노인 레크리에이션	고밀도지단백콜레스테롤, 골밀도, 기분상태, 대인관계, 동적평형성, 맥박, 민첩성, 보행능력, 생활만족, 수축기 혈압, 스트레스, 악력, 여가만족, 유연성, 이완기 혈압, 인지기능, 자기효능, 자아수용, 자율성, 저밀도지단백콜레스테롤, 평형성, 총콜레스테롤, 하지근력
노인 치료 레크리에이션	건강한 몸의 변화, 긍정적 자극, 기억력, 대인관계, 부정적 정서, 성취감, 소외감, 수면장애, 스트레스, 이해 및 판단 능력, 악력, 우울감, 주관적 안녕감, 즐거움, 지남력, 표현력, 행복지수, 협응력
노인 놀이치료	가족지지, 근력강화, 근심걱정, 무력감, 불안감, 사후불안감, 생활만족도, 스트레스, 우울감, 인지능력, 임종불안, 이상행동, 자아존중, 자아통합감

출처: 노상은·전남희(2018: 123).

결과에서 보듯이 노인 레크리에이션은 정신적 측면의 검증도 일부 있지만, 전반적으로 신체적 기능의 유지·관리를 넘어 향상을 위한 검증 요인이라 할 수 있다. 반면 노인 치료레크리에이션과 노인 놀이치료는 주로 정신적 측면의 검증을 위한 연구라 할 수 있다.

〈표 10〉 세 영역의 검증요인에 따른 유형 분류

구분	효과	발표논문
정신적	대인관계(3)	신성은(2005). 노인의 경로당 내 레크리에이션 프로그램 참여가 대인태도에 미치는 영향. 박인숙·김남초(2016). 통합 레크리에이션 프로그램이 여성 노인의 기분상태, 유연성 및 스트레스에 미치는 영향.
	자기효능감(1)	전영수(2006). 레크리에이션 댄스가 노년기의 자기효능감 증진에 미치는 영향: 프로그램 개발과 효과성 검증.
	성취욕(1)	장호순(2006). 치료레크리에이션이 여성 노인의 소외감 감소에 미치는 영향.
	우울감(10)	전은미(2007). 치료레크리에이션 프로그램이 치매노인의 인지기능과 우울·자아존중감에 미치는 영향. 홍명표(2007). 치료레크리에이션이 치매노인의 인지기능과 우울에 미치는 효과연구: 실험설계 방법을 활용하여.
	인지기능(10)	양혜경(2006). 음악을 활용한 치료레크리에이션이 치매노인의 인지기능에 미치는 효과. 서주옥(2007). 치료레크리에이션이 치매 노인의 협응력 증진에 미치는 영향에 관한 실증적 연구: 전통놀이 프로그램을 중심으로.
	자아통합감(3)	김현주·송영혜(2014). 회상중심 모래상자 놀이가 노인의 자아 통합감에 미치는 영향. 장혜숙(2013). 주제 중심 통합적 놀이치료 프로그램이 요양시설 노인의 생활만족도와 자아통합감 증진에 미치는 효과.
신체적	유연성, 악력(2)	한윤수·최정현(2008). 레크리에이션 복합운동 프로그램이 여성 노인의 체력에 미치는 효과. 박인숙·김남초(2016). 통합 레크리에이션 프로그램이 여성 노인의 기분상태, 유연성 및 스트레스에 미치는 영향.
생활 만족	생활만족도(2)	김영길(2008). 요양병원 장기 입원환자에 대한 운동놀이 프로그램의 효과. 장혜숙(2013). 주제 중심 통합적 놀이치료 프로그램이 요양시설 노인의 우울과 자살생각 감소에 미치는 효과.

효과성 검증 내용을 자세히 들여다보면 노인 레크리에이션에 '대인관계'를 제외하고는 모든 개인적인 심신의 향상일 뿐 동료들과의 사회적 관계의 유지나 향상과 관련한 내용은 찾을 수 없었다. 노인이 되면 누구나 노화로 인한 심신의 저하는 찾아오고 그에 대한 우려와 대비를 우선 고민하게 되지만, 그와 함께 노인을 힘들게 하는 것은 사회적 관계의 상실이기도 하다. 때문에 노인의 심신에 긍정적인 영향을 주는 프로그램의 연구만큼 사회적 관계를 재형성할 수 있는 프로그램에 대한 연구도 함께 수행해야 한다. 또한 연구 참여자의 참여의지를 촉진할 수 있는 방안을 찾아내는 것도 매우 중요하며, 활용한 기능적 요소들이 연구 참여자들에게 어떤 호기심이나 흥미, 즐거움을 줄 수 있는지에 대한 것도 효과성에 포함돼야 한다.

〈표 11〉 세 영역의 기능적 요소

영역	기능적 요소
노인 레크리에이션	가위바위보 체조, 계산하기, 귓속말 정보, 내 손 그리기, 내 이름 외치기, 노래, 덕담 나누기, 레크댄스, 릴렉스 체조, 명상, 몸 가위바위보, 무용, 물건 기억하기, 미술, 박수치기, 색 순서 외우기, 손가락운동, 손도장, 스트레칭, 웃음, 종이접기, 체조, 춤, 테라밴드, 풍선 나르기, 덤빌체조, 혈액순환체조
노인 치료 레크리에이션	강강술래, 공놀이, 공연 보기, 기도, 깡통 볼링, 나의 변화 찾기, 낚시, 낱말 퍼즐, 널반지제기, 댄스, 다트, 도라지 체조, 독서, 동전쌓기, 딱지치기, 목걸이 만들기, 몸 흔들기, 명상, 미니볼링, 미니올림픽, 미술, 박물관 관람, 별명 외우기, 보드게임, 볼링, 비석치기, 비행기 접기, 빨대 릴레이, 사방치기, 색 판 뒤집기, 숨은그림 찾기, 시계박수, 신문지 구겨 던지기, 신문지 바구니 농구, 실뜨기, 심호흡 박수, 싱얼롱, 싱잉모션, 쌀보리, 안구운동, 안마, 알까기, 영화감상, 만들기, 요가, 윷놀이, 음식점게임, 인사 나누기, 왼손 오른손 맞추기, 자화상 그리기, 쟁반 재기, 지남력, 창의력게임, 책상탁구, 체조, 칠교, 콩주머니, 탁구공 볼링, 탈춤, 탱탱볼 주고받기, 투호, 풍선 배구, 풍선 배드민턴, 풍선치기, 합장박수, 핸드벨, 화투
노인 놀이치료	가을 동산 꾸미기, 갑돌이와 갑순이, 계란판 탁구공 전달, 과자 목걸이 만들기, 게이트볼, 고리 던지기, 고리릴레이, 고향의 봄, 깡통볼링, 콜라주, 나 자신 표현하기, 날좀보소, 내가 만약, 노들강변 의자체조, 다빈치코드, 달타령, 담요공전달, 당신은 누구십니까, 등 밝히기, 별칭게임, 벤치축구, 봉숭아 물들이기, 블록게임, 로보77, 명찰달아주기, 민요, 박터트리기, 별명짓기, 배구경기, 부적 만들기, 사방치기, 사진찍기, 송편 만들기, 윷놀이, 쎄쎄쎄, 솜공 눈싸움, 수건돌리기, 손 마사지, 스티커붙이기, 신문지공, 신문지농구, 안마, 마사지, 옆 사람 칭찬, 오동잎, 오자미양궁, 우봉고, 우리 집에 왜 왔니, 유령계단게임, 윷놀이, 짝소개, 촛불끄기, 추억의 물건 이야기, 치킨차차차, 표적 맞히기, 풍선배구, 풍선에 얼굴 그리기, 풍선치기, 할리갈리

출처: 노상은·전남희(2018: 122).

노인 레크리에이션, 노인 치료레크리에이션, 노인 놀이치료의 용어가 각기 다르듯, 세 영역의 대상과 목적은 분명히 다르다. 노인 레크리에이션은 건강한 노인들이 참여하는 프로그램으로 즐거움과 재충전을 위한 목적으로 활용되고 있으며, 노인 치료레크리에이션과 노인 놀이치료는 심신의 기능이 저하된 노인들의 기능 회복과 질병의 유지·완화를 위해 주로 활용된다(맹세호·박창우, 2016). 이처럼 목적과 대상의 심신 상태가 다름에도 불구하고 활용된 기능적 요소를 보면, 노인 놀이치료가 비교적 고유 영역의 특징을 나타내고는 있었지만 세 영역이 전체적으로 혼용해 활용하고 있음을 확인할 수 있었다.

본 연구에서는 위 선행연구 〈표 11〉에서 활용된 기능적 요소하고는 내용이나 진행방법이 전혀 다른 형태의 기능적 요소를 활용하였다.

〈표 12〉 세 영역의 제언 분류

영역	제언	범주
노인 레크리에이션	- 노인의 특성과 질병을 세분화하여 프로그램에 적용 - 특성에 맞는 다양한 노인 레크리에이션 프로그램 개발 - 노인 레크리에이션 프로그램의 전문적인 연구 - 노인 레크리에이션 이외에 인지 프로그램 개발 - 노인에 맞는 맞춤형 프로그램 개발 보급 - 무용 분야의 다양한 프로그램 개발 - 스포츠 노인 레크리에이션 개발 확대 - 노인 특성에 맞는 프로그램 개발 - 노인 레크리에이션 운동 프로그램 중요	프로그램개발
	- 노인 레크리에이션 전문가 양성	전문가 양성
	- 노인 레크리에이션 범주 안에 분류 작업과 개념 정리 - 여가 활동의 분류와 유형화	분류, 유형화
	- 전문 노인 레크리에이션 센터(홀) 건립	전문센터
노인 치료 레크리에이션	- 좋은 서비스라 해도 즐겁지 않으면 의미 없음 - 치매 노인의 유형에 따른 프로그램 개발 필요 - 노인 치료레크리에이션 프로그램 확대 실시 중요 - 치매 노인에 맞는 프로그램 개발 필요 - 치매 특성에 맞는 프로그램 개발 필요 - 노인이 원하는 프로그램 필요 - 치매 노인 프로그램 개발 필요 - 프로그램 개발 필요	프로그램 개발

영역	제언	범주
노인 치료 레크리에이션	- 치료·예방을 병행할 노인 치료레크리에이션 정규화 - 노인 치료레크리에이션 과목의 사회복지학 학제 편입 - 노인 치료레크리에이션의 사회복지분야 정착	정규화 학제화
	- 노인 치료레크리에이션 전문가 양성	전문가 양성
	- 지속적인 연구를 통한 확인 작업 중요 - 프로그램의 지속성이 중요	지속적 연구
	- 재활레크리에이션을 쉽게 접할 수 있는 정책적 지원 - 노인 치료레크리에이션 임상 사업이 모색 - 국가의 재정지원과 도구 제작 필요 - 노인 치료레크리에이션 전문 시설 필요	국가의 정책 및 재정지원
노인 놀이치료	- 음악활동을 통한 근력 강화 운동을 고려 - 치매 노인의 맞춤형 프로그램 개발 중요 - 노인형 맞춤 놀이 프로그램 개발 중요 - 노인의 특성에 맞는 연구 개발이 필요 - 질환에 맞는 프로그램의 차별화 필요 - 우울증 관련한 프로그램 개발 필요 - 다양한 민속놀이 개발 필요 - 프로그램 개발 필요 - 연구 개발이 필요	프로그램 개발
	- 정기적인 연구 필요 - 연구 기간이 길어야 함 - 지속적인 연구 필요	지속적 연구

출처: 노상은·전남희(2018: 124).

세 영역 모두에서 프로그램 개발 부진을 말하고 있고, 전문가 양성과 유형화 문제를 제언하고 있다. 노인 레크리에이션 노인 치료레크리에이션 노인 놀이치료는 주 대상과 목적의 차이는 있지만, 노인의 개별적인 심신 상태에 따라 치매를 포함한 질병을 예방하고 완화하는 목적을 갖고 있다. 따라서 각 대상에 맞는 기능적 요소들의 개발이 있어야 차별화된 서비스를 제공할 수 있다고 본다.

치매예방은 노인이 건강을 유지하고 있을 때부터 예방 프로그램을 경험해야 효과적(이난희, 2010)이듯이, 현재 중대한 질병이 없는 건강한 노인을 대상으로 한 프로그램의 효과성 연구는 중요하며, 그 효과가 어떠한 원리와 작동으로 나타나게 됐는지 과정에 대한 연구가 필요하다. 이는 실천 현장에서 노인들에게 프로그램을 제공함에 있어 중요한 자료이며 진행 중에 발생할 수 있는 다양한 시행착오를 줄일 수 있기 때문이다.

이에 본 연구에서는 건강한 노인을 연구 참여자로 선정하고 있으며, 본격적인 연구에 앞서 연구 참여자들과 일정시간 동안 라포 형성 기간을 가졌으며 효과성만큼 그 과정을 중요하게 여겨 사례 연구를 통해 다각적인 자료를 수집하는 질적 연구를 선택하였다. 아울러 연구에 활용되는 기능적 요소들은 기존과는 전혀 다르거나 진행방법이 다른 형태를 취한 첫 번째 연구라는 점에서 기존연구와는 차별성을 갖추고 있다.

Ⅲ. 연구방법

1. 연구방법: 사례 연구

사례 연구는 개인이나 가족, 집단 또는 기관 등의 단위를 택하여 철저하고 체계적으로 조사하고 배경, 현재 상태, 환경적인 특성 및 상호작용과 관련한 심층적인 자료를 자연적인 상태로 조사·연구하여 알기 쉬운 일상적인 언어로 깊이 있는 탐구를 하는 연구방법이라고 정의할 수 있다(정우열, 2017).

연구 수행은 연구 참여자의 주관적 속성이 개입하는 대상에 대해서 객관적으로 탐구하는 노력에 대한 구조적 방식으로, 이는 사람들의 현실적인 삶의 조건 하에서 의미를 찾도록 돕고, 연구에 참여한 사람들의 생각과 고민을 학술적 연구로 제시할 수 있다(김혜경, 2016). 이 같은 사례 연구의 특징은 사회적 동물인 인간의 행동과 행위 개념 등을 관통하는 시선을 제공하고 다양한 연구 자료를 수집하고 통합적으로 제시할 수 있는 독특함이 있다(박지연·이숙향·김남희, 2014). 사례 연구는 기본적으로 가설 검증보다는 현상에서의 통찰이나 발견 혹은 해석에 관심을 가질 때 실시하는 연구 행태로 '왜'와 '어떻게'라는 질문에 답하기 위한 연구로 총체적인 서술과 설명을 추구한다(고미영, 2013).

본 연구는 연구 참여자들에게 치매예방 놀이를 경험하게 한 후 그들에게 나타난 변화와 함께 그 변화가 일어나게 된 이유와 과정까지 보고자 한 연구로 그동안 발표된 효과성 관련한 논문을 면밀하게 고찰해야 했다. 또한 프로그램 제공이라는 실천 영역으로 본 주제와 유사한 영역에서 활동하는 전문가들의 실천 현장을 유튜브를 통해 분석해야 했다.

그동안 효과성 관련하여 발표된 논문들은 대부분이 양적 연구로서 수치를 통한 결과 위주의 연구들이 대부분이었다. 그러나 본 연구는 결과의 중요성만큼 그 결과를 양산하게 된 이유와 과정을 담으려 한 연구로 다양한 자료원이 필요했다. 특히 연구 참여자가 노인으로 말과 행동이 다르게 표현될 수 있다는 점을 고려하여 영상 자료를 많이 구해야 했다. 여기에 매시간 현장에서 일어나는 일련의 일들은 들을 수 있는 녹음자료와, 프로그램 중에 발생하는 상황을 포착할 수 있는 사진자료, 현장메모 등을 수집하였다. 프로그램이 모두 종료된 후에는 연구 참여자들과 심층 인터뷰와 그룹 인터뷰를 통해 그들이 느낀 소회와 생각을 자료로 수집했다. 이런 다중적인 자료는 분석에 있어서 자료의 신빙성을 확보하기 위해 상호 교차하여 분석할 때 귀중한 자료로서의 역할을 하였다. 이외에서 필요에 따라서는 연구자와의 사전 약속을 통해 만남을 이어갔고 여의치 않을 때는 유선상으로 인터뷰 자료를 수집하였다.

따라서 본 연구에서도 가설을 세우고 검증하거나 반증하는 방식으로 연구를 진행하는 것이 아니라, 연구 질문에 대한 질적 접근 방법을 취하여 수행과정에서 형성된 궁금증을 풀어가며 도출하는 방식을 취하였다. 이는 양적연구의 수량화된 데이터를 이용한 가설 검증 방법보다 특정 사례를 관통하고 있는 독특한 특성들에 대한 통찰력, 발견적 맥락, 맥락에 대한 해석에 초점을 두며 분석대상에 대한 이해와 특정 현상에 내재된 의도와 의미를 상황적 맥락 속에서 파악할 수 있기 때문이다(박동자, 2010).

인(Yin, 2003)은 좋은 질적 사례 연구를 수행하는 데 도움이 될 수 있는 방안을 다음과 같이 제안하였다. 첫째, 좋은 사례 연구는 중요성을 가져야 한다. 연구 대상이 되는 사례가 국가적, 이론적, 정책적, 또는 현실적으로 중요한 문제를 내재하고 있어야 한다. 둘째, 좋은 사례 연구는 반드시 완전해야 한다. 완전한 사례는 경계성이 있어야 하고, 증거수집의 완전성을 포함해야 하며, 인위적인 영역의 배제를 통한 완전성이 있어야 한다. 셋째, 좋은 사례 연구는 대안적인 관점을 포함해야 한다. 자료의 분석과 결과의 도출과정에 있어서 다양한 관점을 허용하는 것으로, 이는 다른 이론이나 문화적인 관점에 대한 검토를 통해 얻어질 수 있다. 넷째, 좋은 사례 연구는 풍부한 증거자료를 제시해야 한다. 이를 통해 읽는 이로 하여금 결과에 대한 개인적인 해석을 형성하도록 도와줄 수 있다. 다섯째, 좋은 사례 연구는 독자들을 끌어들이는 힘이 있어야 한다(유기웅 외, 2012 재인용)는 내용을 연구가 종료될 때까지 견지하며 수행하였다.

2. 연구과정

1) 예비 연구 준비 및 과정

연구자는 노인여가 프로그램 중 치매와 관련한 놀이에 관심을 갖고 종전과는 다른 놀이를 만들었고 새로운 진행방식을 적용하고자 하였다.

치매예방 놀이 개발 중 산발적으로 봉사활동을 하던 2014년 S시 S구 ○○노인복지관에서 '경로당활성화사업'의 일환으로 경로당에서 정기적으로 활동할 강사 모집 공고를 보고 '노인놀이치료사' 과정에 응시해 선발되면서부터 지속적으로 예비 연구를 시작하였다.

복지관에서 처음 지정해준 ○○경로당에는 1회 출강하고 종료하였다. 그곳에 노인들이 '본인들이 생각하는 것보다 수준이 낮으니 그만 오라.'는 통보가 왔다고 전해 들었다. 다음 두 번째 지정해준 곳 역시 2회 출강하고 종료하였다. '노래와 춤이 최고다.' 역시 같은 이유와 절차로 종료하게 되었다. 이후 세 번째로 지정해준 경로당에서 예비연구를 시작할 수 있었는데 본 연구에 나오는 경로당이다.

○○경로당은 65세 이상 노인이 이용하는 곳으로 노인 대부분이 노화로 인한 경미한 노인성 질환을 앓고 있는 노인들이었지만, 정신적인 질환을 앓고 있는 노인은 없었다. 또한 특별하게 경제적인 어려움을 겪고 있는 노인은 없었고 주변에서 흔히 볼 수 있는 노인이라고 할 수 있다. 경로당에는 연구자가 진행하는 프로그램 이외에서 다양한 노인여가 강사들이 토, 일을 제외하고 출강해 서비스를 제공하고 있었다. 그래서인지 경로당의 분위기는 비교적 활기찼으며 자율적이었고 교육이나 행사를 할 때는 체계적으로 질서가 있었다.

연구자가 예비연구를 시작하기 전 문제의식을 갖고 연구를 준비할 때부터 예비연구까지의 과정을 정리하면 <표 13>과 같다.

〈표 13〉 예비 연구 준비 과정

구분	제목	기관	내용
예비 연구 준비 과정	노인 프로그램 봉사활동	2005. 03 ~ 현재	노인여가 프로그램 전문가로 노인 관련 복지관이나 단체에서 봉사활동
	문제 인식	2010. 01~	노인은 계속 젊어지는 데 놀이는 예전과 다르지 않다는 문제점과 국가의 치매정책이 예방 강화 쪽으로 방향을 설정
	노인놀이치료사 과정 수료	2013. 02~ 2013. 04	이화여자대학교 사회복지전문대학원 노인놀이치료사 과정 수료
	봉사활동	2013. 09~	새롭게 만든 놀이와 진행방식으로 노인 관련 복지관이나 단체에서 가능성을 확인하며 지속적으로 수정·보완 작업 실시
	예비연구	2014. 03~ 2016. 12	○○ 경로당에서 예비 연구 시작

〈그림 9〉 예비 연구 현장(리본 뽑기, 인생 차차차) 2014. 03. 09/ 2014. 11. 12

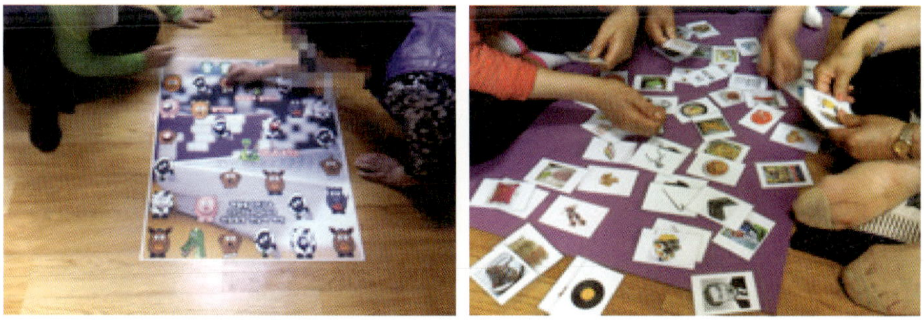

〈그림 10〉 예비 연구 현장(동물윷놀이, 궁합 맞추기) 2015. 05. 19/ 2015. 05. 27

〈그림 11〉 예비 연구 현장(탁구공 농구, 화투짝 맞추기) 2016. 04. 11/ 2016. 05. 15

예비 연구기간에 총 참석인원은 12~17명으로 노인들의 개별적인 사정이나 병원 업무 등으로 회수에 따라 인원 변동이 있었지만, 매회 12명 정도는 항상 유지하였다. 연구 기간은 2014년 3월 6일부터 2016년 12월 31일까지로 여름방학과 겨울방학을 제외하고 월 4회 실시, 총 27개월 108회를 수행하였다. 〈표 14〉는 예비 연구기간에 수행했던 놀이 목록이다.

〈표 14〉 예비 연구기간 중 활용한 놀이 목록

일련번호	놀이명	일련번호	놀이명	일련번호	놀이명
1	숨은그림찾기	29	부침개 뒤집기	57	쌀 콩 분리
2	다른 그림 찾기	30	신문지축구	58	실버컵타
3	이름 빙고	31	단어조합	59	꽉 채우기
4	성씨 빙고	32	10 맞추기	60	구슬터널통과
5	한 글자 맞히기	33	신문지농구	61	화투짝 맞추기
6	글자 맞히기	34	퍼즐	62	화투찾기
7	실버점블 퀴즈	35	나의 꿈 발표하기	63	연필잡기
8	쌍륙놀이(변형)	36	구슬 옮기기	64	바둑알 나르기
9	이벤트윷놀이	37	칩 쌓기	65	화장지 귤 당기기
10	판놀이 가위바위보	38	면 뽑기	66	구슬 포켓볼
11	만점 채우기	39	망까기	67	인지게임
12	오자미 양궁	40	고누	68	디스크 골프
13	체커게임(정식)	41	딱지치기	69	셔플보드
14	체커(자리 옮기기)	42	줄고누	70	다트
15	경마게임	43	산가지(변형)	71	디스크골프
16	만칼라(변형)	44	왕재기차기	72	20초 칩 뒤집기
17	컵스택	45	땅따먹기	73	유원지 권총
18	육지동물빙고	46	변형투호	74	팽이치기
19	생선빙고	47	퍼즐	75	역사인물 맞히기
20	서울동네빙고	48	알까기	76	옛 물건 찾기
21	칠교	49	실버빙고	77	계급놀이
22	대형고스톱	50	미니 도미노	78	변형고깔골인
23	사목	51	미니 농구	79	스트롱 컵 전달하기
24	인생 차차차(변형)	52	청기백기	80	후크볼
25	계란 옮기기	53	할리갈리	81	젬블로디럭스
26	꽃잎 차차차	54	바늘과 실	82	로보777
27	동물 차차차	55	그림속담	83	텀블링 몽키
28	깡통 볼링	56	컵 쌓기	84	카드놀이

진행횟수보다 놀이 개수가 적은 이유는, 횟수별로 1개를 원칙으로 진행을 했으나, 간혹 정확하게 이해하지 못하는 노인들이 발생할 경우 반복학습을 진

행했기 때문이다. 놀이명을 보면 종전 놀이의 놀이명과 유사하거나 같은 놀이명의 경우라도 진행하는 방식이 다르며, 사용되는 도구나, 소품이 다르다.

2) 본 연구 추진 과정

본 연구를 위해 사전 방문계획을 세워 2018년 5월 28일 경로당에 찾아가 당회장과 총무를 비롯한 노인들과 만나 연구 계획서를 드리고 구두로 자세하게 설명을 하였다. 2014년 예비 연구 기간에는 복지관에서 정해준 일정대로 프로그램을 진행할 수 있었지만, 본 연구를 위해 새로운 일정을 계획해야 했기에 어려움이 있었다. 예비 연구 당시 적극적으로 참여했던 분들 중 몇 명은 다른 곳으로 이사를 간 경우도 있었고, 한 분은 사망하기도 하였다. 연구 참여 인원과 관련해 예비 연구 기간에 간헐적(4회 정도 참여)으로 참여했던 젊은 노인들의 연구 참여를 부탁하고 다음날 다시 만나기로 하고 1차 만남을 종료하였다.

일정과 연구 참여자 확정을 위해 5월 31일 요가 프로그램 강사의 수업이 끝나는 오후 3시에 다시 만나 연구에 대한 자세한 내용을 재설명하였고 새롭게 참여하는 노인들과도 인사를 나누고 일정을 확정하고 연구를 시작할 수 있었다.

총 연구 참여자는 13명이었고, 1차 프로그램은 6월 5일부터 7월 5일까지 매주 2회씩 10회를 수행하였고, 2차 프로그램은 7월 23일부터 8월 10일까지 주 5회씩 10회를 수행하였다. 1차와 2차 사이 공백 기간은 연구 참여자들의 개별적인 대·소사가 그 기간에 일부가 있어서 부득이하게 휴식을 가졌고, 2차 프로그램이 주 5회씩 2주간에 걸쳐 진행한 이유는 본격적인 여름 더위가 오기 전에 프로그램을 종료하기 위해 합의한 사항이었다.

아래 〈표 15〉는 본 연구의 실행 계획 및 자료 수집 기간이다. 〈표 16〉은 세부 추진 계획이고 〈표 17〉은 본 연구에 활용한 치매예방 놀이 목록이다.

〈표 15〉 본 연구의 실행 계획 및 자료 수집 기간

구분	기간	내용
1차 미팅	2018. 5. 28(월)	- 연구 계획서 안내 - 연구 참여자 부탁
2차 미팅	2018. 5. 31(목)	- 최종 연구 참여자 확정 - 연구 계획서 안내 (자료 수집과 인권 관련한 설명과 구두 동의) - 일정 확정
1차 프로그램	2018. 6. 5~7. 5 매주 화, 목 pm 15~16시	- 주 2회씩 총 10회 치매예방 놀이 수행 - 매 시간마다 녹화, 녹음, 메모 수집 - 연구 참여 동의서 작성
1차 인터뷰	2018. 7. 12(목) 2018. 7. 13(금)	- ○○경로당에서 실시(pm 2~5시)
2차 프로그램	2018. 7. 23~8. 10 주 5회(토, 일 제외) pm 16~17시	- 주 5회씩 총 10회 치매예방 놀이 수행 - 매 시간마다 녹화, 녹음, 메모 수집
2차 인터뷰	2018. 8. 16(목) 2018. 8. 17(금)	- ○○경로당에서 실시(pm 2~5시)
1차 그룹 인터뷰	2018. 9. 12(화) 2018. 9. 13(수)	- ○○경로당에서 실시(pm 2~3시) - 이전한 경로당에서 실시(pm 5~6시)
2차 그룹 인터뷰	2018. 10. 12(금)	- ○○경로당에서 실시(pm 11~12시)

〈표 16〉 본 연구 세부 추진 계획

	구분	세부 내용	세부 추진 계획(2018)											
			1	2	3	4	5	6	7	8	9	10	11	12
연구 준비 및 계획	연구 준비 및 세부 연구	예비 연구 자료 분석 논문 계획서 준비	■	■	■	■	■							
		학술 현장 문헌고찰: 노인여가 프로그램 활용 효과성 검증 논문 동향 분석	■	■										
		이론적 배경 탐색 및 관련 선행연구 탐독			■	■	■	■						
		워크숍, 학회, 질적 연구회 참석 수학	■	■	■	■	■	■	■	■	■	■	■	
		유사 실천 현장 영상 분석: 유튜브에 게재된 노인 여가 영상 분석	■	■	■	■	■	■	■	■	■			
	발표	학위 논문 계획서 작성 및 발표					■	■						
자료 수집	인터뷰 영상 사진 현장 메모 수집	1차 프로그램 실행 1차 참여관찰 인터뷰, 전사 처리							■					
		2차 프로그램 실행 2차 참여관찰 인터뷰, 전사 처리								■				
		그룹 인터뷰 전사 처리									■			
		자료수집(관찰일지, 영상, 이미지, 인터뷰, 현장메모)					■	■	■	■	■			
		연구의 신뢰성과 타당성 확보를 기술 분석 및 해석								■	■	■	■	■
연구 결과	분석	분석 자료 해석									■	■	■	■
	심사	윤독회 및 심사												■

〈표 17〉 본 연구에 활용한 치매예방 놀이

회기	놀이명	목적	방법	시간
1	궁합 맞추기	회상의 시간을 갖는다. 동료들과 소통의 시간을 갖는다.	같은 속성의 그림카드 맞추기	30″
2	계란 옮기기	소속감을 갖고 최선을 다한다. 성취감을 느낀다.	탁구공을 전달하여 빈 계란판에 옮기기	5″
3	전략화투	협동심을 발휘한다. 동료들과 소통의 시간을 갖는다.	두 장씩 갖고 협동하여 고스톱 하기	30″
4	탁구공 농구	소속감을 갖고 최선을 다한다. 집중력을 갖는다. 성취감을 느낀다.	탁구공을 바운딩 지점에 맞춰 골인하기	20″
5	경마(동물)릴레이	소속감을 갖고 최선을 다한다. 성취감을 느낀다.	가위바위보를 통해 경주 트랙 돌기	60″
6	컵미션	집중력을 갖는다. 소속감을 갖고 최선을 다한다.	예시보고 개별적으로 모양 만들기	10″
7	200점 채우기	책임감을 갖는다. 집중력을 갖는다. 성취감을 갖는다.	동전이나 주사위를 던져 점수 계산하기	30″
8	표적 윷놀이	책임감을 갖는다. 집중력을 갖는다. 편안하게 즐기는 시간을 갖는다.	오자미를 던져 윷놀이	20″
9	실버포커	기억력을 기른다. 편안하게 즐기는 시간을 갖는다.	포커를 쉽게 배우고 빙고 외치기	30″
10	신문기사 작성	집중력을 갖는다. 협동심을 발휘한다.	협동하여 단문 찾아 조합하기	10″
11	변형쌍륙놀이	집중력을 갖는다. 협동심을 발휘한다. 박진감을 경험한다.	주사위를 이용하여 말판 이동하기	30″
12	화투 기억하기	소속감을 갖고 최선을 다한다. 기억력을 향상한다.	뒤집힌 화투짝 맞추기	30″
13	콘고리 던지기	집중력을 갖는다. 편안하게 즐기는 시간을 갖는다.	고리에 콘 던지기	20″
14	이벤트 윷놀이	회상의 시간을 갖는다. 편안하게 즐기는 시간을 갖는다.	일반 윷놀이 규칙에 미션 이행하기	60″
15	후크볼	집중력을 갖는다.	표적 맞추고 점수 계산하기	10″

회기	놀이명	목적	방법	시간
		소속감을 갖고 최선을 다한다. 신체 활동을 한다.		
16	디스크 골프	집중력을 갖는다. 소속감을 갖고 최선을 다한다. 신체 활동을 한다.	표적에 집어넣기	10″
17	실버컵스택	기억력을 향상한다. 집중력을 기른다.	1, 2, 3단계 배우고 경쟁하기	30″
18	바둑알 보드	집중력을 갖는다. 소속감을 갖고 최선을 다한다.	라인에 가까이 붙이기	10″
19	실버오델로	집중력을 갖고 생각을 한다. 응용력을 기른다.	말을 포위하여 땅따먹기	10″
20	실버도블	순발력을 발휘 한다. 승부욕을 기른다.	그림 제목 빨리 말하기	10″

〈표 17〉의 놀이별 시간은 놀이 준비 시간과 설명을 제외하고, 1회가 종료되는 시간을 의미한다. 놀이의 특성상 1회로 끝나는 것도 있고 3회로 끝나는 경우도 있다.

3) 연구 참여자 선정과 일반적 특성

본 연구는 특정 현상에 대한 서술과 해석, 통찰과 발견에 있으므로, 연구자가 연구하려는 내용과 관련하여 깊이가 있고, 풍부한 정보를 제공할 수 있는 사례들을 의도적으로 선정하는 의도적 표집방법을 활용하였다(Patton, 2002; 문희봉, 2014 재인용). 의도적 표집은 기회표집과 이론적 표집이 대표적이다. 기회표집은 가장 편하게 접할 수 있는 현상이나 사람에 대한 연구방법에 사용되며 특정 개인에 대한 이용가능성, 특히 연구 참여자의 섭외가 어려운 경우에 마지막 대안으로 현실성을 고려한 표집 방법이다. 이론적 표집은 표집의 통계적 적절성보다 발견·현성되는 이론에 초점을 맞추는 방법이다(노상은, 2016).

본 연구는 치매예방 놀이를 건강한 노인에게 적용했을 때 나타나는 효과성 유·무와 노인여가 프로그램으로서의 재미와 즐거움을 함께 보고자 한 연구로, 이론적 표집에 의해, 참석한 13명 중에 5명을 최종 연구 참여자로 선정하였다.

선정한 분들은 13명의 참여자 중에서 예비 연구 기간에 정기적으로 참석한 경험이 없는 분들로 중대한 질병이 없는 건강한 노인의 조건에 부합한다.

〈표 18〉 연구 참여자 기본 정보

연구 참여자	A 예쁜이	B 여사	C 여군	D 청일점	E 막내
성별	여	여	여	남	여
연령	69	68	70	73	68
배우자	사별	생존	사별	생존	생존
자녀	1남	1남 1녀	1남 1녀	1남 3녀	1남 2녀
참여횟수	20회	20회	20회	20회	20회
여가경험	유	유	유	유	유
직업경험	무	유	유	유	유
장애등급	무	무	무	무	무
기타특성	만성두통	관절통증	만성두통	관절통증	무

〈표 18〉은 연구 참여자의 기본 정보와 가족사항, 질병 유·무에 대한 내용으로 인터뷰를 통해 확인할 수 있었다. 아래 내용은 연구 참여자의 일반적인 특성으로 예비연구 때 연구자가 확인한 내용과 동료 연구 참여자들의 진술을 종합한 결과이다.

(1) A 예쁜이

69세로 경로당에서 예쁜이로 통하는 노인으로 남편과는 사별하였고 외아들을 두고 있다. 결혼한 아들과 함께 살고 있는데 아들이 술을 너무 좋아해 나이에 비해 많이 늙어 보여서 걱정이라고 한다. 아들한테 '경로당에 오시는 놀이 선생님이 너보다 다섯 살 아래인데 그보다 훨씬 젊어 보인다. 술 좀 작작 먹어라.'라고 혼낸 적이 있다는 말씀까지 할 정도로 매우 솔직한 분이다. 몸에 좋다고 하는 것도 두 번 생각하게 하는 것을 하기 싫어하는 분이고, 두 번 생각하지 않는 것이라 해도 재미없는 것은, 하고 싶지 않다고 한다. 나이가 들어가면서 모든 것이 재미없고 삶에 의미도 없고 늙으면 정말 죽어야 한다는 말씀을 자주 한다. 그렇지만 우울증이 있는 것은 아니다. 키도 크고 나이에 비해 젊어 보이는 모습이지만 서서히 아픈 곳이 생기는 것 같아 걱정이라고 한다. 최근에는 머리가 자주 아프다고 한다.

(2) B 여사

68세로 1남 1녀를 두고 있다. 두 자녀 모두 출가하여 현재는 남편과 단둘이 살고 있으며 자녀들이 근방에 살고 있어 자주 왕래하고 있다. 경로당에도 열심히 다니지만, 경로당 프로그램이 끝나면 ○○노인복지관에서 운영하는 포크댄스와 레크댄스도 배우고 있다. 특히 노래와 춤을 좋아하는데 노래는 수준급 실력이다. 간혹 연구자가 온 것도 모르고 가만히 먼 곳을 바라보고 있을 때의 모습은 살아온 인생에 대한 회한을 느끼는 듯 보일 때도 있고, 연구자를 발견하면 바로 언제 그랬냐는 듯 활짝 웃기도 한다. 화통한 성격의 소유자이며 해야 할 말은 정확하게 의사 표현을 한다. 경쟁하는 놀이 자체를 즐기시는 편이지만, 패하면 패한 이유에 대해 정확하게 짚고 넘어간다. 경쟁하는 상대편이 반칙을 하거나 공정하게 하지 않으면 정확하게 바로 잡아주는 역할을 한다. 복지관에서 실시하는 대부분의 프로그램을 경험했기에 여태껏은 별로 흥미를 많이 느끼지 못한다고 하며, 치매예방 프로그램이라고 해서 큰 기대를 갖고 있다고 한다. 간혹 거울에 비친 주름진 얼굴을 보면 슬프고 우울하다고 하며 언젠가부터 사진 찍는 것이 부담된다고 한다. 관절이 안 좋은 분으로 무의식적으로 일어날 때 방향을 돌려 일어나기도 한다.

(3) C 여군

70세로 1남 1녀의 자녀를 두고 있다. 남편과는 사별하였고, 큰아들은 미국에 살고 있고 딸은 먼 곳으로 시집을 갔다. 혼자 살고 있지만 외롭다는 생각은 해본 적이 없다고 한다. 직업은 여군 출신으로 무엇을 하든지 승부욕이 있어 남한테 지는 것을 싫어한다. 화끈한 성격으로 프로그램 진행 전에 노인들의 좌석과 대형을 정렬시킨다. 남한테 폐 끼치는 것을 싫어하는 분으로 여성스러운 성격이지만 경로당에서는 군기 반장으로 통한다. 연구자가 놀이에 대해 설명해주면 열심히 듣고 배우려 하고 연구자가 설명할 때 집중 안 하는 노인이 있으면, 큰 목소리로 기분 좋게 소리를 지르며 집중시킨다. 놀이할 때 보면 이기는 방법이나 지지 않는 요령을 빨리 터득하고 팀원에게 알려주는 역할을 하는 것을 보면 예리한 면이 있다. 특별한 이유 없이 쓰러져 병원에 입원한 적은 있으나 건강한 편이라고 하며 관절이 좋지 않다.

(4) D 청일점

73세 유일한 남성으로 1남 3녀를 두고 있다. 모두 출가해 지금은 부인과 단둘이 살고 있다. 경로당에서 가장 승부욕이 있는 분으로, 프로그램을 하다가 패할 것 같으면 애교 섞긴 화를 내기도 한다. 동료들의 말에 의하면 얼마 전까지 모 대학 총장으로 계셨다고 하는데 본인에게 확인하지는 않았다. 그래서인지 평소에도 단정하고 깔끔하게 옷을 입고 외출하는 것을 좋아하신다. 평상시 말씀하실 때의 단어 선택이나 세상에 대한 얘기를 할 때 보면 정확하게 통찰하고 있었고, 현재 일어나고 있는 뉴스에 대해서도 대부분 알고 계셨고, 본인의 주관대로 논평까지 한다. 건강 상태는 양호한 편으로 내장 기관에 특별한 문제는 없다고 하였다. 단지 겉으로 볼 때는 매우 마른 체형이고 관절이 안 좋은 분이다.

(5) E 막내

68세로 남편과 함께 경로당에 다니는 분이며 자녀는 1남 2녀를 두고 있고 모두 출가하였다. 막내로서 궂은일을 열심히 하라고 총무 일을 맡겼다고 간혹 투정을 부리면서도 열심히 하는 분이다. 프로그램에 적극성은 보이지는 않지만 일단 시작이 되면 열심히 하는 편이고 경쟁에서 지더라도 말로는 아쉬움을 표현하지 않고, 표정으로 드러나는 분이다. 간혹 이길 때까지 하다가 계속 지게 되면 잠시 나갔다고 오는 특징이 있다. 프로그램에 참석하는 중에도 경로당에서 발생하는 일의 대부분을 처리할 정도로 책임감이 강한 분이기도 하다. 동료들에게 들은 바로는 아직도 본인이 청춘인줄 안다고 한다. 연구 참여자 중에 병원에 다닐 정도의 질병을 앓고 있지 않은 가장 건강한 분이다.

4) 연구자의 준비와 배경

(1) 질적 연구에 대한 연구자 준비

질적 연구를 수행함에 있어 연구자는 질적 연구와 관련된 과목을 이수하거나, 연구 모임을 통한 지속적인 경험이 풍부할수록 유리하다(홍미연, 2016). 본 연구자도 질적 연구를 원활하게 수행할 수 있도록 아래와 같은 경험을 하였다.

첫째, 연구자는 동 대학원 석사 학위 논문으로 질적 연구를 했던 경험이 있으며, 그 당시에도 질적 연구를 원활하게 수행할 수 있는 기본적인 역량을 갖추기 위해 한 달에 한 번씩 질적 연구회에 참석해 동료와 선·후배의 질적 연구 과제를 함께 읽고, 분석하면서 경험을 쌓았고, 이를 토대로 석사 학위를 취득할 수 있었고, 졸업 후에도 질적 연구회에 계속 참석하면서 연구자로서의 감각을 유지할 수 있었다.

이후 연구자는 새롭게 연구하고 싶은 주제에 대한 호기심이 생겨, 동 대학원 박사과정에 입학하였고, 매 수업 시간 제출하는 과제물은 항상 질적 연구 방식의 틀에 맞춰 습작하며 실전 연습을 실시하였다.

이 외에 박사 3학기 과정에 개설된 질적 연구방법론 수업을 수강했으며, 박사과정 입학과 동시에 가입했던 '한국사회복지질적연구학회'에서 주관하는 세미나, 워크숍에 참석해 질적 연구에 대한 전문성을 축적하였다. 또한 타 대학의 교수가 주관하는 질적 연구 모임에도 참석해 견문을 넓혔다.

둘째, 연구자는 레크리에이션 이벤트 기획·진행자라는 직업을 갖고 있으며, 노인 치료레크리에이션, 노인 놀이 전문가로서 봉사활동을 하며 노인 놀이 개발의 미흡함에 관심을 가지기 시작하였다. 현장에서의 경험 외에 체계적인 분석을 위해 2018년 학술 현장의 동향 분석을 위해 '노인을 대상으로 한 노인 레크리에이션, 노인 치료레크리에이션, 노인 놀이치료를 활용한 효과성 검증논문의 동향을 분석'과 동년 실천 현장의 실태를 알아보기 위해 '유튜브에 나타난 노인여가 프로그램의 영역별 대상과 기능적 요소 분석'을 하였다. 연구자가 중점을 두고 파악하려 했던 내용은 각 영역별 노인의 심신 상태, 현장에서의 적용가능성, 게임성, 난이도, 흥미적인 요소, 기능적 요소. 진행방법 등에 대한 전반적인 고찰을 하였다. 이를 통해 체계적인 실태와 한계를 파악했으며, 질적 연구자로서의 분석능력을 향상시키고자 하였다.

셋째, 연구자도 노인여가 프로그램과 관련한 교육을 함에도, 외부에서 특별한 교육이 개최되면 적극적으로 참석하였다. 2013년에는 치매 노인에 관련한 교육으로 '이화여자대학교 대학원'에서 주관한 '노인놀이치료사' 양성교육에도 참석해 많은 것을 배울 수 있었고, '뉴스포츠협회'에서 주관하는 교육에도 참석해 색다른 경험을 하였다. 이 같은 경험은 노인 놀이를 개발하고 응용하는 데 많은 도움이 되었다.

넷째, 그동안 연구자가 개발한 놀이를 노인여가 현장에서 적용해 본 결과가 긍정적이었기에, 노인 관련한 곳에 종사하는 분들을 상대로 연구자가 개발한 놀이를 교육하기 시작하였고, 교육 후 이수자들이 실제 현장에서 활용하면서 경험했던 에피소드를 일일이 보고서나 구두로 제출받았고 내용을 분석하였다. 그 결과물들도 본 연구를 수행하는 데 참고자료로 활용하였다.

(2) 연구 주제에 대한 사전 지식

연구자는 노인을 대상으로 한 '치매예방 놀이'의 효과성 고찰에 앞서 연구자의 직업인 레크리에이션·이벤트 기획·진행자로서의 경험, 노인 치료레크리에이션, 놀이 전문가로서의 경험, 사회복지과 노인 치료레크리에이션 강사로서의 경험, 치매예방 놀이 개발자로서의 경험을 배제하였다. 그럼에도 불구하고 연구자는 오랜 기간 직업인으로서 여가활동과 관련한 일에 종사했었고, 교육이나 행사 결과에 대한 인터뷰 경험들이 많아 연구 참여자들의 진술 내용을 예측할 수 있었다는 것이 연구의 방해요소가 되었다. 이런 요소를 제거하기 위해 '판단중지'라는 노력을 지속하며, 연구 참여자들의 진술을 있는 그대로 받아들였다.

질적 연구의 부담으로 작용하는 주관적인 분석에, 연구자의 경험적 식견까지 관여하게 되면 연구의 중립성에 문제가 될 수가 있기에 연구 준비 단계부터 결과가 도출될 때까지 중립적인 자세를 견지하였다.

따라서 연구 주제와 관련한 연구자의 사전 지식과 유사한 연구 경험의 결과로 인한 예측할 수 있는 목록을 다음과 같이 만들어, 연구가 진행되는 동안에 연구 참여자의 진술이 연구자의 생각으로 훼손되는 것을 방지하고자 하였다.

① 놀이는 무조건 재미있어야 한다.
② 놀이는 혼자 하는 것보다는 함께해야 효과적이다.
③ 놀이는 경쟁적인 요소가 있어야 적극적으로 참여한다.
④ 게임성이 없는 놀이는 즐거움이 없다.
⑤ 게임성은 난이도 조절에 의해 가능하다.
⑥ 도구를 이용한 놀이는 흥미를 자극시킨다.
⑦ 노인도 승부욕이 있다.
⑧ 노인도 지면 재미없어한다.
⑨ 노인도 칭찬하면 더 적극적으로 한다.
⑩ 두 번 이상 반복하는 놀이는 재미없어한다.
⑪ 놀이 규칙은 순차적으로 설명해야 한다.
⑫ 노인은 진행자가 생각하는 것 보다 심신의 기능이 더 안 좋다.
⑬ 여성 노인이 남성 노인보다 더 적극적이다.
⑭ 진 팀에게 선물을 줘야 한다.
⑮ 여성 노인이 갑자기 말수가 줄어들면 대부분 화난 상태이다.
⑯ 재미없는 놀이도 애드리브(즉흥적 말재주)로 충분히 재미있게 할 수 있다.

위 목록은 연구 참여자가 놀이 중에 느끼게 될 내용, 진행자가 이용할 수 있는 내용, 연구 참여자들이 진술하는 데 대한 근거이다. 즉 연구자는 연구 참여자가 다른 의도로 말할 수 있다는 생각을 가지고 의미를 파악하는 데 신중을 기하였다. 간혹 연구자의 진술 내용은 긍정적인데, 현장 사진에 얼굴 이미지는 다른 표정을 하고 있는 경우도 있었다. 노화로 인해 얼굴 근육의 움직임은 생각과는 다른 모습으로일 수도 있기 때문에, 그런 경우에는 재 진술을 받아 보완하는 과정까지 연구에 철저함을 가하였다.

3. 자료수집

본 연구의 자료수집과 관련하여 연구 참여자의 자발적인 동의와, 수집과정에 필요한 기자재의 활용, 보조 연구자의 동석 등의 내용이 명시된 연구 동의서의 서명을 받은 후 자료 수집을 시작하였다.

질적 연구에서는 자료를 수집할 때 적절성과 충분함의 두 가지를 고려해야 한다. 적절성이란 탐구하고자 하는 현상에 대해 생생하고 풍부한 경험을 제공해 줄 수 있는 참여자를 알아내 선택하는 것이고, 충분함이란 연구 현상들에 대해 충분하고 풍부한 설명을 하기 위해서 자료가 포화상태에 도달하도록 수집해야 한다는 것을 의미한다(Morse & Field, 1995; 장혜영, 2014 재인용).

연구 참여자가 직접 제공하는 심층 인터뷰의 경우 본 연구 주제와 목적에 따라 치매예방 놀이를 경험한 후 생기는 변화를 보고자 한 것으로, 건강하고 젊은 노인이라는 조건과 본인의 생각을 정확하게 진술할 수 있다는 점 등을 충분히 고려해 연구 참여자를 선정하였다. 이외에 모든 자료는 4개월 동안 네 가지 다각적인 수집방법을 통해 포화상태에 도달할 때까지 수집하였다.

1) 참여관찰

참여관찰은 질적 연구 자료를 생산하는 일차적 출처라 할 수 있는데, 현장에 있는 사람들이 직접 대화하거나 말로 표현한 것을 담아낸 자료를 말한다. 이때 자료를 얻기 위해서는 녹화와 녹음, 이미지 촬영을 수행해야 하는데 이는 윤리적 문제를 야기할 수 있기 때문에, 연구자는 사전에 모든 참여자가 모인 자리에서 자료의 한정된 사용과 사후 자료 처리에 관련하여 구체적으로 전달하였고 동의를 얻었다. 이렇게 확보한 일차 자료는 연구가 종료될 때까지 지속적으로 보고 들으며 당시 상황과 맥락을 파악하였고, 이차 자료를 많이 창출하여 연구에 활용하였다(고미영, 2013).

연구는 참여자가 노인으로 생각과 말이 다를 수 있고, 순간적으로 느끼는 반응과 생각이 얼굴표정이나 몸동작과 어울리지 않은 경우도 발생할 수 있기 때문에, 연구 기간 동안 중요 상황에 대비해 녹화, 이미지 촬영을 했으며, 녹음기는 프로그램 시작 전부터 종료 때까지 항시 녹음 상태를 유지하였다.

연구자가 초점을 두고 관찰하고자 했던 내용은 아래와 같다.

첫째, 프로그램 시작 전과 종료 후의 모습을 통해 참여의지를 확인하였다. 프로그램 시작 전부터 분위기를 만드는 연구 참여자가 있는 경우도 있고, 어딘가 불편함이 있어 수동적으로 임하는 경우도 있고, 프로그램이 종료됨을 아쉬워하는 경우도 있기 때문이다. 이 외에도 다양한 표정이나 동작을 만들게 하는 이유가 있기 때문에, 교육이 끝난 후 연구 참여자에게 직접 듣기도 하고 때로는 동료들로부터 들었다.

둘째, 연구자가 놀이 방법을 설명할 때, 연구 참여자들이 내용을 들으며 느끼는 반응을 보고자 하였다. 이는 설명을 들으면서 적극적으로 이해하려고 하는 경우, 열심히 듣는 시늉만 하는 경우, 듣는 도중에 다양한 반응을 보이는 경우들이 있기 때문이다. 그러나 이런 모습들만을 보고 연구자가 일방적으로 판단하게 되면 오류가 발생할 수 있기 때문에 자연스럽게 질문하고 그들의 생각을 들었다.

셋째, 참여관찰의 핵심으로 놀이에 참여하는 모습을 집중적으로 관찰하였다. 시작 전 참여의지와 설명을 들을 때 하고는 상반된 모습으로 임하는 경우도 있고, 초반부에는 적극적으로 참여하다가 어떤 이유로 인하여 수동적인 자세로 바뀌는 경우도 있고, 여전히 표현력이 좋은 연구 참여자도 있고 반대의 경우도 있기에 그런 행동들을 통해 의문이 생기면 수시로 질문하며 자료를 구하였다.

위 세 가지가 참여관찰을 통해 얻고자 했던 주 내용이며, 매회 결과물을 통해 새로운 호기심과 의문이 생기기도 하였고, 또한 다른 수집 도구의 결과물과 유기적으로 연동할 수 있는 자료로도 가치 있게 활용하였다.

참여관찰을 시작하기에 앞서 연구자가 가장 우려했던 점은 윤리적 문제와 함께 몰래카메라와 같이, 관찰당하고 있다는 느낌을 주어 연구 참여자들로 하여금 부자연스러운 행동이나 특정한 행동의 발생을 우려했는데, 다행히 연구가 종료될 때까지 '개의치 않았으며 솔직히 잊어버리고 있었다.' 등의 반응을 보였다.

녹화, 녹음에 사용된 기자재는 Jvc 200x 아날로그 카메라, 아이폰4, 노키아 7, sony ic recorder를 활용하였다. 이렇게 녹화, 녹음된 자료는 매회 프로그램이 종료된 당일 또는 다음날에 보조 연구자와 함께 디지털 영상파일로 변환해 저장하고 확인 작업을 했으며, 비구조화된 현장 녹음 파일도 중요한 내용은 당일 전사 처리해 녹화된 영상과 비교해보며 분석해 현장의 상황과 분위기를 그대로 담을 수 있었다.

〈표 19〉 참여 관찰 자료

구분	확장자	데이터 량	시간 환산
동영상	mov	7g 200mb	390분
이미지	jpg	55mb	78장
녹음	mp3	79mb	1,310분

녹화 영상은 하루 평균 20분 분량이며 파일은 350~370mb 사이의 mov 파일로 저장했으며, 이미지 촬영은 횟수별 3컷에서 5컷을 촬영하였다. 녹음은 하루 평균 60분 정도이며 파일은 4~4.5mb 사이의 mp3 파일로 저장한 총 20일 분량의 자료이다.

2) 인터뷰

(1) 심층인터뷰

심층인터뷰는 질적 연구에서 가장 대표적인 자료 창출 방식으로 흔히 '목적을 가진 대화'로 알려져 있다. 질적 연구를 위한 인터뷰에는 보통 '심층 인터뷰', 즉 깊이 있게 탐구하는 인터뷰라는 단서를 붙이는데, 이는 연구의 목적을 달성하기 위해 연구 참여자와의 계획적인 만남을 통해 특별한 종류의 정보를 얻는 과정이기 때문이다(고미영, 2013).

연구 참여자가 노인이라는 특성으로 인해, 깊이 있는 탐구와 풍성한 자료를 얻기 위한 방법을 찾는 데 어려움이 있었으나, 예비 인터뷰 때의 경험을 살려 질문의 내용은 최대한 짧으면서 쉽게 이해할 수 있는 내용으로 구성하였다. 인터뷰는 연구 참여자들이 가장 편안한 장소로 생각하는 경로당의 개방된 공간에서 이루어졌다.

본격적으로 인터뷰를 시작하기 전, 연구 참여자와 프로그램에 참석한 모든 연구 참여자가 모인 자리에서, '인터뷰 내용은 연구에만 활용하고 전사처리 후 삭제하겠다.'는 말씀을 드렸고, 선정된 연구 참여자들과의 첫 번째 인터뷰를 시작할 때마다 다시 한번 설명하였다. 또한 인터뷰가 이루어지는 동안에도 연구 참여자가 인터뷰를 거부하거나, 일방적으로 연기할 수 있다는 내용과, 연구 참여자는 실명처리가 되지 않음을 공지하였다.

인터뷰는 총 2차례 이루어졌는데 1차 인터뷰는 1차 프로그램이 종료된 후 이루어졌고 2차 인터뷰는 2차 프로그램이 종료된 후 반 구조화된 질문지를 활용하였다. 녹음과 동시에 연구 참여자의 비언어적인 표현을 연구자만이 알아볼 수 있는 방법으로 메모지에 기록하는 일도 병행하였다.

1차와 2차로 나눠 인터뷰를 수행한 데는 말하기를 힘들어하는 연구 참여자가 있을 수 있다는 생각으로 나눠서 수행했는데, 1차는 단일 질문으로 1차는 프로그램을 경험하며 느낀 소회를 진술하는 시간으로 정해진 시간 없이 이루어졌고, 2차는 반 구조화된 질문지의 내용대로 수행했으며, 간혹 진술이 길어져 질문과 관계없는 내용을 듣게 되더라도 회귀하게 하는 방법을 취하지 않고 편안하게 경청하였다. 단지 처음부터 질문의 내용을 정확하게 이해하지 못한 경우에만 연구 참여자가 눈치채지 못하게 회귀해 재차 풀어서 질문하였다.

〈표 20〉 반 구조화된 질문지

질문 내용		
프로그램 경험 후 변화	개인적	1. 놀이를 경험한 후 신체적으로 어떤 변화가 생겼는가?
		2. 놀이를 경험한 후 정신적으로 어떤 변화가 생겼는가?
	사회적	3. 동료들과 협동하는 놀이가 무엇을 변화하게 했는가?
		4. 동료들과 협동하는 놀이가 어색하거나 불편하진 않았는가?
		5. 놀이를 경험한 후 동료들과의 관계에서 어떤 변화가 생겼는가?
프로그림 경험 중 놀이 경험	치매 예방 놀이	6. 놀이의 어떤 점이 재미있었고, 어떤 점이 어려웠나요?
		7. 놀이에 호기심을 가지게 된 이유는 무엇 때문인가요?
		8. 다른 프로그램과 다르다고 생각하는 것은 무엇인가요?
	진행 방법	9. 짝이나 조를 만들어 진행하는 것에 대하여 어떻게 생각하는가?
		10. 경쟁방식으로 진행하는 것에 대하여 어떻게 생각하는가?
		11. 보상 방식에 대해서는 어떤 생각인가?

1차, 2차 인터뷰를 거치는 동안 연구 참여자들이 진술한 내용은 충분히 포화상태에 도달했지만, 2차 인터뷰 시, 반 구조화된 질문 내용에 따라 답변하는 식의 인터뷰로 인해 혹시 본인이 하고 싶은 진술을 다하지 못한 경우가 있을 것 같아 모든 연구가 종료된 후 그룹 인터뷰를 실시하였다.

〈표 21〉 심층인터뷰 자료

구분	확장자	데이터 량	시간 환산
1차 녹음	mp3	13mb	180분
2차 녹음	mp3	15mb	210분
축어록	a4 용지 148매(글자 크기: 신명조 11pt, 줄 간격 170%)		

1차 인터뷰는 시간제한 없이 단일 질문에 의해 수행됐는데, 짧게는 30분에서 길게는 60분 정도였고 2차 인터뷰는 5명의 연구 참여자가 공히 40분 내외가 소요되었다.

(2) 그룹인터뷰

모건(Morgan, 1998)은 그룹인터뷰를 참여자들의 상호작용을 통하여 연구자가 정한 주제에 대한 자료를 수집하는 연구방법이라고 정의하였다. 그룹을 이용한 인터뷰의 장점은 빠른 시간 안에 풍부한 자료를 획득할 수 있고, 폭넓은 범위의 정보와 통찰력, 그리고 아이디어를 산출할 수 있는 장점이 있다(강종구 외, 2018).

인터뷰는 매회 프로그램이 끝날 때마다 짧은 담소를 나누기도 하였고, 두 번의 공식적인 심층 인터뷰 시간을 가졌지만, 그동안 생각으로만 가지고 있고 전하지 못한 진술이 있을 수 있다는 판단 하에, 어느 정도 시간이 경과된 후에 다 같이 모인 자리에서 그룹 인터뷰를 실시하였다.

〈표 22〉 1차, 2차 그룹 인터뷰 주제

그룹 인터뷰 주제
1차: 치매예방 놀이 프로그램 경험 후 소회는?
2차: 놀이 도구를 이용해 협동하는 프로그램과 다른 프로그램과의 차이점은?

1차 그룹 인터뷰는 2018년 8월에 실시했는데, 경로당의 이전으로 연구 참여자들이 두 군데로 나뉘어 두 번의 그룹 인터뷰를 진행했는데, 첫 번째는 프로그램을 진행한 ○○경로당에서 진행하였고, 두 번째는 이전한 경로당에서 진행하였다.

인터뷰 주제는 특별히 정하지 않았으며 두 군데 모두 연구 참여자와 프로그램에 참여자가 함께 모여 자율적인 인터뷰 시간을 가졌다.

2차 인터뷰는 새롭게 발생한 문제와 최종적으로 확인해야 할 사항으로 인해 10월에 최초 프로그램을 진행한 ○○경로당에서 연구 참여자들만 모인 가운데 인터뷰를 진행하였다.

〈표 23〉 1차 그룹 인터뷰 자료

구분	연구 참여자	데이터 량	시간 환산
그룹 1	3명	3.2mb	60분
그룹 2	2명	3.1mb	60분
축어록	a4 용지 31매(글자 크기: 신명조 11pt, 줄 간격 170%)		

〈표 24〉 2차 그룹 인터뷰 자료

구분	연구 참여자	데이터 량	시간 환산
그룹 1	5명	1.2mb	50분
축어록	a4 용지 11매(글자 크기: 신명조 11pt, 줄 간격 170%)		

3) 현장메모

현장메모가 일차자료로서의 가치가 있는가에 대한 의문에 대해, 대부분의 질적 연구 초기 인류학자들의 자료는 현장메모에서 나왔고 메모하는 것은 연구자가 하는 중요한 작업 중의 하나로서 매우 가치가 있다(고미영, 2013).

연구자는 매회 프로그램을 준비할 때, 당일 진행할 놀이의 제목, 내용, 진행 방식, 멘트를 왼쪽에 적어놓고 오른쪽에는 진행 중에 발생하는 에피소드나 문제점을 적을 수 있는 양식을 만들어 항상 메모하는 방식으로 자료를 수집하였다.

영상 녹화와 녹음을 통해 대부분의 현장 분위기를 저장할 수 있지만, 순간적으로 발생하는 상황에 대한 직관적인 느낌은 길게 기술할 수는 없기 때문에 짧은 순간을 포착하는 통찰력을 위한 현장메모는 매우 중요한 원 자료라고 할 수 있다.

연구자는 진행자로서 놀이에 대한 설명을 하며 내용을 기록할 수 없기 때문에 연구자만이 알아볼 수 있는 짧은 글, 기호, 그림, 부호 등으로 기록하였다. 때로는 연구자와 연구 참여자가 놀이에 함께 참여할 때는 동반한 보조 연구자가 메모하는 역할을 수행하였다.

현장메모도 프로그램이 끝난 후, 메모의 원 의미를 풀어 기술하지 않으면 시간이 경과한 후 잃어버릴 수 있기 때문에, 당일 기록을 원칙으로 하고 자료로 활용하였다. 총 자료량은 A4 용지 20매이다.

4. 자료 분석

1) 자료 분석 방법

사례 연구의 자료 분석 방법은 시기가 분명하게 주어지는 것은 아니다. 자료에 대한 분석은 사례에 대한 분석이기 때문에 매 순간 이루어지며 참여자를 보는 순간에서부터 시작된다(홍예영, 2017). 또한 자료 분석은 연구를 준비함과 동시에 연구가 종료돼 결과물이 나올 때까지 지속적으로 이루어지는 특징이 있다.

사례 연구에서 자료 분석은 전체 사례의 전체적인 분석이 될 수도 있고, 사례의 특정한 측면에 대한 깊이 있는 분석이 될 수도 있다. 이러한 자료 분석을 통해 사례의 맥락이나 사례가 나타나게 된 세팅이 풍부하게 된다(Yin, 2009; 송남영, 2013 재인용).

본 연구의 자료 분석에서는 범주 합산 혹은 직접 해석방법과 지속적 비교분석을 적용하였다. 범주 합산과 직접해석방법은 여러 가지 경우가 어떤 하나의 종류라고 얘기될 수 있을 때까지 경우들을 모으는 방식이다. 분석 과정은 특정 행위를 배열하고, 특성들을 범주화하고 직관적인 합산의 과정을 거친다. 이러한 과정은 지속적 비교분석 과정과 유사하다(박동자, 2010). 그렇기 때문에 자료 분석은 자료수집과 함께 지속적으로 이루어지는 순환적이고 역동적인 과정으로 종합적이고 체계적이면서도 융통성 있게 이루어진다(이미선, 2015).

본 연구에서는 스테이크(Stake, 1995)의 자료 분석과 해석방법을 사용하였고 구체적인 절차는 다음과 같다.

먼저 1단계는 '자료 정리와 내용 읽기'이다. 참여관찰, 심층인터뷰, 그룹 인터뷰, 현장 메모를 통해 얻은 원 자료가 프로그램이 실행된 날짜별로 컴퓨터에 구분되어 있는지를 우선 확인했는데, 이는 회차별로 변화되는 모습들을 확인하기 위한 것도 있었고 연구자가 진술한 내용 중에 실제 얼굴표정이나 행동하고는 전혀 다르게 진술되는 경우들이 발생할 수 있기 때문에 수시로 확인하기 위해서이다. 본격적인 분석을 위해 영상, 이미지, 텍스트 자료를 전체적인 맥락을 염두에 두고 보고, 듣고, 읽기를 반복하였다. 연구 참여자의 필사된 진술 내용만을 확인하는 것은 의미의 오류가 발생할 수도 있기 때문에, 그들이 말할 때의 감정이나 억양 등을 파악하였다. 여기에 영상을 지속적으로 보며 연구 참여자가 말하고자 했던 그 순간의 전·후 상황 속에 실제 행동을 보면서 더욱 정확한 진술의 의도를 파악하고자 하였다. 또한 프로그램 중 갑자기 발생한 특별한 상황에 대한 연구자의 현장 메모도 유용하게 활용하였다.

이 같은 노력은 연구가 종료될 때까지 지속적으로 행하여졌으며, 그래도 이해가 되지 않거나 불가피하게 재확인을 해야 할 경우에는 유선으로 확인하거나 직접 방문하여 추가 인터뷰를 진행하기도 하였다.

2단계는 '의미 달기와 분류하기'이다. 1단계에서 지속적으로 보고, 듣고, 읽고 추가로 자료 수집을 하면서, 동시에 이루어진 추상적 분석과 아이디어를 숙고한 후 자료가 말하는 의미에 따라 분류하였다. 원활한 분석을 위해 한글 파일로 전사된 자료를 엑셀(excel)로 옮기기 시작했는데, 이 과정에서도 1단계에서 분석한 추상적 개념들을 다시 확인하며 읽기 작업을 반복하며 고 분류하였다.

의미를 달고 분류하는 과정에서도 새로운 의문이나 생각이 떠오르면 기록하고 연구 참여자와의 통화나 미팅을 통해 확인하는 작업은 계속하였다. 의미 단위로 분류한 후에는 다시 그 의미 단위들을 여러 차례 읽으면서 의미 단위의 내용을 요약하고 정리하였다(김민정, 2016). 102개의 의미 단위가 도출됐는데 이중 유사한 의미를 담고 있거나 연구주제와 관련이 없는 내용을 정리한 후 최종 도출된 의미 단위는 47개이다.

3단계는 '의미 단위들의 범주 합산'이다. 이는 생성된 의미 단위들을 조직하는 단계로 전사된 자료를 읽으면서 의미 있다고 생각한 현상에 대한 이해를 하고, 그 현상으로부터 발견된 개념을 찾고, 그 개념들을 범주화하여 요약적으로 표현할 수 있는 어휘로 특징화하는 작업이다. 핵심은 연구 참여자가 경험한 세계를 잘 드러낼 수 있는 용어의 선택이 중요하다(홍예영, 2017).

범주화 작업에서 각 주제들이 연구 참여자의 진술과 일치하는지 모순되는지를 주의 깊게 살폈고 연구자 외에 지도교수와 연구회 동료들과 분석의 신뢰도를 높이기 위해 교차 분석하였다(노상은, 2016). 이와 같은 절차를 거쳐 최종적으로 11개의 범주와 2개의 차원을 도출하였다.

2) 연구의 엄격성

질적 연구에서 비판과 논란의 소지는 엄격성의 문제이다. 엄격성이란 연구를 통해 얻은 결과와 해석을 어느 정도 신뢰할 수 있는지에 대한 정도를 말한다(문희봉, 2015). 신뢰할 수 있는 연구란 공정하고도 윤리적으로 이루어진 연구이고, 연구대상의 경험을 가능한 한 정확하게 그려낸 학술적 엄격성을 통해 획득한 것을 의미한다(최정호, 2014).

본 연구에서는 데보라(Deborah, 2010)가 제안한 6가지 전략을 적용해 엄격성을 확보하고자 하였다. 첫째, 장기간에 걸친 관계 형성이다. 질적 연구의 특징 중 대표적인 특징으로 연구자와 연구 참여자와의 관계 형성이다. 관계 형성은 연구 외적인 사회생활에서도 사람들과의 편견을 없애는 데 매우 중요한 도구이다. 연구자와 연구 참여자와 오랜 시간을 관계를 갖게 되면 상호 신뢰할 수 있는 단계로 발전시킬 수 있으며, 상호 신뢰를 바탕으로 한 연구자와 연구 참여자와의 관계는 거짓 정보의 제공이나 의도적인 왜곡 해석을 최소화할 수 있다(최정호, 2014).

본 연구자도 연구 참여자들이 능동적으로 참여할 수 있는 분위기를 조성하기 위해, 27개월 동안의 예비 연구시간을 통해 가족 같은 분위기로의 라포 형성에 집중했으며, 그동안에는 연구에 대한 언급은 일절 하지 않았다. 이후 2018년 연구에 대한 구체적인 설명을 한 후, 이어진 4개월간의 프로그램 실행과 자료 수집 기간에도 자연스러운 분위기에서 능동적인 참여를 유지하며 원활하게 연구를 진행하였다.

둘째, 다원화이다(유태균, 2005). 본 연구는 프로그램 경험과 관련한 사례 연구로, 전문적인 지식을 가지고 있는 연구자의 경우 연구자의 경험적 편견으로 인해 그릇된 분석을 할 수 있다는 문제를 안고 있다. 이에 하나의 사항에 대한 의미를 부여하는 데도 전체적인 맥락에 맞추었으며, 포괄적인 이해를 얻고자 하였다. 이를 위해 관찰일지, 인터뷰, 현장메모 등의 다원화에 입각한 자료 수집과 자료 간 검증을 통해 분석을 하였다. 이 같은 노력을 함에도 불구하고 신뢰에 문제가 될 수 있는 요인들은 재차 확인하며 연구를 수행하였다.

셋째, 동료집단의 조언 및 지지이다(유태균, 2005). 어떤 연구든지 연구자 한 사람에 의해 치중되는 경향이 있는 것은 사실이다. 특히 연구 참여자에게 프로그램 경험을 제공하는 사례 연구의 경우 더욱 그럴 수 있다고 본다. 때문에 본 연구에서는, 연구자의 독단적인 판단에 제어할 수 있는 중재자로서의 역할을 수행할 보조 연구자와 함께하였다.

넷째, 연구 참여자를 통한 재확인이다. 연구자는 자신의 해석과 코딩의 관련성 여부를 확인하기 위해 연구 참여자와 다시 만나야 할 필요성을 느끼게 된다(최정호, 2014). 또한 연구자가 설정한 연구 방향대로 연구가 진행되고 있는지에 대한 것도 수시로 확인해야 하고, 연구 참여자가 진술한 내용에 대해서도 조금이라도 의문에 여지가 있다면 언제든지 다시 만나 확인해야 한다. 본 연구에서는 연구 참여자의 진술 내용을 감지하는 데 많은 어려움은 발생하지는 않았지만, 의문이 발생한 경우 확인하는 작업을 지속적으로 수행하였다. 또한 연구자와 연구 참여자와의 관계가 원만했었기에, 연구자가 의도하는 방향대로만 진술하는 경우에 대해서도 민감하게 반응하였고 이런 경우 기간을 두고 재차 질문하고 확인하는 노력을 하였다.

다섯째, 예외적 사례분석이다. 이는 연구자의 사전지식이나 경험으로 인한 편견을 방지하기 위한 것과 연구자로서의 결점을 스스로 찾아내는 것을 의미한다. 연구자는 사전지식 목록을 만들어놓고 편견을 통제했으며, 동료집단의 도움과 조언을 받았고 같은 경우라 하더라고 예외적인 사례가 없었는지 연구가 끝날 때까지 확인하는 것을 지속하였다.

여섯째, 감사자료 남기기이다. 연구 진행 사항에 대한 전체적인 신뢰를 얻기 위해선 연구 자료에 대한 흔적을 남기는 것이 중요하다(최정호, 2014). 즉, 참여관찰, 인터뷰, 현장메모 등의 수집 자료와, 자료 분석 과정에서 어떤 결정을 내렸는지 보여주는 연구 일지 등을 남기는 것이다. 감사 자료를 남기는 것은 장기간에 걸친 관계형성, 동료 지지집단의 도움, 연구대상을 통한 재확인, 다원화, 예외적 사례 분석이 제대로 이루어졌는지에 대해서도 적용하였다(최정호, 2014). 본 연구에서도 연구 일지를 남기는데 놓치지 않았고, 모든 내용은 컴퓨터에 기록하였다.

3) 윤리적 고려

모든 연구에서 연구의 윤리적 문제가 대두된다. 특히 질적 연구에서의 윤리적 문제는 연구 전반에 걸쳐 나타나는데, 대체로 중요한 사회·정치적 맥락 속에서 이루어지기 때문에 더욱 그렇다(최정호, 2014).

사례 연구에서 연구 참여자는 단순히 정보를 제공하는 자료공급자 이상의 적극적인 면접 참여를 하게 된다. 때문에 참여자와 연구자는 충분한 자료의 포화가 이루어질 때까지 호혜적인 관계 속에서 지속적인 상호작용을 하면서 정보를 교환해야 할 필요가 있으며, 이러한 상호작용의 필요성은 참여자의 윤리적 측면의 보호에 기반하여 이루어진다(박지영, 2007). 따라서 연구를 수행함에 있어 발생될 수 있는 윤리적 문제에 대한 고려가 반드시 요구된다. 즉, 질적 연구에 있어서 연구 참여자들의 경험적 진술을 통해 연구 참여자의 일상생활이 매우 총체적이고 자세하게 기술되기 때문에 양적연구와 비교했을 때, 연구 참여자에 대한 섬세한 윤리적 고려가 더욱 중요하다(이솔지, 2008).

이에 본 연구자는 연구와 관련해 발생할 수 있는 윤리적 문제들에 대해 다음의 다섯 가지 준수사항을 지속적으로 점검하고 확인하였다.

첫째, 진실성이다. 연구자는 연구 참여자가 노인이라는 점을 감안하여 모든 내용을 전달함에 있어서 세부적으로 풀어 가감 없이 정확하게 설명하였다.

연구 시작 전인, 2018년 5월 28일(월) 첫 미팅 시간에 연구 참여자들이 모두 모인자리에서, 예비 연구로 첫 출강을 하던 2014년 3월부터 27개월 동안 연구에 대한 언급을 일절 하지 않았던 이유에 대해서도 매우 구체적으로 설명을 하였고, 설명을 들은 연구 참여자들과 그 외에 노인들도 수긍했으며 이해를 하였다. “오히려 사전에 알았으면 더욱 부자연스럽게 행동했을 것 같다.”고 말하는 노인도 있었고, “부담이 돼서 나오지 않을 수도 있었다.”고 말하는 노인도 있었다.

계속해 연구를 하게 된 동기와 목적에 대해서 설명을 하였고, 연구를 하기 위해 인터뷰를 하는 이유, 현장 녹화와 녹음을 하게 되는 과정에 대한 설명을 하였고, 모든 내용을 훼손하지 않고 정확하게 분석해 연구에 반영하겠다는 말씀을 드렸다.

둘째, 자발성이다. 연구자는 사전에 연구 동의서를 구한 연구 참여자에게 아래 인터뷰와 관련한 내용을 재차 설명하였고, 인터뷰참여에 변함이 없음을 확인하였다.

인터뷰 중에도 이유 여하를 막론하고 인터뷰를 거부하거나 녹음을 원하지 않을 때는 바로 중단할 수 있다는 것과, 그로 인해 연구 참여자에게 불이익이 없음을 재차 설명하였다. 또한 인터뷰를 모두 마친 상태에서 인터뷰 내용이 연구에 활용되는 것을 원치 않으면 중단할 수 있음을 전달하였다. 언제든지 연구 참여자가 연구자에게 어떠한 질문이라도 할 수 있고, 연구자는 만족스러운 답변을 해야 할 의무가 있다는 내용도 전달하였다. 마지막으로 인터뷰 내용은 주로 연구자가 연구를 목적으로 분석하지만 연구의 질을 높이기 위해 연구와 관련한 지도교수, 연구회 동료들과 일정 부분 공유할 수도 있다는 내용을 전달하였고 동의를 얻었다. 위에 나열한 내용은 2018년 7월 5일(목) 연구 동의서에 서명을 하였고 연구자와 연구 참여자가 각 1부씩 보관하였다.

셋째, 공유이다. 연구의 준비 단계부터 결과물이 나오기 전까지 연구와 관련한 모든 진행 사항에 대해서는 언제든지 연구 참여자가 궁금해하면 제공해 줘야 한다는 의미이다. 또한 연구 결과가 긍정적이든 부정적이든 이유 여하를 막론하고 결과물도 함께 공유해야 한다(노상은, 2016).

연구 참여자가 노인인 경우에는 더욱 연구자가 자발적으로 연구에 대한 전반적인 내용이나 진행사항을 중간에 알려줄 필요가 있다. 예컨대 일반 기업이나 기관에 소속된 연구 참여자가 기관과 관련한 진술을 한 경우, 본인의 신상은 물론이고, 본인이 진술한 내용을 연구자가 어떤 식으로 해석을 해 연구에 활용했는지 궁금해하듯이 노인도 마찬가지일 것이다.

특히 질적 연구에서 노인을 대상으로 한 연구는 생각하고는 다르게 언어의 표현이 왜곡될 수도 있고, 연구자의 자의적인 판단이 관여할 수도 있기 때문에 더욱 확인하는 작업이 필요하다. 또한 고령의 노인이라 하더라고 본인이 진술한 내용이 연구에 어떻게 반영됐는지 막연하게라도 궁금해함에도 표현을 안 하거나 못할 수 있고, 혹은 잊어버릴 수도 있으므로 연구자가 자발적으로 공유해야 한다.

넷째, 비밀보장이다. 연구 참여자와 관련한 모든 내용은 기밀을 유지했는데, 기밀유지는 연구에 참여한 모든 이의 신상명세가 비밀스럽게 보관되어야 하며 외부인에게 노출되거나 제공되어서는 안 된다는 것을 의미한다(노상은, 2016). 연구과정에서 수집된 모든 자료는 연구 목적에만 사용하였고, 연구가 종료되면 모두 삭제하겠다는 내용을 전달하였다. 연구 참여자의 진술 자료는 익명성을 유지하기 위해 A 예쁜이, B 여사, C 여군, D 청일점, E 막내로 표기하였다.

다섯째, 상호 호혜성이다. 예비 연구기간 동안 연구자는 출강할 때마다 노인들이 좋아하는 먹거리와 생필품들을 제공하였다(장숙, 2010). 먹거리는 경로당에 계신 모든 분들에게 나눠드렸고, 생필품은 놀이를 할 때마다 강화물로 활용하였다. 또한 3달에 한 번 씩은 노인들이 좋아하는 포도주와 튀김, 과일, 제과 등을 함께 먹으며 담소를 나누는 시간을 가졌다. 이처럼 연구자는 사전에 지속적인 관계를 통해 상호 호혜적인 관계를 자연스럽게 쌓았고 본 연구기간 동안에도 계속 유지할 수 있었다.

연구 자료 중 심층인터뷰 자료는 연구 참여자의 시간 할애를 통해 얻어질 수 있는 것이기에 보상에 대한 문제를 고민하였다. 이에 할애한 시간을 금전으로 계산해 보상하는 내용을 연구 참여자에게 전달했으나 부정적으로 받아들였다. 연구 참여자들은 "그동안 즐겁게 해 주신 것도 고맙고, 함께 회식도 하고 선생님을 가족처럼 생각한다. 우리에 대한 이야기로 연구한다는데 기쁘게 도와주고 싶었다."라고 사양하였다.

연구 참여자에게 프로그램을 제공하고 사례를 연구하는데 있어, 상호호혜적인 관계는 매우 중요하다. 그러나 연구자의 윤리적 고려에도 불구하고, 연구과정에서 특별히 연구자가 느끼는 윤리적 문제에 대해서도 밝힐 필요가 있으며, 이는 이후에도 연구자로서 부단히 고민해야 한다(노상은, 2016).

연구 참여자가 노인인 경우에 연구자가 덜 민감하게 반응할 수 있거나, 특별한 문제가 아니라는 안일한 판단으로 인해 연구 전체를 그르칠 수도 있다. 이에 위 다섯 가지 준수 사항을 정해 놓고 연구가 끝날 때까지 점검하고 확인하는 일을 소홀히 하지 않았다.

Ⅳ. 연구결과

연구 참여자의 평균 연령은 69.6세의 건강한 노인들로 나이가 들어가면서 자연스럽게 발생하는 노화의 과정을 겪고 있는 분들이었고, 특별히 질병을 앓고 있는 노인은 없었다. 프로그램을 경험하면서 단 한 명도 어려움을 토로하거나 힘들어하는 분이 발생하지는 않았지만, 프로그램 종료 후 심층인터뷰를 수행할 때는 본인이 생각한 내용을 전달하면서 아쉬워하는 경우가 발생하기도 하였다. 누구에게나 나타나는 현상이기도 하고 노인인 점을 감안하여 인터뷰는 최대한 자연스럽게 수행하였고, 본인의 의사를 정확하게 전달하지 못한 분들이 있을 것을 우려하여 인터뷰를 두 번 수행했으며 추가적으로 그룹 인터뷰도 두 번 수행하였다.

연구 참여자의 인터뷰 내용 중에 "좋았다."라는 내용이 많이 있었다. 참여자들이 말하고자 하는 의미가 "좋았다."라는 표현 앞에 무엇 때문에 좋았는지에 대한 단어가 생각이 나지 않아 "좋았다."로 일축하여 종결하는 경우가 많아, 그 안에 숨겨진 의미를 확인하는 시간이 많이 필요했고 그러다 보니 의미를 부여하고 분류하는 데 어려움이 있었다. 이와 같은 과정을 통해 47개의 의미 단위와 11개의 범주, 연구 주제인 효과성과 관련한 2개의 차원을 〈표 25〉와 같이 도출하였다.

〈표 25〉 효과성 차원 도출

차원	범주	의미 단위
개인적	도구 활용을 통한 호기심 자극	다양한 것들을 경험하는 즐거움
		도구를 볼 때마다 놀이가 궁금함
		놀이 개발의 궁금증
		처음 경험하는 노인여가 프로그램의 신선함
	놀이를 통한 사유 능력 향상	모든 놀이가 생각하지 않으면 안 됨
		생각하는 것은 힘들지 않지만 재미있어야 함
		치매예방에 도움이 됨
		생각하는 것이 부담됐지만 재미있어서 하게 됨
		생각하는 것은 치매에 도움이 됨
	많은 움직임으로 신체 활성화	힘들어도 움직이게 됨
		활동하는 프로그램이 좋음
		뻣뻣한 근육도 활용하게 됨
		선생님의 의도를 알고 있어 따라 함
	늘어난 웃음	개인 약속도 변경하고 참석하게 됨
		싸울 일이 없음
		프로그램 시간이 기다려짐
		웃을 수 있는 시간
	승부욕으로 인한 적극적인 참여 의지 발현	승부욕이 생겨 열심히 하게 됨
		이왕 하는 거 이기려 해야 좋아짐
		반칙을 못 하게 해야 함
		이것도 저것도 아닌 것은 안 하느니만 못함
		져도 그만 이겨도 그만은 아님
		상대방에게 져 주고 싶은 배려심도 생김
	능력 발휘를 위한 도전의식 발현	젊은이들이 하는 것도 해볼 욕심이 생김
		더 어려운 것도 도전할 욕심이 생김
		뭘 해도 할 수 있을 것 같음

차원	범주	의미 단위
사회적	협동 프로그램을 통한 참여적 사회성 향상	혼자 하는 것 보다 열심히 하게 됨
		열심히 하라고 응원하게 됨
		동료가 움직이니까 함께 움직임
		팀 동료를 위해 경청하게 됨
	그룹 속 자기 활동능력 탐색	놀이 도구만 있으면 스스로 가능해 보임
		규칙과 요령을 응용하게 됨
		손주들과 함께할 수 있음
	경쟁과 협동을 통한 상호이해 증진	협동하지 않으면 안 됨
		어쩔 수 없이 대화를 하게 됨
		많은 이야기를 하게 됨
		말 안 하는 동료와도 대화를 하게 됨
		지면 오히려 더 협동하게 됨
	팀 편성에 따른 역할과 책임감 자각	팀 구성은 자연스럽게 협동을 부름
		지게 되면 미안한 생각이 들 때가 있음
		팀을 위해서 열심히 하게 됨
		적극적인 성격으로 변함
	동료들과의 전향적 인간관계 구축	동료들과 많이 친해지는 계기가 됨
		내 짝(팀)이 없으면 찾게 됨
		경로당에 자주 오게 됨
		우리 스스로도 팀을 만들고 기다림
		스킨십은 친교 활동에 도움이 됨

1. 개인적 차원

1) 도구 활용을 통한 호기심 자극

프로그램에 활용되는 도구는 시각적인 자료로 문제를 탐구하게 함으로써 이해와 문제 해결 방법에 쉽게 접근하여 지식을 눈으로 확인 가능하게 하고, 훨씬 의미 있는 학습을 가능하게 할 수 있도록 유도하는 매개체이다(방보나, 2009). 곧 시각적인 반응은 연구 참여자들로 하여금 자신의 마음속에 사고력과 상상력 그리고 분석능력을 동원하게 함으로써 독창적인 창의력을 계발하게 한다(최인순, 2008). 또한 도구와 접촉하고 조작을 하면서 긍정적인 자아개념 형성과 방향 및 공간을 인지하는 공간개념도 형성되며 호기심을 갖고 적극적으로 참여하고 싶은 생각을 갖게 하였다(조해숙, 2011).

의미 단위를 보면 '다양한 것들을 경험하는 즐거움', '도구를 볼 때마다 놀이가 궁금함', '놀이 개발의 궁금증', '처음 경험하는 노인여가 프로그램의 신선함'으로 도출되었다.

이 중 '도구를 볼 때마다 놀이가 궁금함'은 프로그램에 참석해 동료들과 함께 고민하고 수행하는 것보다 선생님이 가지고 오는 도구가 무엇인지, 어떤 것을 가지고 올지가 더욱 궁금하였다고 하며 본인이 프로그램에 적극성을 가지게 된 것도 도구였다는 진술을 하였다.

'처음 경험하는 노인여가 프로그램의 신선함'은 본인이 주변에서 본 것도 있고, 처음 보는 것도 있는데 이런 것으로 놀이를 만들어 치매예방 놀이라고 알려주는 선생님 같은 직업이 있다는 것이 재밌기도 하고 먹고 사는 방법이 다양하다고 하며 호기심 이상의 관심을 보였다.

프로그램을 진행하기 위해 용품가방에서 도구를 꺼낼 때마다 노인들은 연구자 주변에 모여 수군거리며 동료들과 오늘은 '뭐 할 것이다.'를 예상하고 대화를 나누는 것이 일상이었다. 회가 거듭될수록 그렇게 나누는 대화 속에서 놀이 방법을 근사치로 맞추는 경우도 종종 있었다.

도구 활용은 단순히 노인들에게 시각적인 효과를 통해 호기심을 갖게 하기 위함으로 활용하기 시작했는데, 위 관찰 내용처럼 동료들과 자연스럽게 대화를 나누며 서로 생각하고 유추하는 모습도 발견했으며, 진술에서와 같이 호기심 이상을 자극하는 역할을 하였다.

〈그림 12〉 연구 현장(숫자포커, 실버포커 1차, 9회) 2018. 07. 03

(A 예쁜이)

애들 장난감 같은 것으로 생각했는데, 큰 것도 있고 깜짝 놀라기도 하고 이런 거는 처음 해보는 거라서 다들… 간단한 것도 아니고 매일 새로운 것을 보니까 매번 신기하더라고요. 저것을 어떻게 들고 다니지 그런 생각이 들더라고… 그냥 신기했어요.

(B 여사)

선생님 오실 시간이 되면 오늘은 무엇을 가지고 오려나 그게 궁금하더라고요. 이제 어려운 것이 없고 그게 더 궁금하더라고요. 같이 하니까 다 할 수 있는 거고 가방을 열고 물건을 꺼낼 때 그게 제일 궁금해요. 마찬가지로 가지고 다니기 쉽지 않겠다. 그런 생각도 하고…

(C 여군)

선생님은 이런 거 어디에서 보고 만들까 그게 궁금하더라고요. 다 직접 만드실 거라 생각하는데 이게 쉬운 것이 아니거든… 학생들하고 같이 연구를 하는지 아니면 사오는지 항상 궁금하지.

(D 청일점)

매번 다른 것을 하니까 심심하지 않고 그게 좋더라고 그리고 방법도 다르니까. 요즘은 별별 직업이 다 있구나. 이런 생각도 하게 되고, 우리는 선생님이 열심히 노력하는 것을 예전에도 들은 적이 있거든, 그런 데 그전에는 내가 왜 안 했냐면 뭐 하는 것이 있어서 하여간 선생님 덕분에 재미있다.

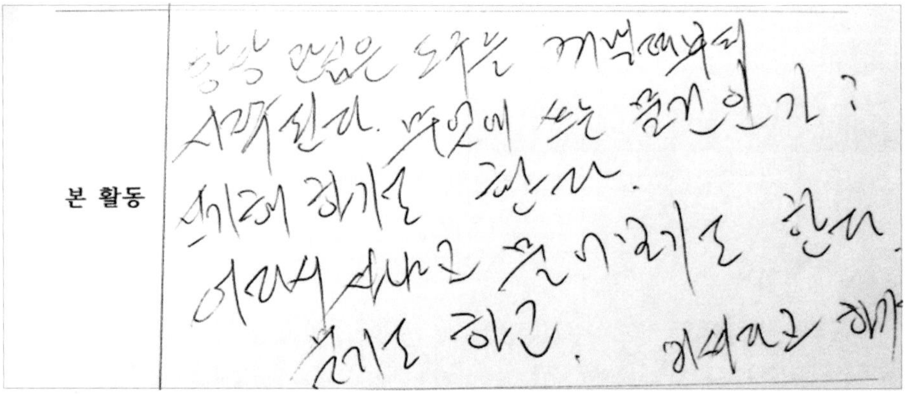

〈그림 13〉 현장 메모(도구 관련 내용)

치매예방 놀이에 대한 호기심이나 흥미는 치매예방 놀이의 제목, 도구 활용, 게임진행 방법 등 다양한 곳에서 나타났고, 이와 같은 관심은 개별적으로 다를 수 있다. 그러나 연구 참여자들의 보편적인 반응은 놀이를 시작하기 위해 도구를 꺼낼 때부터 호기심이 시작된다는 것을 지속적으로 확인할 수 있었다.

2) 놀이를 통한 사유능력 향상

인지기능에 대한 정의를 보면 지남력, 판단력, 주의집중, 계산력, 회상능력, 언어능력(Folstein, 1975; 김지애, 2009 재인용)이라 하기도 하고, 지식을 습득하여 조직화한 것을 사용하는 과정을 감각과 지각, 생각과 인식, 기억과 추상과 같은 심리적인 것을 포함한 넓은 의미의 지적 능력(이영호·정영조·장안기·김인, 1993)으로 정의하기도 한다. 인지 기능의 장애는 정의에 나타난 능력들이 제대로 기능하지 못해 정신적으로 문제를 일으켜 자신뿐만 아니라 가족과 주변인에게 큰 부담으로 작용하기도 한다(윤종률, 2000).

인지 기능은 노화를 통해 쇠퇴하기도 하고 후천적인 뇌세포의 파괴로 나타나기도 하는데, 본 연구에서는 정상적인 노화로 인해 쇠퇴하는 인지 기능을 오랜 기간 유지시키거나 향상하고자 하는 실천적 요소를 말한다. 〈표 9〉에 인지 기능을 포함해 정신적인 측면에 긍정적인 효과를 나타난 선행연구가 말해주듯이 본 연구 주제를 포함해 다양한 노인 여가활동은 노인의 인지 기능에 긍정적인 영향을 주고 있다.

하지만 선행연구와의 차이점으로 앞서 '노인 대상 치매예방 프로그램의 한계'에서 기술했듯이, 대상이 온전히 건강한 노인이라는 차이점이 있고, 앞서 '치매예방 놀이의 의의'에서 기술했듯이 허근·김지연(2017), 권중돈(2010)이 권장한 평상시 실천 활동의 내용을, 놀이를 경험하며, 실천할 수 있도록 하였다는 차이점이 있다.

의미 단위를 보면 '모든 놀이가 생각하지 않으면 안 됨', '생각하는 것은 힘들지 않지만 재미있어야 함', '치매예방에 도움이 됨', '생각하는 것이 부담이었지만 재미있어서 하게 됨', '생각하는 것은 치매에 도움 됨'으로 도출되었다.

진술한 내용은 두 개로 구분이 되는 데 '모든 놀이가 생각하지 않으면 안 됨', '치매예방에 도움이 됨', '생각하는 것은 치매에 도움이 됨'은 막연하지만 생각을 자주 하게 되므로 뇌가 좋아질 것 같다는 진술이었다. 처음에는 생각하는 것이 많아 스트레스로 작용될 것으로 우려했는데, 얼마 되지 않아 긍정적인 자극으로 받아들이는 것을 확인할 수 있었다. '생각하는 것은 힘들지 않지만 재미있어야 함', '생각하는 것이 부담이었지만 재미있어서 하게 됨'은 이정훈(2012)의 제언에 나온 "아무리 좋은 프로그램이라도 재미없으면 하기 싫다."는 의미와 같았다.

여기까지 관찰과 진술을 통해 나타난 사실은 연구 참여자들 스스로가 생각하는 것을 스트레스로 받아들이지 않았고, 막연하지만 치매예방에 도움이 될 거라는 믿음을 갖고 있다는 점이었다.

〈그림 14〉 연구 현장(신문기사작성 1차, 10회) 2018. 07. 05

(A 예쁜이)

우리가 진짜 하기 싫은 것이 생각하는 거예요. 다 귀찮아! 그래도 선생님 시간은 우리가 열심히 하는 편이에요. 생각하는 것이 많은 것은 싫기는 싫어, 선생님이 왜 이것을 해야 하는지에 대해 말하였고 사실 우리가 하면 좋은 거 아니까 하는 거지. 이렇게 생각해야 하는 것 많은 것은… 머리 많이 쓰면 좋다니까 하는 거지 뭐(웃음).

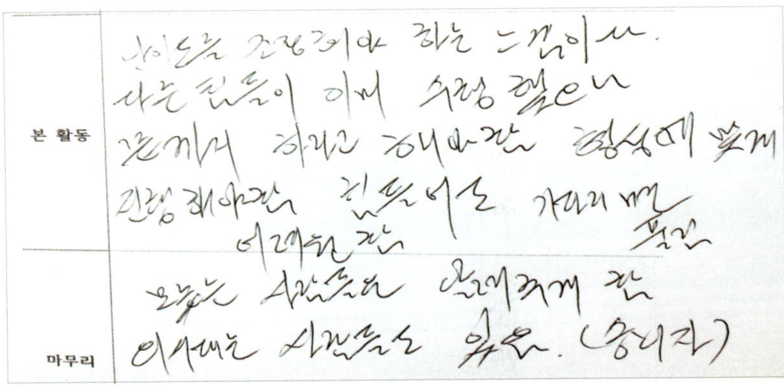

〈그림 15〉 현장 메모(생각하는 놀이의 난이도 관련한 내용)

(B 여사)

에이 나는 나는 머리 쓰는 거 힘들지 않아. 엄살. 이럴 때 아니면 우리가 머리 쓸 일이 없지. 다들 그렇게 생각하고 하는 거죠. 치매예방 한다니까 열심히 하는데 재미없으면 안 해요.

(C 여군)

TV에서도 그러잖아요. 나이 먹어가면서 머리 쓰고 살아야 한다고 이럴 때 하는 거지. 머리 쓸 일도 없고 재미있잖아. 선생님이 매일 이런 것을 준비하고 만들려면 선생님도 머리 아프겠다. 이것을 어떻게 매일 준비하고 다니는지 대단해요.

(E 막내)

저도 나이는 이곳에서 제일 젊어도 그것하고는 상관없이 그래… 그냥 재미있게 노는 것인 줄 알았지. 레크리에이션 뭐 그런 거라고 하던데 그런데 예전에 보니까 머리 쓰는 거 많다고 해서 나도 안 하려고 했지요. 나쁜 것은 아닌데 다 마찬가지(웃음). 사실은 나도 머리 쓰는 것은 별로인데 재미있으니까 하게 돼요. 머리 안 쓰면 이길 수 도 없고…

(A 예쁜이)

나는 머리 쓰는 것 재미없는 것 다 싫어하는데 지금 생각해보니 치매예방에는 도움이 될 것 같아요. 덩달아 하니까 했지. 처음에는 정말 힘들었거든. 생각하는 것은 늙은이에게 좋아!

3) 많은 움직임으로 신체 활성화

노인의 신체적 기능 저하는 부정적인 정서를 양산할 수 있다. 이를 개선하고 예방하기 위해선 규칙적인 신체활동을 통해 근력, 근지구력, 평형성, 유연성과 같은 체력을 유지시키거나 향상시켜야 한다(유정옥, 2014). 이 같은 체력 향상은 노인의 걸음걸이나 불균형, 낙상, 골절 등을 예방할 수 있으며 일상생활을 수행함에 있어서 자립적인 생활을 할 수 있도록 도와준다(Boyer, et al., 2012; 유정옥, 2014 재인용).

노년기의 심리학적 특성 중 가장 큰 것은 우울증으로 육체적으로나 정신적으로 개인의 삶의 질을 저하시키며, 특히 사망의 위험인자로까지 나타나는 중요한 요인으로 보고 있다(박인옥 외, 1998).

우울 증상은 정신적인 문제이지만 신체적 건강상태와도 밀접한 관련이 있다. 건강상태가 좋지 않으면 신체상 자신감 결여, 주체성 상실, 일에 대한 능력 저하, 사회활동 부진, 가족과의 결혼 생활 유지 등에 영향을 줌으로 강력한 스트레스 인자가 작용해 우울증에 이차 원인이 되기도 한다(장민정, 2003).

이처럼 신체건강은 일상생활 능력의 유지를 위해서 뿐만이 아니라 정신적인 건강 특히 우울증 예방을 위해서라도 신체적 기능의 유지와 향상은 매우 중요하다.

도출된 의미 단위를 보면 '힘들어도 움직이게 됨', '활동하는 프로그램이 좋음', '뻣뻣한 근육도 활용하게 됨', '선생님의 의도를 알고 있어 따라 함'으로 나타났다.

대부분의 연구 참여자들은 신체적인 기능의 저하는 노화로 인해 자연스럽게 나타나는 현상이며, 정신만 온전하면 된다는 생각을 하고 있었다. 그나마 정확하게 숙지하고 있는 것은 뻣뻣해지는 근육이나 관절을 계속 사용하지 않으면 더욱 굳어진다는 것은 알고 있었다.

움직임에 불편함을 느끼지 않을 정도의 건강을 유지하고 있을 때 예방이 중요하듯이, 그런 점을 감안하여 연구자도 움직임이 많은 내용을 놀이에 담았고, 설령 움직임이 많지 않은 놀이라 해도 팀 편성을 바꿔가면서라도 움직이게 하였다. 심지어는 일어날 때 방향을 오른쪽으로 살짝 돌려서 일어나는 연구 참여자가 있었음에도 편의를 제공하지 않고 계획대로 진행하였다.

E 막내의 진술에서 보듯이 진행자(연구자)가 왜 이런 방법으로 진행하는지에 대해 연구 참여자들을 포함해 모든 노인들이 의도를 알고 적극적으로 따라주었다.

〈그림 16〉 연구 현장(콘고리 던지기 2차, 3회) 2018. 07. 25

(A 이쁜이)

내가 사실 다리가 이제 아프기 시작하더라고요. 저이(지칭하며)는 일어날 때 쉽게 일어나지 못하더라고 움직이는 것도 예전 같지는 않은데… 굳을까 봐. 여기 프로그램 많이 오는데 그래도 움직이는 것이 많아서 할 수 있어요. 운동하는 거라고 생각하고 하면 되지. 힘들어도 움직여야 좋아. 제가 선생님 예전에는 정말 튼튼했었어요. 산에도 잘 올라가고 운동해야지.

(C 여군)

저도 아시다시피 체력 하나는 좋았어요… 그때 생각하면 세월이 너무 빨리 지나가버렸는데… 그래도 움직일 수 있을 때 계속 움직여야 해서 좋아요. 잘 할 수 있습니다. 그래서 내가 여기에서 가장 좋을걸요. 활동하는 것이 많으면 그게 좋은 거죠.

(D 청일점)

나이가 들면 계속 뻣뻣해지고 안 움직이면 더 그럴 텐데, 여기 오는 대부분의 선생님들이 하는 것이 운동이 많아. 그런데 이것도 그러네. 나도 첨에 그냥 노는 것인 줄 알았지. 레크 뭐 그래서 나는 좋아. 부러도 운동하는데 해야지. 얼마 안 남았어. 선생님도 운동 많이 해야지(웃음). 어떤 때는 이게 더 많이 움직이는 것 같아.

(E 막내)

선생님이 왜 이런 것을 시키는 줄 알지요. 나쁘게 되라고 시키겠어요? 그래서 열심히 했지. 언니들도 선생님 가면 다리 아프다고 하면서도 다음 주에 오시면 또 열심히 하거든. 그렇게 안 움직이면 안 된다는 것을 본인들이 알아요. 움직일 수 있을 때 움직여야지. 나는 그래서 열심히 하지.

4) 늘어난 웃음

노년기의 주된 과업은 자신의 생애를 돌아보며 과거의 삶에 대해서 평가하고 죽음을 자연스럽게 받아들이는 것인데, 이를 잘 받아들이는 사람은 만족스러운 노년을 보낼 수 있을 것이고, 공허함으로 결론짓는 경우에는 정신건강에 부정적인 영향을 준다(김규수, 2002). 노년기의 여러 가지 변화와 스트레스는 무기력감을 학습해 성격체계를 효과적으로 기능할 수 없도록 함으로 장신장애 중 특히 우울증이 두드러지게 나타난다(김정애·이은희, 2012). 결국 우울증으로 인한 부정적 감정은 삶에 대한 즐거움과 흥미를 상실하게 만들고 더 큰 문제를 초래하게 한다(김문영, 2003). 그러기에 노인들에게 삶의 활기를 주고 정신건강에 유익한 프로그램은 노년기 삶에 매우 중요한 부분을 차지하고 있다.

노인들에게 즐거움과 흥미를 제공한다는 것은 웃음을 동반하게 되는데, 웃음은 억지로 웃는 것만으로도 면역력을 강화하고 운동한 것과 같은 효과를 준다고 한다(신일석, 2010). 또한 웃음은 감염효과가 있어 동료들에게 웃음 바이러스를 전달하게 돼, 함께하는 동료들의 생각과 행동에 긍정적인 영향을 줄 수 있다.

긍정적인 생각과 행동은 노인의 능동적인 사회참여를 수행하게 함으로써 개인적 가치감과 만족감을 느끼게 하여 노년기의 삶의 질을 높여준다고 보고하고 있다(신영일·김영희, 2013).

여기서 도출된 의미 단위를 보면 '개인 약속도 변경하고 참석하게 됨', '프로그램 시간이 기다려짐', '웃을 수 있는 시간', '싸울 일이 없음'으로 도출되었다.

'개인 약속도 변경하고 참석하게 됨'은 치매예방 놀이가 나에게 미칠 영향은 보류하더라도 치매예방이라는 관심 있는 목적과 여기에 재미적인 요소로 인해 무조건 참석한다는 의미라고 하였다. '프로그램 시간이 기다려짐'과 '웃을 수 있는 시간'을 진술한 연구 참여자는 치매예방 놀이의 본래 의도인 치매예방의 효과하고는 무관하더라도 즐겁게 웃을 수 있어서 좋다는 의미였다.

아래 B 여사의 경우 본인 스스로가 약간은 까칠한 성격이기도 했는데, 프로그램 경험을 통해 동료들과의 에피소드가 많이 생겨 간혹 불편한 경우가 발생하더라도 그 순간을 생각하면 바로 풀리기도 한다고 하였다. 그러다 보니 화낼 일도 싸울 일도 사라졌다는 의미였다.

(A 예쁜이)

나도 바쁜 사람인데 선생님 오시는 날에는 절대로 빠지지 않지. 실수로 약속을 했으면 바꿔서라도 꼭 참석하고 해요. 그리고 이 양반들이 내가 안 오면 날 찾아요. 예전에도 그랬다니까. 선생님이 연구하기 전에 몇 번 참석했을 때도… 그래서 꼭 와야 해. 그러니까 선생님도 빠지면 안 되지. 저번에 내 약속도 어기고 참석하려고 왔는데 선생님 안 온다고 해서 얼마나 화가 났는지, 내가 잘못 알았지만(웃음) 늙으면 다 그래. 아니 화는 아니더라도 서운하지. 미리 얘기가 없었잖아요. 그러니까 웬만하면 빠지는 일 없도록 해주세요(웃음).

(B 여사)

분위기 좋아졌지. 삐졌다가도 실수하는 거 보면 웃겨서 금방 화해하고 잘하면 이쁘고(웃음) 싸울 일이 없지…

(D 청일점)

나도 프로그램 시간이 되면 기다리지. 선생님 드리려고 먹을 거(자양강장제) 준비하고 재밌더라고 처음에는 여자들만 하는 것인 줄 알았지. 괜히 한다고 했나. 생각했는데 이젠 재미도 있고 나도 프로그램한다고 하면 전날부터 기다려지기는 해. 예전보다 분위기는 더 좋아진 것 같아.

(E 막내)

이 시간이나 돼야 웃지. 아니 다른 시간에도 즐겁게 하는데 이 시간이 제일 재밌기는 해. 분위기도 좋아졌어요. 많은 사람들끼리 친해질 수 있어서 그래서 좋아요. 웃는 것은 좋지 뭐!

5) 승부욕으로 인한 적극적인 참여 의지 발현

승부욕은 주로 운동경기에서 높은 수준의 경기력을 발휘하는 원동력으로 표현되며, 특히 우리나라의 특징적인 사회, 문화적 성격을 지니는 강한 정신력이라 말할 수 있다(신정택·김성훈·박윤식, 2009). 추수진(2011)은 이기기 위한 강렬한 욕구, 투혼으로 누구도 이길 수 있다는 자신감과, 자존심에 의해 나타나 최선의 노력을 기울이고 몰입하게 하는 원동력으로 표현하고 있다.

승부욕과 관련한 정의 속에 주목할 현상이 자신감, 자존감, 최선의 노력과 몰입이다. 그 가운데 최선의 노력이란 본인이 가지고 있는 역량을 최대한 발휘하게 하는 능동적 자세를 취하게 하고, 몰입은 여가 활동의 심리학적 관점에서 '지금 하고 있는 일에 푹 빠져 있는 상태'를 경험함으로써 즐거움을 느끼는 행위(정준구, 2013)로 긍정적 요인에 포함하고 있는 것이다.

개인별 차이는 있겠지만 노인이 되면 승부욕이 강해지는 경우도 있을 수 있고 반대의 경우도 있을 수 있다. 노인과 승부욕에 관련한 선행연구가 전무한 가운데 예상할 수 있는 것은 개인과 주변 상황의 변화로 인해 승부욕도 변할 수 있다는 것이다. 본 연구의 연구 참여자들에게 나타난 승부욕이, 그들이 젊은 시절에 품었던 승부욕하고 어떤 차이가 있는지 가늠 할 수는 없었지만 한결같이 승부욕이 있었다.

의미 단위를 보면 '승부욕이 생겨 열심히 하게 됨', '이왕 하는 거 이기려 해야 좋아짐', '반칙을 못 하게 해야 함', '이것도 저것도 아닌 것은 안 하느니만 못함', '져도 그만 이겨도 그만은 아님', '상대방에게 져 주고 싶은 배려심도 생김'으로 도출되었다.

이 중 '이기려 해야 좋아짐'은 최선을 다해 임하게 되면 좋은 결과를 얻을 수도 있고, 그러는 중에 심신이 좋아져 치매예방에 도움이 될 거라는 확신에 찬 생각을 표현한 것이었다. '반칙을 못 하게 해야 함'은 강한 승부욕을 보여준 대목이었는데 본인 팀이 진 이유는 못 해서 진 것이 아니라 상대방이 공정하게 하지 않아서 졌다는 표현을 진행자(연구자)에게 에둘러 표현한 것으로 다음부터는 정확하게 판정해주길 바라는 내용이었다. 여기에는 진행자가 전체적인 형평성을 맞추기 위해 약간의 의도적 편파진행이 숨겨져 있는 내용이기도 하였다. 그리고 그들도 시간이 경과한 후에는 진행자가 그렇게 진행한 것에 대한 긍정적인 의도를 알고 수긍하였다.

'이것도 저것도 아닌 것은 안 하느니만 못함'과 '져도 그만 이겨도 그만은 아님'은 애초부터의 참석 결정과, 참석하는 자세에 대한 질타였는데, 어떤 특정인에게 하고 싶은 말을 우회하여 표현한 것으로 최선을 다하라는 의미였다.

이 얘기는 이미 3회차 진행 전에 나왔던 얘기로 그 이후부터는 연구 참여자 모두 최선을 다하는 모습으로 변화하기 시작하였다.

마지막에 '상대방에게 져주고 싶은 배려심'은 본인들이 졌던 경험을 말하는 것으로, 지면 서운하고 안타깝고, 재미가 없다는 것을 알고 있기에, 상대방도 이기는 성취감을 느끼게 하기 위함이라고 하였다. 그러면서 상대방에게 '일부러 져 줬다.'라는 말을 숨기지 않고 했으며, 그 자리에서 듣는 상대방들도 아는 듯하며 개의치 않고 기뻐하며 웃었다. 연구를 진행하는 동안에 이와 같은 모습을 지속적으로 확인할 수 있었고, 인터뷰를 통해서도 계속 진술되었다. 프로그램을 통해 어느 팀이 잘하고 못함을 보고자 했던 것이 아니라 잘하기 위해서 여러 번 생각하고 생각한 대로 행동하는 모습을 보고자 했던 것으로 의미 있는 발견이라고 본다.

(A 예쁜이)

처음엔 그냥 했는데 자꾸 하다 보니까 나도 모르게 이기고 싶은 생각이 들더라고, 그리고 그동안은 경쟁하는 것은 거의 없었지. 복지관에서 하는 프로그램들이야 혼자서 하는 것들이 대부분이니까. 그리고 선생님이 그렇게 분위기를 만들어 주기도 하니까. 나도 모르게 이기고 싶은 생각이 들더라고 요즘에는 그래서…하면 열심히 하지 이기려고(웃음). 늙으면 져주기도 해야 하는데(웃음)…

(B 여사)

이왕 하는 거, 지는 거보다는 낫잖아. 질 거면 뭐 하러 해. 하지 말지. 나도 그래. 이왕 하는 거 이겨야지. 선생님도 그래서 경쟁하게 하는 거잖아요. 그래야 열심히 하게 되고, 그래야 머리도 쓰고 움직이고 하지. 우리가 언제 움직이고 머리 쓰나. 무조건 이겨야 돼.

(C 여군)

반칙을 하지 말아야 돼. 공정하게 해야지. 왜 반칙하는 것을 내버려 둬. 그냥 아니 화나는 것은 아닌데 몇 명 있다니까. 꼭 앞으로 조금씩 조금씩 간다니까. 웃기기도(웃음) 하고 눈에 보여요. 아니면 선생님이 반칙하는 거 못하게 해주셔. 물어보면 안 그랬다고 하고. 시치미 뗄 테니까 사진 찍어 놔야 돼(웃음).

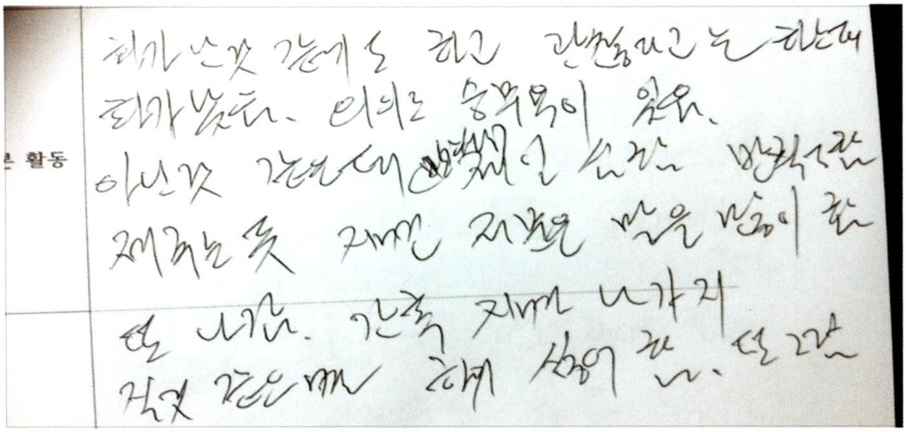

〈그림 17〉 현장 메모(승부욕 관련한 내용)

(A 예쁜이)

하려면 하고 안 하려면 하지 말아야지. 뭐 하러 참석해. 그냥 다른 방 가있지. 이것도 저것도 아닌 것이 제일 싫어. 그러니까 매일 지지.

(D 청일점)

늙으면 여자나 남자나 다 같아. 나보다 더 힘센 사람들도 있고 저 여자 얼마나 억센데. 이 사람들 얼마나 힘센데 내가 남자라고 해서… 어이구 이젠 져요. 저 사람이 제일 힘센 사람이야. (농담처럼 대상을 지칭하며) 그래도 져도 그만 이겨도 그만 이런 것은 아니지 열심히 해야지.

(E 막내)

우리도 생각이 없는 것이 아니거든 지면 얼마나… 말은 못 해도 속으로 화날걸. 그래서 우리가 많이 이겼으면 가끔은 져주려고도 하지. 얼마나 이기고 싶을까 싶어서… 그럼 우리도 산 인생이 얼만데 분위기 다 알지. 선생님도 좋을걸(웃음).

6) 능력 발휘를 위한 도전의식 발현

도전의식은 주어진 여건을 극복하고 우리가 설정한 수행 목표에 도달한 후 새로운 수준으로 올라가기 위한 노력이며, 이는 새로움과 변화를 추구하기 위한 것이다. 예컨대 원시시대에서의 도전이 생존의 수단이었다면 현대사회에서의 도전은 자신을 개발시키려 하는 미래지향적 개념이라고 할 수 있다(이주훈, 2011). 건강한 노인들에게도 본인이 추구하고자 하는 목표를 설정해 도전할 수 있는 여지가 있듯이, 도전은 젊은 사람들만이 할 수 있는 노력은 아니다.

본 연구의 연구 주제는 치매예방 놀이 프로그램이 치매예방 활동으로서의 효과성을 보고자 한 것이다. 이는 건강한 노인이 현재의 건강을 오랜 기간 유지하는 데 가장 큰 걸림돌인 치매를 예방하고자 하는 것이 연구 참여자들의 목표이기도 하다. 따라서 여기에서 말하는 연구 참여자들의 '도전의식'이란 '건강한 상태를 오랜 기간 유지하고, 가능하다면 향상하고자 하는 것'이다.

〈표 26〉 도전의식을 함양하기 위한 하위 영역

제목	내용
자아인지	사고, 감정, 의지 등의 여러 작용의 주관자로서 이 여러 작용에 수반하고, 자연이나 타인과 구별되는 개개인의 존재를 인식하는 것이다.
목표설정	신체적 운동, 심적 활동 등 생활체가 행하는 행동이 지향하는 최종적인 결과로 목표는 방식상, 시간적 및 공간적으로 설정할 수 있다.
적극성	적극적 사고의 생활을 하겠다는 굳은 신념으로 마음의 불안감을 해소하고 열등감을 사라지게 하며 까다로운 문제를 해결해 주어 어려움을 극복하는 힘을 준다.
성취감	어떤 일을 이루겠다는 내적 의욕으로 자신의 목표에 도달할 때까지 열심히 노력하고 끈기 있게 한 후 자신이 만족할 만큼 결과가 달성될 때 느끼는 감정이다.
인내심	단순히 괴로움이나 노여움 따위를 참고 견디는 것이 아니라 어떠한 어려움이 있을지라도 여전히 소망을 갖는 것이다.
자신감	목표를 설정하였을 때 그 목표를 이룰 수 있다는 자신의 능력에 대한 믿음이다.
책임감	근본적으로 반드시 행동으로 나타내야 하는 스스로에 대한 욕망이며, 행위적으로 의도적인 자기통제, 유혹에 저항하기, 노력, 그리고 결단을 통해 표현된다. 개인의 의도와 욕망이라는 목적에 대해 일관성을 만든다.
좌절극복	뜻이나 기운 따위가 꺾인 어려운 상태를 이겨내어 본래의 상태로 되돌아가 다시 목표 달성을 위해 노력하는 것이다.

출처: 이주훈(2011: 9) 정리

의미 단위를 보면 '젊은이들이 하는 것도 해볼 욕심이 생김', '더 어려운 것도 도전할 욕심이 생김', '뭘 해도 할 수 있을 것 같음'으로 도출되었다. '젊은이들이 하는 것도 해볼 욕심이 생김'은 신체적 활동을 의미하는 내용이었고, '더 어려운 것도 도전할 욕심이 생김'은 정신적 프로그램으로 복잡한 것도 해보고 싶다는 의미였다. '뭘 해도 할 수 있을 것 같음'은 문장 내용 그대로 무엇이든지 할 수 있을 것 같다는 의미였고 이외에도 '남들이 하면 한 번 해보지', '하자면 한다.'라는 진술도 있었다.

프로그램을 처음부터 어렵게 시작하게 되면 포기하는 연구 참여자들이 발생할 것 같아 처음에는 쉬운 것부터 시작해 회를 거듭하면서 점진적으로 난이도를 올렸는데도 시간이 경과하면서 더욱 어려운 것에 도전하고 싶다는 진술들이 나왔다.

확인되지는 않았지만 프로그램의 패턴을 읽은 것일 수도 있겠지만, 그것보다는 반복적인 학습을 통해 위 8가지 도전의식이 함양된 결과일 수도 있다고 예상할 수 있었다.

(B 여사)

나도 처음에는 할 수 있을까? 레크리에이션 뭐 대충 그런 것인 줄 알았는데 치매예방이라고 해서 골치 아프겠다고 생각했지, 걱정을 했는데 하다 보니까 욕심이 생겨서 젊은이들이 하는 것을, 어른들이 하는 것을 준비해오세요. 한 번 해보게(웃음). 하면 하겠더라고 하면 하지.

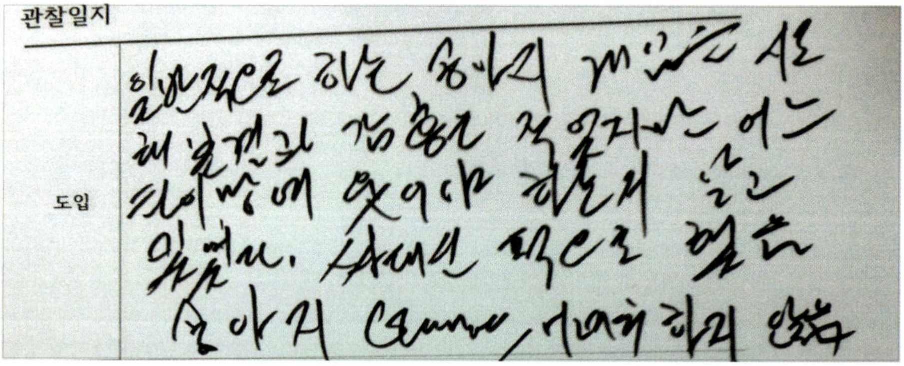

〈그림 18〉 현장 메모(분위기 조성을 위한 일반 성인 게임 실시 후 반응)

(C 여군)

처음에는 내가 할 수 있을까! 안 할까 못한다고 할까! 그랬는데 하다 보니 하겠더라고… 언니들도 잘 했는데, 계속하다 보니까 욕심이 생기더라고요. 그래서 저번에 선생님한테 젊은 사람들이 하는 것도 한번 해볼까 하고 말씀드렸던 거예요. 그런데 물론 하면 잘은 못하겠지만, 하는 것이 의의가 있는 거잖아요. 이거 끝나면 선생님 계속 오시고 한 번 더 했으면 해요. 더 어려운 것도 선생님이 잘 아시잖아요.

(E 막내)

내가 얼마 전까지만 해도 운동하는데 다녔어요. 몇 년 전에 허리가 조금 아파서 그때부터 끊었지만, 다시 다녀볼까 생각도 해요. 자꾸 반복하다 보니까 다 할 수 있을 것 같아요. 그리고 제가 막내라서 다 나한테 물어봐요. 뭘 해도 할 수 있을 것 같은데…

2. 사회적 차원

1) 협동 프로그램을 통한 참여적 사회성 향상

개별 노인의 건강상태에 맞는 목표를 설정하고 프로그램을 통해 목표의 달성 정도를 확인하는 진행방법은 노인들의 체력이나 일상 생활능력을 향상시키는 데는 효과적이었지만, 사회적 관계 능력을 향상시키는 데는 한계가 있음을 지적하고 있다(한용철, 2015). 노인들에게는 신체적 건강 못지않게 주변 동료들과의 원만한 인간관계 형성과 유지가 중요하기 때문에 협동으로 이루어진 학습은 매우 중요하다.

협동은 인간관계의 형성뿐만이 아니라 긍정적인 자아개념을 갖게 하는 동시에 타인을 배려하는 태도와 행동을 기르는 데 효과적(정문성, 2006)이고, 기본적으로 동료들에게 서로 의존하지 않을 수 없는 구조를 가지게 되므로 자연스럽게 활발한 상호작용을 통해 사회적 기능들을 습득하고 동료의 목소리에 귀를 기울이고 서로 도와주려는 습관을 기르게 된다(Slavin, 1996; 한용철,

2015 재인용).

도출된 의미 단위를 보면 '혼자 하는 것보다 열심히 하게 됨', '열심히 하라고 응원하게 됨', '동료가 움직이니까 함께 움직임', '팀 동료를 위해 경청하게 됨'으로 명명되었다.

연구자의 프로그램 진행 순서는 먼저 당일 준비한 프로그램에 대한 개괄적인 설명을 한 후, 팀 편성을 하고 이어서 팀별로 수행하는 형태를 취하고 있다. 지난 첫 수업에 설명을 듣고 모두들 도저히 혼자서는 할 수 없다는 표정이었다. 그럴 수밖에 없던 것이 5명의 연구 참여자들은 예비 연구 기간에 간헐적으로 참석했던 것이 전부였기 때문에 그럴 수밖에 없었을 것이다. 이후 팀별로 또는 짝과 함께하는 형태로 진행이 되는 것을 알고부터는 본인이 가진 역량을 발휘하기 시작하였다.

협동을 통해 하나의 목표를 수행하는 경우, 간혹 내가 아니어도 다른 동료들에게 도움을 받으면 된다는 생각을 하는 경우도 발생하는데, 본 연구 참여자들은 회를 거듭할수록 진행자(연구자)의 설명에 모두가 집중하기 시작하였고 본인이 이해하고 들은 내용을 다른 동료와 나누고 고민하는 모습을 지속적으로 확인할 수 있었다.

아래 C 여군이 진술한 내용은 협동을 통해 개별적으로 이해한 후 다른 팀의 경쟁자와 일대일 대항을 할 때 응원하게 된다는 내용으로, 놀이 방법을 익히는 데도 함께 협동하지만, 이 같이 일대일 경쟁을 할 때도 협동하는 모습을 보였다.

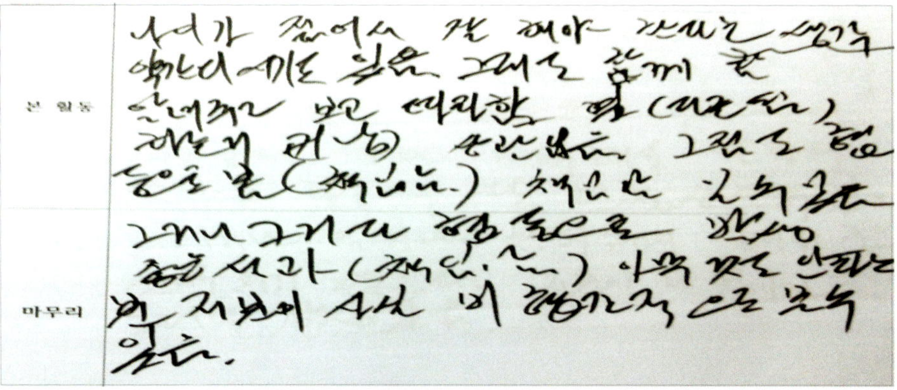

〈그림 19〉 현장 메모(협동 관련한 내용)

(B 여사)

다른 것은 혼자 하는 것이 많지! 하다가 하기 싫으면 쉬기도 하고 내가 하고 싶은 대로 하면 되거든, 근데 이것은 그렇게 할 수가 없어. 아무래도 열심히 하게 되더라고요. 선생님도 안 보는 것 같아도 계속 바라보고 있고(웃음)… 동료들이 함께하니까 덩달아 하는 거지.

(C 여군)

이왕 하는 거 열심히 해야지. 못하면 알려줘야 하는데 나도 가끔 모를 때도 있거든. 그래도 지거나 말거나 열심히 하라고 응원하게 되지. 답답할 때도 있지. 각자가 할 때도 다 잘해야 하니까. 응원하는 거지.

(D 청일점)

나 혼자 안 하기도 그렇고 힘을 합해야 잘 할 수 있으니까 하는 거지. 나도 얼마 전까지만 해도 멀쩡했는데, 이거 하기 전에는 나 혼자 하거나 다른 것을 하는 거지. 남자들이야 주로 장기나 바둑이지. 그것도 오래 있으면 다리 아파서 못해. 그래도 이것은 함께해야 하고 그렇게 안 하면 안 되잖아. 어떤 때는 다른 것을 하려고 해도 이게 중요해서 안 되더라고.

(E 막내)

나이가 들면 몇 번을 들어도 잊어버리거든. 그래도 내가 젊으니 잘 들어야지. 그래야 못하는 사람들 도와주지. 다 잘해야 힘 나지. 다들 그래서 선생님이 설명하면 열심히 들어요. 이런 것이 협동이지. 아는 것들 서로 얘기하고 그러면 되더라고…

2) 그룹 속 자기 활동능력 탐색

놀이와 게임은 같은 의미로 정의되기도 하고 전혀 다른 의미로 해석되기도 하는데, 놀이와 게임의 진행방식에 차이를 통해 구분해 볼 수 있다.

게임은 대체로 열린 공간에서 승리를 향상 목적, 집단 형성, 경쟁관계, 규칙, 심판 등의 요소가 어우러져 이루어지는 활동(배영하·빙원철·김수정, 2009)이며 특징으로는 집단 형성부터 규칙 설명과 심판자의 역할, 진행 중에 즐거움까지 제공해야 하므로 진행자의 역할이 큰 비중을 차지하고 있다(이정재·김현나, 2007).

놀이는 자유롭고 자발적이고 비예측적인 성격을 가진 활동으로 활동 자체에서 만족을 찾을 수 있고, 즐거움과 기쁨을 동반해 동료들과의 체계적인 관계를 유지하는 활동이라고 할 수 있다(김은숙, 2010). 여기까지는 게임과 같은 목적이라고 할 수 있다. 게임과 다른 특징으로는 오랜 기간의 학습을 통해 참여자들 스스로가 규칙을 바꾸기도 하고 응용하고 진행자 없이도 즐거움을 느끼고 동료들과의 관계를 형성할 수 있다는 것이 진행방식의 차이점이다. 예컨대 화투놀이의 경우 진행자 없이도 참여자들이 정한 규칙에 의해 행해지는 대표적인 노인여가 활동이다.

이 외에 놀이의 장점으로 회복기능이 있는데, 그중 회상 중심의 놀이를 통해 노인의 정신적 측면에 유의미한 결과를 가져온 오정희(2017)의 '회상중심의 모래상자 놀이 프로그램이 여성 노인의 우울과 자아통합감에 미치는 효과', 김현주(2013)의 '회상중심 모래상자 놀이 프로그램 개발 및 효과', 이수춘(2011)의 '집단 게임 놀이 프로그램이 노인의 회상기능 및 자아통합감에 미치는 효과'에서 우울감의 감소와 자아통합감이 증가되었다는 보고가 있다. 이 외에도 놀이가 가진 회복적 기능은 연구를 통해 계속 검증되고 있다.

의미 단위를 보면 '놀이 도구만 있으면 스스로 가능해 보임', '규칙과 요령을 응용하게 됨', '손주들과 함께할 수 있음', '놀이를 통해 옛 추억을 회상함'으로 도출되었다. 이 중에 '놀이 도구만 있으면 스스로 가능해 보임', '규칙과 요령을 응용하게 됨'은 같은 의미로 연구자(진행자)가 알려준 규칙이 처음에는 어려워서 몇 가지를 쉽게 바꾸기도 하였고 응용해서 연습하다가 익숙해진 이후에는 원래 방법대로 수행을 하였고, 좀 지나서는 조금 더 복잡한 규칙을 만들어 수행하였다.

아래 그림은 몇 예비 연구 때의 모습으로 우리나라의 구전 놀이인 쌍륙놀이를 노인의 수행 정도를 고려하여 단순화해 만든 변형쌍륙놀이로 실제 수행하는 모습이다.

‘놀이를 통해 옛 추억을 회상함’은 연구자가 준비한 놀이를 보고 어릴 적에 해봤던 경험을 말하면서 당시를 회상하였다. 말하는 도중에 웃기도 하였고 당시에 살던 동네 이야기가 나오자마자 다른 동료들이 대화를 거들기도 하였고 먹거리 이야기가 나오며 공감하기도 하였다.

이와 같이 놀이가 가진 회복적인 역할과 참여자들의 쉬운 접근은 놀이가 가진 가장 큰 장점이라고 할 수 있고 이런 점들은 연구 참여자들로 하여금 본인들이 주관하여 놀이를 즐길 수 있다는 생각을 하게 하였다.

〈그림 20〉 예비 연구 현장(변형쌍륙놀이) 2016. 10. 12

(A 예쁜이)

선생님이 알려주는 대로 하니까 돼요. 선생님이 없어도 할 수 있을 것 같아(웃음). 도구만 있으면, 이게 없어서 못 하지… 그래도 잃어버릴까? 저번에 했던 것은, 그런 것은 충분히 할 수 있을 것 같아요. 기억이 안 나면 물어서 하면 되고…

(B 여사)

선생님! 선생님이 알려준 대로 하다가 우리끼리 재미있게 바꿔서 하기도 하거든, 그러면 안 되나? 그게 재미있다는 사람도 있어요. 복잡한 것은 아닌데 편하게 하려고 할 때는 그런 적도 있지. 저번에 쌍륙놀이 경우는 똥을 사용하기도 했거든 배꼽을 잡았잖아. 그리고 선생님은 모르지만 우리 처음부터 말을 잡는 거로 했거든 잡아야 맛이거든(웃음)…

(C 여군)

이것은 애들하고 해도 될 것 같아. 손주들하고, 근데 맨날 공부만 시키니 좋아할는지 모르겠네. 대화할 시간이 없기는 해.

(E 막내)

아주 옛날에 했던 것도 있어요. 기억이 안 나서 못 했지만, 그때 장기 같은 거는 우리 예전에 땅에서 많이 했지. 금 그어 놓고, 근데 선생님이 준비하신 것은 조금 다르긴 하더라고 그렇게 많은 것은 첨 봤네. 근데 그것은 순간의 실수로 끝나는 거지. 옛날 생각 많이 하게 하더라고… 그래서 정말 좋았어요. 그리고 그런 것을 많이 보시면 선생님도 더 많이 개발할 것 같아!

3) 경쟁과 협동을 통한 상호이해 증진

노인 레크리에이션, 노인 치료레크리에이션, 노인 놀이치료의 실천 현장에서 진행자가 경쟁적으로 프로그램을 진행하는 경우는 드문 정도가 아니라 거의 없다고 생각한다. 그나마 노인 레크리에이션 활동 중에서 건강한 노인들의 신체활동으로 운동회 정도가 경쟁의 형태를 취하고 있다. 그러나 이것은 프로그램 자체가 가진 방식이지 의도적으로 경쟁적 진행을 하는 것은 아니다.

노인 치료레크리에이션과 노인 놀이치료가 더욱 경쟁적 진행이 어려운 이유로는 대상의 심신이 많이 저하됐거나 질병을 앓고 있는 노인들이 대부분이기 때문이다. 이 경우에는 경쟁적인 분위기를 형성하기도 어렵고 설령 그런 분위기 속에 결과가 양산되어도 노인들에게 나타나는 감흥이 미미하거나 나타나지 않기 때문에 의미 없이 진행될 여지가 있다.

경쟁의 원론적인 내용으로 긍정적인 측면은 본인이 하고자 하는 정신과 노력이 강화됨으로 최선을 다하게 된다는 것이며, 이를 통해 자아확신과 자아존중감의 근원이 된다(전향원, 2004). 부정적인 측면으로는 정의적인 인간 본연의 인성에 부정적인 영향을 주고 지나치게 이기적인 된다는 것이다(전향원, 2004). 그러나 여기서 말하는 부정적인 면은 공교육 내에서의 경쟁 학습과 관련한 내용이므로 본 연구의 경쟁과는 직접적인 관련이 없고, 긍정적인 측면만을 진행상에 안정적으로 강화하고 있다.

특히 본 연구에서처럼 개별적인 경쟁이 아닌 협동경쟁이므로 개별적인 경쟁에서 나타나는 다른 사람의 감수성, 협동심, 사회적 관심, 자의적인 협상의 쇠퇴를 가져오지도 않고, 상대의 실패를 기대하는 부정적인 상호의존성이 존재하지도 않는다(이호준, 1998).

도출된 의미 단위를 보면 '협동하지 않으면 안 됨', '어쩔 수 없이 대화를 하게 됨', '많은 이야기를 하게 됨', '말 안 하는 동료와도 대화를 하게 됨', '지면 오히려 협동하게 됨'으로 나타났다.

경쟁적 진행방법의 도입은 동료들과의 관계형성에도 능동적인 자세를 취하게 만들었고 능동적 자세의 반복은 연구 참여자들의 성격을 조금이라도 변화하게 하였다고 본다. 특히 연구 참여자 중 가장 나이가 어린 E 막내는 본인의 성격이 '예전의 활발했던 성격으로 돌아온 듯하였다.'고도 하였고, 다른 동료를 알려주며 '저 사람도 성격이 많이 변한 것 같다'고 하였다. 또한 경쟁적 진행은 치매예방 놀이의 첫 번째 핵심 구성요소인 협동을 강화하게 하는 요인으로도 작동하고 있었다.

〈그림 21〉 연구 현장(디스크골프, 후크볼 2차, 5회) 2018. 07. 27

(A 예쁜이)

이것은 혼자서는 할 수가 없더라고 계속 잊어버리기도 하고 나보다 더 좋은 생각을 하는 이가 있을 것 같아. 계속 물어보고 해야지. 그리고 선생님이 이렇게 만든(경쟁) 것 같아요. 근데 나는 계속 잊어버리니까 그것 때문에라도 혼자 할 수가 없네. 그러니까 하기 싫을 때도 있는데, 말을 해야 해. 늙으면 말하기도 귀찮을 때가 있거든 그러면서 푸는 거지 뭐.

(B 여사)

말하기 싫은 사람이 있지. 내가 원해 말을 잘 안 해요. 그래도 말을 할 수밖에 없는데 잘 하려면 해야지. 진짜 말하기 싫은 사람하고는 그래도 안 해요. 저는…

(C 여군)

선생님이 뭐라고 했는데, 계속 잊어버리니까, 물어봐야 하고 선생님한테 계속 물어보기도 미안하고, 근데 또 같이… 문제를 해결하려면 대화를 해야 돼. 세상은 혼자 못 살거든 나만 잘났나? 자주 잊어버려. 말 안 하면 우리만 지지. 뭐 그러니까 해야지. 저이가 눈치가 빨라 선생님이 그렇게 하게 만든 거래(웃음). 그리고 팀도 계속 바꾸고…

(E 막내)

저도 나이가 들어가면서 말을 잘 안 했어요. 아까도 말했지만, 어느 순간부터 말하는 것도 싫고 다 싫더라고요. 그래도 와서… 나보다 다 나이 먹은 사람들이니 내가 해야지. 이기려면 다 잘해야 하거든 그러니까 자연스럽게 대화를 하게 되더라고요. 저분은 하루 종일 있어도 누가 말 걸기 전에는 안 하던 사람인데, 이거 하면서 말하기 시작한 사람이에요.

(B 여사)

놀이하다가 지면 아쉬움으로 끝나는 것이 아니라 한 번 더 하면 이길 것 같거든. 요령도 생기도 그래서 더 협동하게 되는 것 같아요. 근데 선생님이 다른 놀이로 넘어가면 속으로 웃지(웃음).

4) 팀 편성에 따른 역할과 책임감 자각

노년기에는 퇴직, 배우자와 친구의 상실 등으로 인하여 사회관계망이 줄어들고 그가 지닌 사회적 지위나 역할이 줄어들게 되는 것이 일반적이다(권중돈, 2010). 로소우(Rosow, 1985)는 일생을 통해 사회적 지위와 역할의 종류와 수, 중요성이 달라진다고 하며 네 가지 유형으로 구분하고 있는데, 첫째 제도적 지위와 역할로 기업체의 과장, 가정의 생계 유지자 등과 같이 지위와 역할이 분명한 경우, 둘째 희박한 지위와 역할로 명예총장, 실직 과장, 퇴직 가장 등과 같은 미미한 역할, 셋째 비공식적 지위와 역할로 비공식적 진행자, 공식적 지위는 없으나 역할이 있는 경우, 넷째 무 역할의 지위로 실제 사회적 의미가 전혀 없는 경우를 말하고 있다(양영순, 2007).

이와 같이 노년의 지위나 역할의 변화나 상실은 노인 스스로의 가치를 평가절하하게 되고 이로 인하여 자아존중감과 삶의 만족도 등이 낮아지게 된다(권중돈, 2010). 그러나 일련의 과정은 시간을 두고 점진적으로 이루어지기 때문에 준비할 수 있는 시간을 잘 활용하면 그로 인한 상실감은 완화할 수 있다.

'환경 속에 인간'이라는 관점에서 보면 노인이 된다 해도 여전히 사회 체계 내에서의 관계를 맺고 집단 간의 상호작용 속에서의 역할과 지위를 통해 심리적 안정과 신체적 건강을 유지하고 싶어 한다(임정숙, 2018). 이런 욕구는 최근 노인세대에 진입하는 노인들에게 더욱 나타나고 있다.

위 노년기에 나타나는 사회적 노화의 내용과 최근 등장하는 노인의 성향을 보면 사회적 관계 속에서의 나의 지위나 역할의 변화로 인해 발생할 있는 부정적인 면에 대한 우려이다. 따라서 노인의 심신에 긍정적인 영향을 주기 위한 노인여가 프로그램으로서의 기능만이 아니라, 젊었을 적에 가졌던 지위나 역할을 발휘하게 함으로써 소속감도 느끼고 소속감으로 인한 중하지 않은 책임감을 갖게 하고자 했던 의도로 팀(짝)을 편성해 진행하였다.

의미 단위를 보면 '팀 구성은 자연스럽게 협동을 부름', '지게 되면 미안한 생각이 들 때가 있음', '팀을 위해서 열심히 하게 됨', '적극적인 성격으로 변함'으로 도출되었다.

'지게 되면 미안한 생각이 들 때가 있음'과 '팀을 위해서 열심히 하게 됨'에서 보듯이 팀(짝)에 동료로서 잘하지는 못하더라도 최선을 다하려는 자세를 확인할 수 있었고 간혹 팀 대항 개별경쟁에서 지는 경우가 발생하면 이길 수 있는 방법을 동료들에게 묻고 재도전하기도 하였다. 동료가 알려준 방법대로 실행해서 이기게 되면 알려준 동료는 뿌듯해하였다. 간혹 똑같은 실수를 반복하며 못하는 동료가 발생해도 핀잔을 주거나 질타하는 경우는 단 한 번도 없었고, 오히려 기회를 한 번 더 제공하게 되면 종전보다 좋은 결과를 보이기도 하였다.

〈그림 22〉 연구 현장(알까기, 실버컵스택 2차, 7회) 2018. 08. 07

(A 예쁜이)

원래 조를 만들어주면 다 열심히 할 수밖에 없지. 눈치 보이잖아! 그것은 아니고 미안하지. 그러니 자연스럽게 협동하게 되지.

(B 여사)

내가 잘해야 하는데 내가 잘못해서 우리가 많이 지는 것 같아. 그런 것은 아닌데 그냥 미안하지. 오늘도 나 때문에 진 것 같은데, 더 열심히 해야지. 그냥 함께하면서 잠깐이라도 이기고 지고 웃는 거지 뭐! 그냥 미안한 생각이 들 때도 있다는 거지. 에이 화내고 그런 것은 없지. 그냥 그렇다는 거지.

(C 여군)

예전 같으면 줄 세워서 다 지시하고 하겠지. 그때는 좋았지. 그래도 선생님이 그런 것을 잘 아네. 같은 팀이라는 생각을 갖게 되면 열심히 하게 되지. 나야 잘 알지. 저 양반 아무 생각이 없었거든. 그래도 뭔가 하려고 하네. 나도 열심히 하게 되고, 예전처럼 생각은 있지만 그렇게는 못 해도(잠깐 회상) 나도

요즘에는 다리가 조금 아플 것 같아. 이게 중요해 그래야 책임감을 가지고 하게 되지.

(E 막내)

나두 젊었을 때는 정말 잘 놀았지. 끝내줬는데 언젠가 내가… 늙었다는 생각을 하면서부터 남들과 어울리기가 싫더라고 나가기도 싫고… 한동안은 그랬지. 여기서 그렇게 할 수도 없고 많이 좋아졌어. 변했지. 같이 어울리고 하다 보니까 놀이도 하고 예전 성격이 다시 나오더라고 그래서 재밌어요.

5) 동료들과의 전향적 인간관계 구축

S 경로당은 연구자가 예비 연구를 위해 찾았던 여타 경로당에 비해 밝은 분위기였으며, 교육과 행사를 구분하여 배우고 즐길 줄 아는 훈련된 분들이라는 것을 바로 알 수 있었다. 하지만 이 같은 분위기하고는 다르게 출석하는 동료들끼리 서먹한 관계들은 없었지만, 그렇다고 모두가 본인의 이야기를 나눌 정도로 친한 관계들은 아니라고 했으며, 어떤 이는 하루 종일 있어도 아무 말 없이 왔다가 돌아가는 동료들도 있다고 하였다.

예전의 노인은 자신의 일차적이고 전반적인 지원을 가족 중심으로 받으며 살아왔다. 그러나 그 비중은 점점 줄어들고 있으며, 노인 스스로도 주변의 새로운 비 혈연관계망을 중심으로 노년을 보내고자 하는 경우가 계속 증가하고 있다(이지현·한경혜, 2012). 특히 연령의 유사성을 지닌 노년기 친구들은 공통의 가치, 흥미, 경험 등을 공유할 가능성이 높으며, 공유된 코호트(cohort) 경험을 가지고 있다는 점에서 동질감이 형성되며, 생애 과정상 같은 단계를 지니고 있다는 점에서 이해관계를 형성할 수 있는 것이다.

그러므로 노인들이 지역 경로당을 이용한다는 것은 가족 이외에 또 다른 동년배 동료들과의 관계망 형성을 통해 심리적·정신적 안녕을 추구하기 위한 적극적인 활동이다(박경숙, 2000). 따라서 경로당 내에서 이루어지는 다양한 노인여가 프로그램의 활동형태는 매우 중요하다. 단순히 개인의 건강만을 위한 목적이라면 경로당이 아니어도 충분히 구할 수 있기 때문이다.

이곳 경로당은 토, 일을 제외하고 주 5회에 걸쳐 다양한 노인여가 프로그램 강사들이 파견 나와 프로그램을 제공하고 있다고 하였다. 그런 연유라서 그런지 항상 밝고 활기찬 분위기였다.

그럼에도 도출된 의미 단위를 보면 '동료들과 많이 친해지는 계기가 됨', '경로당에 자주 오게 됨', '우리 스스로도 팀을 만들고 기다림', '내 짝(팀)이 없으면 찾게 됨', '스킨십은 친교 활동에 도움이 됨'으로 나타났다. 예전에는 동료들이 경로당에 출석했는지 그다지 많은 관심이 없었지만 이번 참여를 통해 전화도 하게 됐고 빨리 출석하라고 재촉하기도 하였다고 하였다. '경로당에 자주 오게 됨'과 '우리 스스로도 팀을 만들고 기다림'에서 알 수 있듯이 동료들 간의 친교가 형성되고 관계가 원활해졌음을 의미하는 내용이라고 볼 수 있다. 또한 서로 스킨십을 통해 가까워졌다는 대답을 많이 하였다. 예상하건대 이 의미 단위에서 말하고자 하는 것은 그동안에 노인여가 프로그램이 동료들과 몸을 맞대거나, 함께 고민하는 프로그램은 없었거나, 많지 않았다고 해석할 수 있다.

(A 예쁜이)

원래 저이가 (상대가 알지 못하게 손짓하며) 경로당에 오면 자기 혼자서만 있다가 가고 그랬는데, 이거 같이하고서는 조금은 달라진 것 같아. 말도 많이 하고, 알고 보니 저이가 원래 저런 성격일 수밖에 없었더라고, 나도 안 친했는데 많이 친해졌지. 내 옆에 와서 앉기도 하고 말도 걸어요(웃음). 얼마나 좋아! 참 나. 나도 그래서 다른 사람들하고 많이 친해져서 좋아!

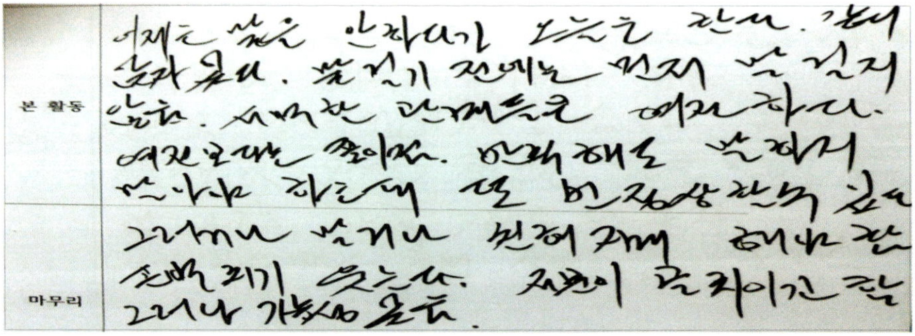

〈그림 23〉 현장 메모(특정 동료와의 관계)

(B 여사)

간혹 빠지기도 하는데 선생님하고의 약속도 있고 동료들과 함께 보니까 너무 재미있더라고요(웃음). 그래서 이번을 계기로 경로당에 계속 올 것 같아요. 빠지지 않고. 끝나면 안 오시죠. 계속 오셨으면 합니다.

(C 여군)

내가 예전에 선생님이 하시는 것을 계속 봤거든, 그래서 어떻게 하는지 대충은 알거든 그래서 오실 시간이 되면 우리 스스로가 팀 편성도 하고 하던 일도 마무리하고 준비하지. 선생님도 편하고 그래도 간혹 선생님이 팀을 바꾸더라고, 나는 선생님이 왜 팀을 바꾸는지 알지. 그럼요 나도 예전에는 선생님과 같은 일을 한 건 아니더라도 대충 알지요.

(D 청일점)

습관이 돼서 시간이 되면 나도 모르게 그 양반을 찾아요. 동료들! 혹시 경로당에 빠지지는 않았나! 간혹 아파서 못 오는 경우가 있을 수 있거든, 출발할 때 궁금하기도 하고, 왜냐면 나이가 들면 수시로 병원에 가거든 그이도 나를 찾더라고, 항상 옆에 앉고 많이 친해. 이젠 짝꿍이지(웃음).

〈그림 24〉 연구 현장(실버오델로 2차, 9회) 2018. 08. 09

(E 막내)

혼자서 할 수 있나 못 하지. 예전에도 많이 했는데 선생님이 항상 시작하기 전에 안마, 두드리기 그런 거 하잖아. 집에 아무도 없는데 여기나 와야 안마라도 받지. 피로도 풀리고 좋지. 서로 만지고 그러면 정들어. 내가 막내라 가끔 해주기는 하는데, 우리도 정든다니까. 그리고 스킨십을 하면서도 많이 친해졌어.

V. 나가며

1. 결과 요약

본 연구에서는 치매예방 놀이가 노인들의 개인적 변화와 사회적 변화에 직접적인 영향을 제공하는가를 심층적으로 고찰하고자 하였다. 종전까지의 연구가 변화의 결과만을 보고자 한 것이었다면 본 연구는 그 변화를 있게 한 과정까지 보고자 한 연구로 건강한 노인의 치매예방 프로그램 개발에 방향성을 제시할 수 있을 것으로 사료된다.

연구에 참여한 13명의 전체 참여자 중에서 이론적 표집에 의해 주기적으로 병원에 다닐 정도의 중대한 질병이 없는 비교적 건강한 노인 5명을 최종 연구 참여자로 선정했으며 이들의 평균 나이는 69.6세였다.

자료 수집은 2018년 5월부터 2018년 10월까지 참여관찰, 인터뷰, 현장메모를 실시하였다. 참여관찰과 현장메모는 프로그램이 진행되는 매 회마다 이루어졌고 자료는 동영상과 현장녹음, 이미지 자료였다. 심층인터뷰는 5명의 연구 참여자에게 2회씩을 실시했으며, 1차 그룹 인터뷰는 경로당 이전 문제로 이틀에 걸쳐 3명과 2명으로 나눠 실시하였고, 2차 그룹 인터뷰는 5명이 모두 참석한 상태에서 실시하였다. 인터뷰와 그룹 인터뷰는 매회 60분을 넘기지 않는 범위 내에서 진행했으며, 충분히 자료의 포화상태를 구할 수 있었다.

자료 분석은 사례 연구 분석방법인 범주 합산과 직접해석법으로 1단계에서는 자료 정리와 내용 읽기, 2단계에서는 의미 달기와 분류하기, 3단계에서는 의미 단위들의 범주 합산을 실시해 최종적으로 47개의 의미 단위, 11개의 범주, 2개의 차원을 도출하였다.

최종적으로 치매예방 놀이 경험 후 나타난 효과성은 2개의 차원으로 귀결됐는데 '개인적 차원'과 '사회적 차원'이었다. 이를 요약하면 다음과 같다.

첫째, 개인적 차원에는 '도구 활용을 통한 호기심 자극', '놀이를 통한 사유능력 향상', '많은 움직임으로 신체 활성화', '늘어난 웃음', '승부욕으로 인한 적극적인 참여 의지 발현', '능력 발휘를 위한 도전의식 발현'의 6개 범주였다.

'도구 활용을 통한 호기심 자극'은 치매예방 놀이에 대한 호기심과 흥미를 갖게 하는 데 충분하였다. 연구 현장은 매회 프로그램 시작 전에 펼쳐놓은 도구를 보고 스스로 고민하고 생각하는 시간을 가졌고 동료들과 대화를 나누며 궁금해하는 것이 일상적인 프로그램의 첫 시작이었다. 이런 분위기가 거듭될수록 노인들의 상상력은 발전하였는데, 때로는 놀이 방법을 근접하게 맞추는 경우도 있었다. 호기심과 흥미란 남녀노소를 가리지 않고 나타나지만 노인의 경우 나이가 들어가면서 점점 쇠퇴하기 때문에 이를 지연하거나 강화해줄 필요가 있다.

'놀이를 통한 사유능력 향상'은 치매예방 놀이를 개발할 때 많은 생각을 지속적으로 하게 함으로써 나타난 결과이다. 대부분의 연구 참여자들은 연구 초기에는 많이 힘들어하였고 부담스러워하다가 얼마 지나지 않아 생각하는 것을 즐거워했으며 당연하게 받아들였다. 이렇게 변한 이유가, 진술 중에 '그나마 재미있어서'라고 하였지만 연구자가 분석한 바로는 협동이라는 핵심요소와 경쟁이라는 강화 조건이 작용했기 때문이라고 해석되었다.

'많은 움직임으로 신체 활성화'도 생각의 변화라 할 수 있는데 노인들이 움직이는 것을 싫어하는 이유는 움직일 때마다 느껴지는 불편함과 고통 때문이라고 하지만, 이것이 지속되면 그나마 움직일 수 있는 근육도 점점 굳어지게 돼 더욱 안 좋은 습관으로 고착될 수도 있다. 이런 습관들을 개선하도록 하는 것이 중요한데, 대부분의 연구 참여자들은 그런 내용을 알고 있었고 이번 프로그램 참여를 통해 많이 노력하였다고 언급하였다. 이 역시 협동이라는 핵심요소와 경쟁이라는 강화조건이 많은 영향을 미쳤다고 할 수 있다.

'늘어난 웃음'은 치매예방 놀이가 가지고 있는 노인여가 프로그램으로서의 속성인 즐거움과 재미가 함께했다는 의미로, 목적이 의미 있는 활동이라 하더라도 그와 함께 즐거움과 재미가 동반되지 않으면 프로그램이 기대하는 효과에 미치지 못할 수도 있다.

'승부욕으로 인한 적극적인 참여 의지 발현'과 '능력 발휘를 위한 도전의식 발현'은 나이가 들어감에 따라 쇠퇴했던 적극성과 도전의식이 다시 생겼다는 것으로 실제 본인들의 능력이 향상됐거나 더 향상시킬 수 있을 거라는 의미라고 볼 수 있다. 노인 대상 여가 프로그램에는 심신 기능의 유지와 향상이 목적으로 돼 있는 경우가 많이 있다. 그러나 그 목적을 실현하기 위해 중요한 것은, 정작 노인 스스로가 향상을 위해 도전하고 싶은 마음가짐을 갖는 것이다. 그런 의미에서 '승부욕으로 인한 적극적인 참여 의지 발현'과 '능력 발휘를 위한 도전의식 발현'은 매우 중요한 부분이다. 여기까지 6개의 범주를 요약하면 치매예방 놀이 경험으로 나타난 노인들의 개인적 효과성이라고 할 수 있다.

두 번째, 사회적 차원에는 '협동 프로그램을 통한 참여적 사회성 향상', '그룹 속 자기 활동능력 탐색', '경쟁과 협동을 통한 상호이해 증진', '팀 편성에 따른 역할과 책임감 자각', '동료들과의 전향적 인간관계 구축'의 5개 범주였다.

'협동 프로그램을 통한 참여적 사회성 향상'은 그동안 노인들이 경험했던 노인여가 프로그램보다 생각하는 것과 움직임이 많은 것을 수행함으로써 가장 큰 동기로 작용했을 것으로 여겨진다. 생각하는 놀이의 경우에는 본인 혼자서는 스스로 해결할 수 없는 것들이 많이 있었고, 그 생각은 한 번으로 족한 것이 아니라 놀이가 끝나는 순간까지 지속적으로 해야만 한다. 설령 몇몇 특정인에 의존하더라도 혼자서는 수행하기 힘든 놀이들이 대부분이었다. 움직임이 많은 놀이들도 동료들과 함께하지 않으면 결과를 만들 수 없는 놀이들로 구성됐으며 협동에는 꼭 같이해야 하는 협동도 있지만, 본인이 분담해야 할 과제가 나눠져 있는 형태도 있었기에 협동하지 않으면 수행할 수 없는 놀이들이었다. 그러다 보니 자연스럽게 협동할 수밖에 없었고 협동을 통해 동료들과의 관계들이 개선되거나 심화되었다.

'그룹 속 자기 활동능력 탐색'은 놀이가 가지고 있는 장점인 반복적인 학습을 통해 노인들 스스로가 규칙을 만들어 응용하거나 변형해서 할 수 있는 역량 강화로 그런 모습은 현장에서 자주 관찰할 수 있었다. 건강한 노인에게 맞는 새로운 치매예방 프로그램을 만들 때 놀이를 선택하게 된 이유가 놀이가 가지고 있는 장점과 회복 기능이기도 하지만, 허근·김지연(2017), 권중돈(2010)이 제안한 실천 활동을 구현할 수 있는 영역이 놀이이기 때문이다. 그들이 제안한 내용을 보면, 대화하기, 외향적으로 변하기, 소통하기, 스트레스 덜 받기, 글쓰기, 그림 그리기, 도전하기, 적극적인 사고, 운동, 계산하기, 경쟁하기, 몰입하기, 게임하기, 웃기, 머리 쓰기, 새로운 정보 입력하기, 산책하기 등이다. 자세히 보면, 건강한 노인이라 하더라도 대부분이 혼자서 능동적으로 할 수 있는 실천들이 아니라, 최소한 2명 이상이 함께해야 하는 것들이다.

'경쟁과 협동을 통한 상호이해 증진'은 경쟁에서 이기기 위해 협동해야 하고 협동하기 위해선 대화를 할 수밖에 없는 상황을 만들게 되었다는 것이다. 경쟁적 진행이라고 해도 협동과 무관하다고 하면 동료들과 대화할 필요가 없이 본인만 잘 익히고 수행하면 되지만, 치매예방 놀이는 전술한 대로 혼자서 하는 놀이가 아니라 다 같이 함께해야 하는 형태로 되어있어 협동할 수밖에 없다. 따라서 협동을 더욱 강화하기 위한 진행방법으로 도입한 경쟁적 진행은 의미 있는 결과를 만들었다고 볼 수 있다.

'팀 편성에 따른 역할과 책임감 자각'은 노인이 되는 과정 속에서 누구나 경험하게 되는 사회적 이탈로 인한 허탈감과 상실감 그리고 가정 내에서의 역할상실에 따른 소외감 등으로 잃어버린 역할에 따른 책임감을 다시 회복시키기 위한 목적으로 강화한 조건이었다. 혼자 하는 노인여가 활동은 꼭 해야 하는 의무감이 없는 이상, 적극적으로 생각하고 행동하지 않지만 팀 편성을 통해 소속감을 부여하고 각자가 해야 할 역할을 할당받아 수행함으로서 과하지 않은 책임감을 느끼게 하였다. 그 책임감은 동료들과의 관계에서 적극성을 띠게 하였고 사회성 향상에 도움을 주었다.

'동료들과의 전향적 인간관계 구축'은 그동안 경로당에 함께 다니면서도 서먹했거나 어떠한 사건으로 인해 소원했던 관계들이 해소됐고, 전체적인 분위기가 좋은 방향으로 변하였다는 점이다. 이와 같이 관계가 재형성될 수 있었던 것은 단순히 치매예방 놀이의 경험을 통해 만들어진 것이 아니라, 놀이에 내재되어 있는 핵심 요소들의 유기적인 조합과 이를 강화해줄 수 있는 강화조건들이 최적으로 발동하여 나타난 결과하고 볼 수 있다. 여기까지 5개의 범주를 요약하여 치매예방 놀이 경험으로 나타난 노인들의 사회적 효과성이라 할 수 있다.

2. 연구의 함의

본 연구는 2000년 이후 고령화사회에서 2007년 고령사회로 진입하면서 노인 인구의 증가와 함께 사회적 문제로 대두되고 있는 치매 노인에 대한 사회적 변화와 대비가 이루어지는 가운데 치매예방 프로그램에 대한 관심이 높아지면서 시작된 연구라 할 수 있다. 특히 2008년 노인장기요양보험은 그러한 사회적 변화 속에 탄생한 제도라고 할 수 있다.

노인장기요양보험을 시작으로 2017년 문재인 정부의 치매국가책임제까지 이르는 동안에 우리나라의 치매와 관련한 정책은 시종일관 치매예방 활동에 대한 정책과 방향성을 기조로 하고 있다. 2008년 1차 치매관리종합계획에 치매 조기발견 및 예방 강화가 추진 정책에 등장하며, 2013년 2차 치매관리종합계획에는 치매의 예방–발견–치료–보호를 위한 체계적인 기반 구축을 추진 방향으로 삼았으며, 2016년 3차 치매관리종합계획에는 지역사회 중심의 치매 예방 및 관리를 추진정책에 명시하고 있다. 이처럼 치매 노인과 관련된 정책은 예방에 강조하고 있다고 할 수 있다.

한편 치매와 관련한 프로그램 현장을 학술 현장과 실천 현장으로 나눠 살펴본 결과, 여전히 각 영역에 대한 체계적인 유형화가 이루어지지 않은 가운데 학술 현장에서도 치매 예방과 유지·완화를 위한 효과성 연구들이 꾸준히 등장하고 있었고, 전문가들이 활동하는 실천 현장에서도 노인을 위한 치매예방 프로그램들은 보인복지관을 비롯한 다양한 곳에서 왕성하게 진행되고 있었다.

그러나 각 영역이 공히 기능적 요소들의 개발이 부진한 데 따른 다양한 연구가 발표되지 못한 한계들이 있었고, 기능적 요소는 혼용해 활용되고 있었다. 학술 현장의 경우 효과성이 긍정적으로 검증되었다 하더라도 그것이 어떠한 작동 원리로 인해 양산됐는지를 명확하게 드러내고 있는 연구가 없다는 것이 아쉬운 점이다. 이 점은 발표된 연구물의 제언에서도 등장하고 있는데, 프로그램 개발의 필요성, 체계적인 유형화의 문제, 노인의 심신에 따른 개별화된 프로그램, 전문가의 양성 등을 보면 알 수 있다. 특히 프로그램 개발에 대한 제언은 2003년에 처음 등장하여 2017년까지 등장하고 있다는 것은 프로그램 개발이 매우 부진하다는 방증이라고 할 수 있다.

한편 전문가들이 활동하는 실천 현장을 확인할 수 있는 유일한 창구인 유튜브를 통해 본 현장은 학술 현장과는 다른 모습을 하고 있었는데, 영상의 내용과는 상관없이 치매와 관련하여 대표적으로 활용되고 있는 노인 레크리에이션, 노인 치료레크리에이션, 노인 놀이치료에 모두 검색될 수 있는 방식으로 영상이 올라와 있었다. 다시 말해 검색태그나 게시글 제목에 세 영역의 제목을 모두 삽입하였다는 것인데 이는 개인적 홍보를 위한 수단으로 활용하기 위함이라고 할 수 있었다. 활동 동영상의 게재는 크리에이터의 자유의지이기 때문에 문제가 되는 것은 아니지만, 최근에는 유튜브 영상이 보는 즐거움으로만 끝나는 것이 아니라 정보로서의 가치를 제공하는 곳으로 인식되기 때문에 올바른 정보가 제공돼야 한다고 생각한다.

본 연구는 전술한 대로 38편의 학술 현장 논문과 891개의 실천 현장 동영상을 면밀하게 분석하였고 여기에서 드러난 문제와 한계들을 확인한 후 본격적인 연구를 시작하였다.

본 연구도 치매예방 놀이를 건강한 노인에게 경험하게 한 후 그 효과성을 보고자 하는 연구이다. 치매예방 놀이는 '현재는 특별한 질병이 없이 건강하지만 노화로 인해 저하될 것으로 예상되는 심신 기능의 유지·향상과 사회성 향상으로 치매를 예방하고 건강한 노년의 삶과 사회적 관계망을 지속적으로 향유하게 하는 활동'으로 핵심 구성 요소는 '협동', '도구 활용', '놀이'로 구성돼 있고 이들이 유기적으로 조합됐을 때 비로소 치매예방적 효과를 갖게 한다는 것이다. 치매예방의 효과가 단순히 프로그램을 경험함으로서 달성되는 것이 아니라 프로그램에 내재되어 있는 요소들이 제각기 역할들을 가지고 있을 때 가능하다는 원리로 만들어진 놀이이다.

협동은 존슨과 존슨(Johnson & Johnson, 1994)이 말하는 다섯 가지 원리인 긍정적 상호의존성, 개별적 책무성, 대면적 상호작용, 사회적 기술, 집단과정을 구성하고 있으며, 쇠퇴하는 노인의 인지능력 유지와 향상에 일정 부분 긍정적인 기여할 수 있는 효과를 가지고 있다. 이는 인지발달론(cognitive development theory)과 인지정교화론에 근거한 것이다(한지선, 2005).

도구 활용은 치매노인에게 일상생활과 식생활을 비롯한 행동이나 의식을 점검하여 개선하는 데 도움을 줌으로 인지능력을 기르고 노인의 정신이 정상적으로 유지될 수 있도록 돕는 작용(Montessori, 1992)을 하며 또한 프로그램 수행과정에서의 문제해결능력의 향상과 사회성 발달, 구체적인 대상의 경험을 통한 현실감(김경화, 2007)을 주기도 한다. 이는 건강한 노인에게 적용했을 때 그 효과는 더욱 배가될 것이다.

놀이는 공포 극복, 창조적 사고, 정화, 환상과 상상, 관계증진, 긍정적 정서라는 회복적인 요인을 통해 노인 신체기능의 향상이나 심리치료에 긍정적 변화를 갖게 하는 힘(박찬옥, 2004)을 가지고 있다. 이 세 가지의 핵심요소에 팀 편성과 적당한 긴장감을 제공하는 경쟁이 더해서 치매예방적 효과를 양산하게 된다.

이 세 가지 핵심요소와 연구자가 새롭게 고안하여 만든 놀이가 더해져 치매예방 놀이를 만들게 됐는데 이는 그동안 학술 현장이나 실천 현장에서 활용되고 있는 놀이와는 전혀 다른 형태와 방식을 취하고 있다.

또한 선행연구에서 고찰한 바와 같이 그 동안의 연구가 궁극적으로 치매예방과 유지·완화를 목적으로 한 프로그램의 효과성 연구였다면, 본 연구는 곧 노인세대로 진입할 건강한 노인을 대상으로 온전하게 치매예방을 목적으로 한 효과성 연구를 시도했다는 점이다. 또한 그 결과로서 그들의 심신상태와 여가 욕구의 수준을 가늠할 수 있는 척도로서의 역할을 할 수 있을 것으로 기대되며 치매예방 놀이가 필요한 이유이자 본 연구의 의미이기도 하다.

학술 현장의 진행자에 대해 전술한 대로 선행연구 대부분은 연구자가 비 노인여가전문가가 대부분이었지만, 본 연구는 연구자가 레크리에이션·이벤트 전문가이자 노인여가전문가로서의 전문성을 가지고 진행하였다는 것이다. 이는 전문가로서의 통찰력을 통한 보다 전문적인 연구였다.

이와 같은 준비와 조건을 통해 개인적 차원과 사회적 차원의 결과를 도출할 수 있었는데 이는 그동안 발표된 선행연구들과는 다른 결과이다. 그동안은 개인적 변화에 치중한 연구가 대부분이었다면 본 연구는 사회적 변화를 함께 보고자 했다. 여기에는 애당초 놀이의 방식이나 진행방식이 사회적 변화를 가능하게 한 형태로 만들어진 결과이기도 하지만 의의라고 할 수 있다. 개인적 변화를 위해서는 사회적 변화가 뒤따라야 하고, 사회적 변화를 위해서는 개인적 변화가 있어야 한다. 이는 환경 속에 인간이라는 의미와 같은 맥락이라고 할 수 있다. 또한 최근에 성공적 노화의 개념에 사회적 노화의 개념이 강화되고 있는 추세하고도 부합하는 결과이다.

개인적 차원과 사회적 차원의 효과성의 결과도 주목할 점이지만, 본 연구에서는 질적연구 방법을 통해 그 결과가 어떤 과정들을 통해 나타나게 됐는지에 대한 상세한 내용을 기술하고 있다는 것이다. 그 내용에는 협동이라는 요소가 프로그램이 이루어지는 동안에 어떻게 작동하고 어떤 효과를 내고 있는지를 상세히 알 수 있고, 도구가 노인들에게 어떤 느낌으로 다가왔는지 도구 활용을 통해서 어떤 장점들이 있었는지를 확인할 수 있으며, 놀이가 가진 회복적인 힘과 무한한 가능성에 대해서도 싣고 있다. 여기에 세 요소의 조합에 촉진제로서의 역할을 하고 있는 팀 편성과 경쟁의 외부적인 요인도 확인할 수 있다.

본 연구의 목적은 궁극적으로는 과거의 노인과는 다른 신 노년층의 등장에 맞게 그들의 심신 상태에 맞는 치매예방 프로그램을 개발하고 그에 따른 가능성을 보고자 했다. 이를 위해 아직 노인세대로 진입하지도 않은 1차 베이비붐 세대의 노인들에 준하는 건강한 연령대의 노인을 연구 참여자로 선정하려는 노력을 했고 결과를 얻을 수 있었다. 이와 같은 연구는 노인들과 가장 많이 접하게 되는 노인 관련 복지관 종사자들이나 실천 현장의 전문가들에게 조금이나마 유용한 자료가 될 것으로 예상한다.

3. 연구의 한계와 후속연구 제언

본 연구를 수행하면서 다음과 같은 한계가 있었음을 밝히고자 한다.

첫째, 라포 형성 기간이 너무 길었다는 점을 밝힌다. 예비 연구기간은 2014년 3월 첫 출강과 동시에 시작돼 2016년 12월까지 진행되었다. 자연스럽게 그들과의 라포 형성기간이기도 하였다. 라포 형성과 최적의 치매예방 놀이를 완성하는 기간을 대략 1년 정도를 계획했었는데, 1년이 경과된 후에도 경로당 노인들이 지속적으로 출강하길 원해 2016년 12월까지 출강하게 되었다. 그러다 보니 경로당 노인들과 많이 가까워졌고 신뢰 이상의 관계가 형성되었다.

그 당시 간헐적으로 참석했던 5명의 연구 참여자들도 그 분위기를 알고 있었기에 연구자를 대하는 태도가 처음부터 우호적이었다는 것을 밝히고자 한다.

둘째, 연구 대상이 대도시의 노인이라는 점이다. 노인의 경우 건강상태와 질병 정도의 차이에 따라서도 심신의 능력 차이가 심하듯이 대도시 노인과 그 외 지역에 사는 노인과의 차이가 있을 것으로 예상한다. 게다가 자라온 환경과 여가문화 경험의 차이가 분명 존재하기 때문이다. 이에 본 논문에 치매 예방 놀이를 노인 관련 현장에 적용하기 전에 대상의 심신 상태와 성향을 정확하게 파악하고 실천해야 한다.

이어 본 연구를 수행하며 나타난 결과를 토대로 다음과 같이 제언하고자 한다.

첫째, 노인여가 영역의 체계적인 유형화가 선결되어야 한다(전남희·조원일, 2018). 각 영역마다 목적하는 바와 대상의 심신 상태도 다르고 그에 따른 명칭이나 활용되는 기능적 요소들이 분명히 다름에도 불구하고, 사용되는 용어와 기능적 요소들은 영역의 구분 없이 혼용해서 사용하고 있었다. 용어의 혼용으로 인한 문제는 특히 학술 현장에서 많이 나타났는데 발표되는 논문마다 용어의 의미가 다르게 해석되거나 통일되지 않고 있었다. 이 문제가 지속된다면 후속 연구자들에게 많은 어려움으로 작용할 것이다. 연구자도 본 연구를 수행하는데 그와 같은 어려움을 경험하였다. 이는 노인여가뿐만이 아니라 전체 여가 영역의 학술적 발전을 더디게 하는 요인으로 작용할 것이다.

또한 기능적 요소의 경우에도 각 영역의 경계가 모호해진 지가 오래인데, 이는 학술 현장이나 유튜브를 통해 본 실천 현장이 모두 같은 문제를 안고 있었다. 이는 기능적 요소들의 개발이 선행돼야 풀릴 수 있는 과제이다(노상은·전남희, 2018). 이 상태가 계속된다면 노인의 심신 상태에 맞는 최적화된 프로그램을 제공하는 데 한계를 드러낼 것이다.

둘째, 노인여가 영역의 유형화나 프로그램 개발을 전문적으로 할 수 있는 국가가 운영하는 전문 기관의 설립이 필요하다. 대한민국에 여가 관련 협회는 90년대 이후 지속적으로 늘어, 지금은 많은 협회가 활동(전영수, 2005)하고 있고, 그 활동 영역 속에는 노인여가와 관련한 교육도 실시하고 있다. 교육 내용을 보면 대부분의 협회가 거의 대동소이하며 차이가 없다고 해도 과언이 아니다. 협회 본연의 목적인 프로그램 개발과 보급보다는 교육생 모집과 양성에만 치중하고 있는 것이 현실이기도 하다. 따라서 앞으로 증가할 건강한 노인 세대를 대비하여 치매예방 프로그램을 전담하여 개발하고 실제 검증을 통해 보급하는 역할만을 수행할 국가에서 운영하는 기관의 설립이 고려돼야 한다.

셋째, 노인여가전문가의 양성이다. 현재 노인여가전문가를 양성하는 기관이나 학교를 보면, 노인여가 영역을 담당하고 있는 여가 협회와, 여가 관련 과목을 개설할 수 있는 전문대학의 학과에서 주로 양성하고 있는 것이 전부이다. 각 협회는 일정 시간의 교육을 이수하면 자격증을 발급하고 있는데, 이곳에서의 교육도 현장에서 활동할 수 있는 전문적인 교육이라기보다는 협회에서 정한 커리큘럼과 시간을 이수하는 데 의미를 두고 있다.

대학에서는 한 학기 교양과목으로 개설하고 있는데 협회에서의 이수 시간보다 길게 배정돼 있어, 이론과 실습을 제대로 계획하면 그나마 전문 진행자를 양성할 수 있는 상태이다. 그러나 실천 현장의 전문가라고 해도 학교에서 강의할 수 있는 강사로서의 기본 조건(학력)이 갖춰져 있지 않으면 강의할 수 없는 행정적인 방침으로, 실력보다는 조건을 우선하고 있다. 4년제 대학의 경우는 개설할 수 있는 학과에서조차 전무한 상태이다. 따라서 협회나 학교에서의 교육이, 교육을 위한 교육이 아닌, 실제 현장에서 활동할 수 있는 노인여가 전문가 양성에 관심을 갖고 검토를 할 시점이라고 본다(노상은·전남희, 2018).

넷째, 노인 관련한 복지관의 노인여가 프로그램 예산이 상향 조정돼야 한다. 노인여가 프로그램과 관련하여 그 내용을 보면 오랜 기간 동안 거의 변화가 없이 유사한 프로그램을 진행하고 있으며, 노인여가 프로그램과 관련해 외부 전문가에게 지급되는 강사료도 오르는 물가와 대비해 보면 거의 변동이 없다고 해도 과언이 아니다. 그러다 보니 경험 많은 전문가들은 사회복지관에서의 활동을 배제하고 있고, 주로 초보 강사들이 경험을 쌓기 위해 출강하고 있는 실정이다. 이런 가운데 노인여가 프로그램의 질이 개선되거나 새로운 프로그램이 제공되길 기대하는 것은 무리라고 생각한다. 따라서 노인 관련한 복지관의 노인여가 프로그램 예산이 상향 조정돼야 양질의 강사들이나 새로운 프로그램의 제공이 가능할 것으로 본다. 그러나 이 같은 변화는 최고 결정권자의 전향적인 생각이 있을 때만이 가능한 일이다.

후속 연구로 본 연구에서 한계로 지적한 내용을 보완하여, 본 연구에서처럼 건강한 노인을 대상으로 한 효과성 연구들이 지속적으로 수행되어야 한다. 건강한 노인에게 치매예방이 왜 필요한가라는 문제 제기가 있을 수 있지만, 치매예방 활동은 건강할 때부터 시작해야 효과적이기 때문이다. 그렇기 때문에 적용할 치매예방 프로그램이 건강한 노인의 심신 상태에 적절한 난이도인지를 확인해야 하며, 노인여가 프로그램으로서의 기본적인 속성도 가늠해야 하기 때문이다. 대상의 심신 상태와는 맞지 않게 지나치게 어렵거나 쉽다면 치매예방 프로그램으로서의 효과를 기대하기 어려울 것이며, 또한 치매예방적 효과가 있다 하더라도 즐거움과 재미가 없다면 반감(이정훈, 2012)되기 때문이다. 앞으로 이러한 연구들이 지속적으로 발표되고 입증된다면 계속 젊어지고 있는 건강한 노인을 대상으로 한 치매예방 프로그램은 진일보할 것이다.

Ⅵ. 부록: 치매예방 놀이 회기별 프로그램 내용

1-1회차		6월 5일(화)/15-16시(60분)	
놀이명		• 궁합 맞추기	
기대효과		• 옛일을 추억할 수 있는 시간을 통해 대화를 이끌어 낸다. • 함께하는 동료들과 관계형성의 시간을 갖는다.	
도구, 소품		• 궁합 카드	
순서	단계	활동내용	소요분
1	도입	▪ 팀 편성 ▪ 몸풀기 체조 ▪ 동료들과 스킨십 게임 실시 ▪ 계단 게임	10분
2	본 활동	▪ 최소 2명 이상 4명 이하로 팀을 만든 후 둥그렇게 앉히고 가운데 궁합카드를 지급한다(이때 카드는 개봉하지 않은 상태여야 함). ▪ '시작'과 동시에 카드를 꺼내 그림과 그림을 보고 궁합이 맞는 그림끼리 포개 놓게 한다. ▪ 궁합을 모두 맞춘 팀은 카드를 가지런하게 정렬하고 진행자의 확인을 받는다. 정확하게 맞춘 팀이 승리하는 방식으로 진행한다.	40분
3	마무리	▪ 놀이에 대한 소회 말하기 ▪ 본인의 옛이야기 발표하기	10분
이미지		   	

1-2회차		6월 7일(목)/15-16시(60분)	
놀이명		• 계란 옮기기	
기대효과		• 소속감을 갖게 돼 최선을 다해 집중하는 시간을 갖는다. • 박진감을 경험하게 되며 승리의 쾌감을 느낀다.	
도구, 소품		• 계란판 4개, 탁구공(색상별 30개)	
순서	**단계**	**활동내용**	**소요분**
1	도입	▪ 팀 편성 ▪ 몸풀기 체조 ▪ 동료들과 스킨십 게임 실시 ▪ 전자 박수	10분
2	본 활동	▪ 팀 경쟁 게임으로 팀별 일렬횡대로 간격을 두고 마주 볼 수 있게 한다. ▪ 팀의 맨 왼쪽 어르신은 탁구공 30개가 꼽힌 계란판을 가지고 있고, 팀의 맨 오른쪽 어르신은 빈 계란판을 가지고 있게 한다. ▪ '시작' 하면 왼쪽 어르신은 탁구공을 한 개씩 집어 오른쪽 어르신에게 전달한다. 받은 어르신도 같은 방법으로 오른쪽 사람에게 전달하고 제일 오른쪽 사람은 탁구공이 도착할 때마다 계란판에 넣으면 된다. ▪ 30개 탁구공을 먼저 전달하는 팀이 승리하며, 3전 2선승제로 진행한다.	40분
3	마무리	▪ 놀이에 대한 소회 말하기 ▪ 팀별 대표자 경쟁으로 실시 ▪ 왼손, 오른손, 양손을 사용한 방법으로 응용하기	10분
이미지		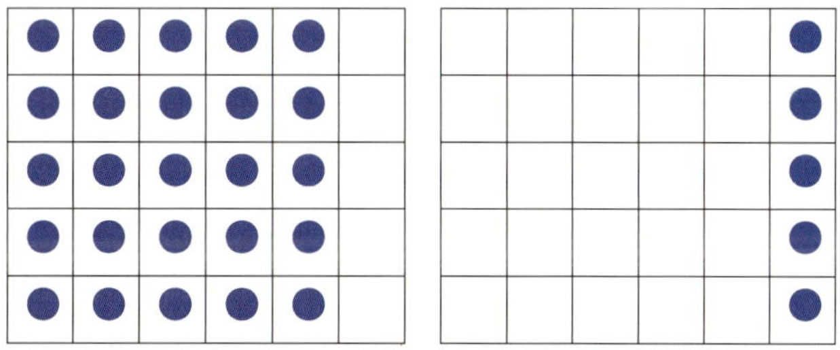	

1-3회차	6월 12일(화/15-16시(60분)		
놀이명	• 전략화투		
기대효과	• 협동심을 발휘하는 시간을 갖는다. • 동료들과 대화를 통화 이해할 수 있는 시간을 갖는다. • 박진감을 경험하게 되며 승리의 쾌감을 느낀다.		
도구, 소품	• 대형 화투, 책상		
순서	단계	활동내용	소요분
1	도입	▪ 팀 편성 ▪ 몸풀기 체조 ▪ 동료들과 스킨십 게임 실시 ▪ 공감성 박수	10분
2	본 활동	▪ 최소 2명 이상 5명 이하로 팀을 만든 후 대형화투를 모두 펼칠 수 있는 책상을 가운데 놓고 두 팀이 마주 보게 한다. ▪ 팀 경쟁으로 오른쪽 하나 왼쪽 하나 반복적으로 팀별 10장의 화투를 지급하고 가운데 8장의 화투를 안 보이게 펼쳐놓고 남는 화투 즉 뒤 장은 진행자가 갖고 있는다. ▪ 우선권을 정한 후, 펼쳐진 화투와 개개인별로 나눠가진 있는 화투를 보고 작전회의를 한 후 화투를 획득하면 되는데 작전회의 한데로 가지고 있는 사람이 화투를 내며 획득한다. 뒤 장은 진행자가 한 장씩 개봉해준다. ▪ 고스톱에 나오는 모든 규칙을 적용해 진행한다. ▪ 세 번의 경쟁을 통해 획득한 점수가 높은 팀이 승리하는 방식으로 진행한다.	40분
3	마무리	▪ 놀이에 대한 소회 말하기	10분
이미지		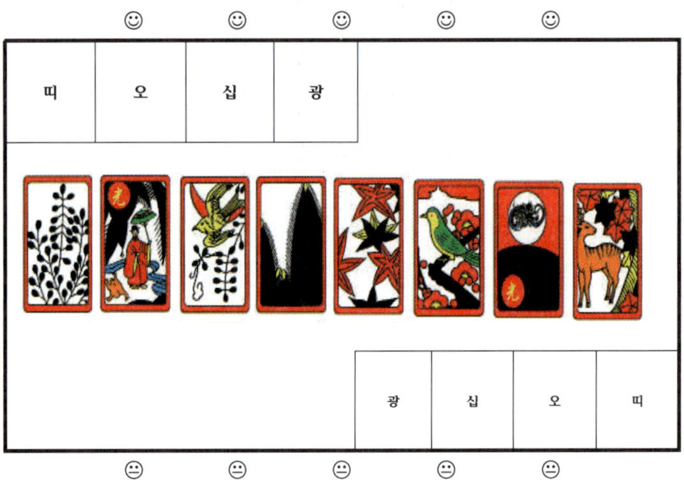	

<table>
<tr><th colspan="2">1-4회차</th><th colspan="2">6월 14일(목)/ 15-16시(60분)</th></tr>
<tr><td colspan="2">놀이명</td><td colspan="2">• 탁구공농구(3번 버전)</td></tr>
<tr><td colspan="2">기대효과</td><td colspan="2">• 소속감을 갖게 돼 최선을 다해 집중하는 시간을 갖는다.
• 게임성이 삽입돼 박진감을 경험하게 되며 승리의 쾌감을 느낀다.</td></tr>
<tr><td colspan="2">도구, 소품</td><td colspan="2">• 컵10개, 탁구공</td></tr>
<tr><th>순서</th><th>단계</th><th>활동내용</th><th>소요분</th></tr>
<tr><td>1</td><td>도입</td><td>▪ 팀 편성 ▪ 몸풀기 체조
▪ 동료들과 스킨십 게임 실시 ▪ 사슴과 사자</td><td>10분</td></tr>
<tr><td>2</td><td>본 활동</td><td>▪ 팀 경쟁 게임으로 진행한다.
▪ 1인당 5번의 슛 기회를 제공하는데 한 번에 팀 전체가 하는 것보다는 교대로 하는 방식으로 진행한다(상황에 맞게).
▪ 탁구공을 던져 한 번 이상의 바운드를 이용해 컵에 탁구공이 들어가면 어느 곳이든지 1점이 된다. 모든 선수가 끝난 후 총점으로 승리 팀을 결정한다.
▪ 세 번의 경쟁을 통해 획득한 점수가 높은 팀이 승리 하는 방식으로 진행한다.</td><td>40분</td></tr>
<tr><td>3</td><td>마무리</td><td>▪ 놀이에 대한 소회 말하기
▪ 팀별 대표자 경쟁으로 실시
▪ 거리를 늘려 응용하기</td><td>10분</td></tr>
<tr><td colspan="2">이미지</td><td colspan="2">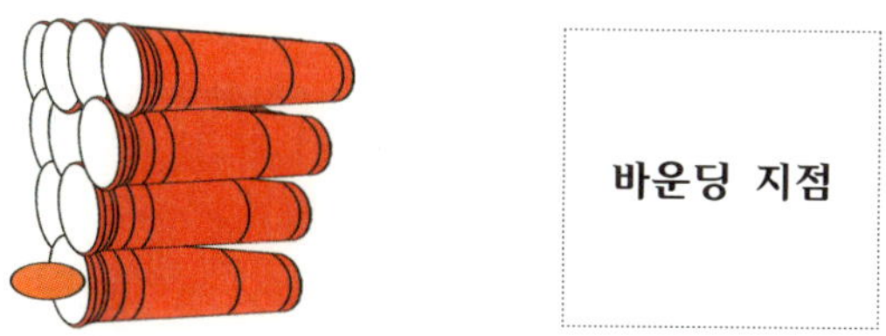
</td></tr>
</table>

1-5회차		6월 19일(화)/ 15-16시(60분)	
놀이명		• 경마(동물) 릴레이	
기대효과		• 소속감을 갖고 최선을 다하게 한다. • 하나의 공동목표를 달성했을 때의 쾌감을 느낀다.	
도구, 소품		• 경마판, 말	
순서	단계	활동내용	소요분
1	도입	▪ 팀 편성 ▪ 몸풀기 체조 ▪ 동료들과 스킨십 게임 실시 ▪ 가위바위보 박수	10분
2	본 활동	▪ 최소 2명 이상 4명 이하를 한 팀으로 8개 팀을 만든 후 팀별 어르신마다 고유번호를 만들게 한다. (예: 팀원이 4명이면 1번, 2번, 3번, 4번) ▪ 게임이 종료될 때까지 매회 예선전을 할 두 팀씩을 지정해 주고 각 팀의 1번이 일어나 예선 가위바위보를 실시해 통과자 4명을 뽑고, 4명은 무대로 나와 결승전 가위바위보를 실시 1등, 2등, 3등, 4등을 결정하게 한다. ▪ 1등은 세 칸, 2등은 두 칸 3등은 한 칸 4등은 탈락이 되는데, 말은 어르신이 직접 붙일 수 있도록 진행한다(어르신은 쉼은 게임에 적용하지 않는다). ▪ 출발선에서 도착지점까지 말이 먼저 돌아오는 팀이 승리하는 단판으로 진행한다.	40분
3	마무리	▪ 놀이에 대한 소회 말하기 ▪ 다른 형태의 게임 방법 알려주기	10분
이미지		 	

PART I 노인과 놀이 관련 질적 사례 연구

1-6회차		6월 21일(목)/15-16시(60분)	
놀이명		• 컵 미션	
기대효과		• 집중력을 갖는다.	
도구, 소품		• 슬라이드 문제 or 문제지, 미니 컵	
순서	**단계**	**활동내용**	**소요분**
1	도입	▪ 팀 편성 ▪ 몸풀기 체조 ▪ 동료들과 스킨십 게임 실시 ▪ 쭉쭉 박수	10분
2	본 활동	▪ 어르신들에게 색상 미니컵 4개씩을 지급하고 게임에 대해 설명한다. ▪ 문제지를 보여주고 그림처럼 똑같이 컵을 쌓게 한다. 완성한 어르신은 '빙고'라 외치게 한 후 정답인지 확인한다.	40분
3	마무리	▪ 놀이에 대한 소회 말하기 ▪ 대표자 경쟁으로 실시	10분
이미지			

1-7회차		6월 26일(목)/ 15-16시(60분)	
놀이명		• 200점 채우기	
기대효과		• 책임감으로 인해 집중력을 갖게 한다. • 편안하게 즐기며 웃을 수 있는 시간을 갖는다. • 목표에 도달했을 때 성취한 쾌감을 느낀다.	
도구, 소품		• 게임 점수판, 공기 2개(동전 두 개)	
순서	**단계**	**활동내용**	**소요분**
1	도입	▪ 팀 편성 ▪ 몸풀기 체조 ▪ 동료들과 스킨십 게임 실시 ▪ 시계 박수	10분
2	본 활동	▪ 팀 경쟁 게임으로 게임점수판을 책상에 펼쳐놓고 두 팀으로 나눠 진행한다. ▪ 세 번의 연습 기회를 준 후 바로 실시, 우선권을 정한 후 팀별로 어르신의 고유번호를 매긴다. 1번은 공기 두 개를 점수판에 던져 점수를 획득한 후 상대팀 1번이 던진다. 이와 같은 방법으로 진행하여 계속 누적된 점수의 합이 정확하게 200점에 도달하는 팀이 승리하는 방식으로 진행한다. ▪ ×2는 다른 공기가 나온 수에 2를 곱한다. 다른 공기에 나온 수가 -30이라면 -60이 된다. 가령 두 공기가 모두 ×2일 경우 다시 한다.	40분
3	마무리	▪ 놀이에 대한 소회 말하기 ▪ 다양한 형태로 응용 방법 알려주기	10분
이미지		(아래 점수판)	

10	7	10	1	3	10
4	1	-4	3	-3	0
2	8	-3	1	5	8
5	9	×2	-2	6	4
6	4	-6	-1	4	0
3	3	-5	8	2	10
×2	3	10	6	9	×2

<table>
<tr><td colspan="2">1-8회차</td><td colspan="2">6월 28일(목)/ 15-16시(60분)</td></tr>
<tr><td colspan="2">놀이명</td><td colspan="2">• 표적 윷놀이</td></tr>
<tr><td colspan="2">기대효과</td><td colspan="2">• 책임감으로 인해 집중력을 갖게 한다.
• 편안하게 즐기며 웃을 수 있는 시간을 갖는다.</td></tr>
<tr><td colspan="2">도구, 소품</td><td colspan="2">• 표적 윷놀이판(제작용), 오자미, 말판, 말</td></tr>
<tr><th>순서</th><th>단계</th><th>활동내용</th><th>소요분</th></tr>
<tr><td>1</td><td>도입</td><td>▪ 팀 편성 ▪ 몸풀기 체조
▪ 동료들과 스킨십 게임 실시 ▪ 사랑합시다 게임</td><td>10분</td></tr>
<tr><td>2</td><td>본 활동</td><td>▪ 윷놀이와 규칙은 같고, 윷이 아닌 오자미로 어르신이 원하는 결과를 만든다.
▪ 오자미가 선에 붙어 있으면 정확하게 판정해야 하며 만약 반반씩 걸쳤을 경우에는 상위결정을 해준다.
▪ 오자미가 판 밖으로 나가면 낙이 된다.</td><td>40분</td></tr>
<tr><td>3</td><td>마무리</td><td>▪ 놀이에 대한 소회 말하기</td><td>10분</td></tr>
<tr><td colspan="2">이미지</td><td colspan="2"></td></tr>
</table>

<table>
<tr><td colspan="2">1-9회차</td><td colspan="2">7월 3일(화)/ 15-16시(60분)</td></tr>
<tr><td colspan="2">놀이명</td><td colspan="2">• 실버포커</td></tr>
<tr><td colspan="2">기대효과</td><td colspan="2">• 기억력을 기른다.
• 편안하게 즐기며 웃을 수 있는 시간을 갖는다.</td></tr>
<tr><td colspan="2">도구, 소품</td><td colspan="2">• 포커카드 4개</td></tr>
<tr><th>순서</th><th>단계</th><th>활동내용</th><th>소요분</th></tr>
<tr><td>1</td><td>도입</td><td>■ 팀 편성 ■ 몸풀기 체조
■ 동료들과 스킨십 게임 실시 ■ 나이뻐!</td><td>10분</td></tr>
<tr><td>2</td><td>본 활동</td><td>■ 일반 포커카드를 방바닥에 펼쳐놓는다.
■ 변형된 포커카드 규칙을 하나씩 설명해준다.
■ 쉬운 것부터 하나씩 미션을 수행하는데 오른쪽으로 돌아가면서 본인의 카드 한 장을 내려놓고 카드 한 장을 가지고 온다.
■ 미션이 성공하면 ‘빙고’ 하고 외친다.
■ ‘빙고’를 가장 많이 한 팀이 승리하는 방식으로 진행한다.</td><td>40분</td></tr>
<tr><td>3</td><td>마무리</td><td>■ 놀이에 대한 소회 말하기
■ 일반 포커 놀이 방식을 설명해 주고 도전하기</td><td>10분</td></tr>
<tr><td colspan="2">이미지</td><td colspan="2">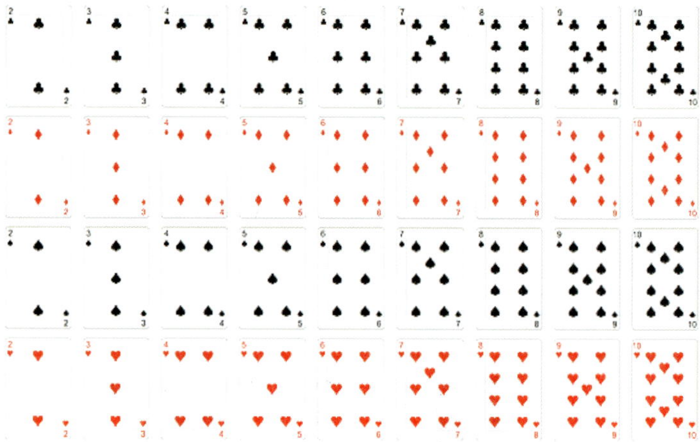</td></tr>
</table>

<table>
<tr><td colspan="2">1-10회차</td><td colspan="2">7월 5일(목)/ 15-16시(60분)</td></tr>
<tr><td colspan="2">놀이명</td><td colspan="2">• 신문기사작성</td></tr>
<tr><td colspan="2">기대효과</td><td colspan="2">• 집중력을 갖는다.
• 협동심을 발휘하는 시간을 갖는다.</td></tr>
<tr><td colspan="2">도구, 소품</td><td colspan="2">• 신문지(인원수), 돋보기, 볼펜</td></tr>
<tr><th>순서</th><th>단계</th><th>활동내용</th><th>소요분</th></tr>
<tr><td>1</td><td>도입</td><td>■ 팀 편성 ■ 몸풀기 체조
■ 동료들과 스킨십 게임 실시 ■ 전기주기</td><td>10분</td></tr>
<tr><td>2</td><td>본 활동</td><td>■ 신문지를 A4크기로 복사한 용지와 돋보기를 참여자 모두에게 하나씩 지급하고 돋보기로 신문 내용을 확인해보라고 한다.
■ ‘대한민국’, ‘만수무강’과 같은 글자를 낱개로 찾은 후 볼펜으로 동그라미를 그리게 한다.
■ 진행자가 제시한 글자를 먼저 찾고 ‘빙고’라고 외치는 어르신이 승리하는 방식으로 진행한다.
■ 본 게임으로는 단문을 알려주고 팀별로 찾게 한다.</td><td>40분</td></tr>
<tr><td>3</td><td>마무리</td><td>■ 놀이에 대한 소회 말하기
■ 추억의 남자, 여자 이름 찾기</td><td>10분</td></tr>
<tr><td colspan="2">이미지</td><td colspan="2">
</td></tr>
</table>

<table>
<tr><td>2-1회차</td><td colspan="3">7월 23일(월)/ 16-17시(60분)</td></tr>
<tr><td>놀이명</td><td colspan="3">• 변형쌍륙놀이</td></tr>
<tr><td>기대효과</td><td colspan="3">• 방향감각을 위해 집중력을 기른다.
• 협동심을 발휘한다.
• 승·패가 마지막에 결정되므로 박진감을 갖는다.</td></tr>
<tr><td>도구, 소품</td><td colspan="3">• 쌍륙놀이판(제작용), 주사위 2개, 말</td></tr>
<tr><td>순서</td><td>단계</td><td>활동내용</td><td>소요분</td></tr>
<tr><td>1</td><td>도입</td><td>▪ 팀 편성 ▪ 몸풀기 체조
▪ 동료들과 스킨십 게임 실시 ▪ 송아지게임</td><td>10분</td></tr>
<tr><td>2</td><td>본 활동</td><td>▪ 숫자와 한글 어느 한쪽에 말 1개씩 모두 8개를 놓고 상대 팀 대표자와 가위바위보를 실시 선, 후를 정한다.
▪ 주사위 2개를 던져 개별적으로 나온 숫자만큼 말 하나씩에 적용해 도착지점으로 이동시킨다.
▪ 정확하게 도착지점에 8개의 말이 먼저 도착하는 팀이 승리하는 방식으로 진행한다.
▪ 3전 2선승제로 진행한다.
▪ 두 번째 판부터는 말을 잡을 수 있는데, 잡은 사람은 말이 원래 있던 곳에 갖다 놓는다.</td><td>40분</td></tr>
<tr><td>3</td><td>마무리</td><td>▪ 놀이에 대한 소회 말하기
▪ 응용법 알려주기</td><td>10분</td></tr>
<tr><td>이미지</td><td colspan="3">
</td></tr>
</table>

2-2회차	7월 24일(화)/ 16-17시(60분)		
놀이명	• 화투 기억하기		
기대효과	• 소속감을 갖게 돼 최선을 다해 집중하는 시간을 갖는다. • 패를 맞췄을 때의 성취감을 느낀다.		
도구, 소품	• 대형화투(제작용)		
순서	단계	활동내용	소요분
1	도입	■ 팀 편성 ■ 몸풀기 체조 ■ 동료들과 스킨십 게임 실시 ■ 손체조	10분
2	본 활동	■ 최소 2명 이상 4명 이하로 팀을 만든 후 대형화투를 모두 펼칠 수 있는 책상을 가운데 놓고 두 팀이 마주 보게 한다. 이후 팀별 어르신마다 고유번호를 정한다. (예: 팀원이 4명이면 1번, 2번, 3번, 4번) ■ 팀원이 펼쳐진 화투의 위치를 중복되지 않도록 하며 최대한 기억할 수 있도록 충분한 시간을 주고 다시 뒤집어 놓는다. ■ 우선권을 정한 후 1번이 두 장의 화투를 뒤집는다, 뒤집은 화투가 같은 패면 획득하고 이어서 다시 두 장을 뒤집는다. 틀렸을 경우 상대팀 1번에게 기회가 넘어간다. ■ 게임이 끝났을 때 많은 화투를 획득한 팀이 승리하는 방식으로 진행한다.	40분
3	마무리	■ 놀이에 대한 소회 말하기 ■ 팀별 대표자 경쟁으로 실시	10분
이미지	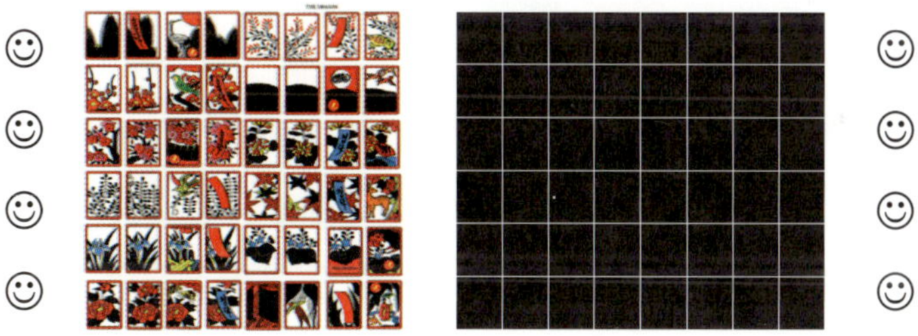		

<table>
<tr><td colspan="2">2-3회차</td><td colspan="2">7월 25일(수)/ 16-17시(60분)</td></tr>
<tr><td colspan="2">놀이명</td><td colspan="2">• 콘고리 던지기</td></tr>
<tr><td colspan="2">기대효과</td><td colspan="2">• 집중력을 갖는다.
• 편안하게 즐기며 웃을 수 있는 시간을 갖는다.</td></tr>
<tr><td colspan="2">도구, 소품</td><td colspan="2">• 미니콘 20개, 고리 30개</td></tr>
<tr><th>순서</th><th>단계</th><th>활동내용</th><th>소요분</th></tr>
<tr><td>1</td><td>도입</td><td>■ 팀 편성 ■ 몸풀기 체조
■ 동료들과 스킨십 게임 실시 ■ 서울동네빙고</td><td>10분</td></tr>
<tr><td>2</td><td>본 활동</td><td>■ 팀 경쟁 게임으로 청과 홍 콘을 다양한 방법으로 섞어 놓고 청 팀에게는 청 고리, 홍 팀에게는 홍 고리를 여유 있게 지급한다.
■ 연습 시간을 제공한 후 우선권을 정하고 1인 5개씩 고리를 던진다. 청, 홍 팀이 교차하며 던진다.
■ 세 번의 경쟁을 통해 획득한 점수가 높은 팀이 승리하는 방식으로 진행한다.
■ 점수는 예를 들어 청 고리가 청 콘에 걸치면 2점 홍 콘에 걸치면 1점을 상대 팀에게 준다.</td><td>40분</td></tr>
<tr><td>3</td><td>마무리</td><td>■ 놀이에 대한 소회 말하기
■ 거리를 늘리거나 숫자 계산을 삽입해 응용하기</td><td>10분</td></tr>
<tr><td colspan="2">이미지</td><td colspan="2"> </td></tr>
</table>

<table>
<tr><td colspan="2">2-4회차</td><td colspan="2">7월 26일(목)/ 16-17시(60분)</td></tr>
<tr><td colspan="2">놀이명</td><td colspan="2">• 이벤트 윷놀이</td></tr>
<tr><td colspan="2">기대효과</td><td colspan="2">• 옛 추억을 회상하는 시간을 갖는다.
• 편안하게 즐기며 웃을 수 있는 기간을 갖는다.</td></tr>
<tr><td colspan="2">도구, 소품</td><td colspan="2">• 대형 윷, 대형 말판(제작용), 말</td></tr>
<tr><th>순서</th><th>단계</th><th>활동내용</th><th>소요분</th></tr>
<tr><td>1</td><td>도입</td><td>▪ 팀 편성 ▪ 몸풀기 체조
▪ 동료들과 스킨십 게임 실시 ▪ 반찬빙고</td><td>10분</td></tr>
<tr><td>2</td><td>본 활동</td><td>▪ 팀 편성은 한 팀당 최소 2명 이상 8명까지 가능한 팀 경쟁 게임으로 전통 윷놀이 규칙과 똑같이 진행한다.
▪ 대형 윷을 두 명이 두 개씩 던진다는 점과 말판에 다양한 미션을 수행해야 하는 점만 다르다.
▪ 3전 2선승제로 진행한다.</td><td>40분</td></tr>
<tr><td>3</td><td>마무리</td><td>▪ 놀이에 대한 소회 말하기
▪ 미션 바꿔 응용하기</td><td>10분</td></tr>
<tr><td colspan="2">이미지</td><td colspan="2">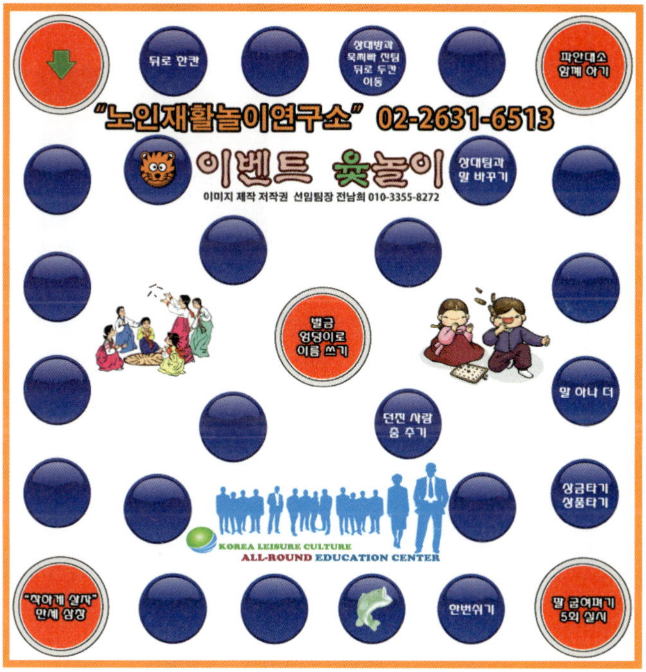
</td></tr>
</table>

2-5회차	7월 27일(금)/ 16-17시(60분)		
놀이명	• 후크볼		
기대효과	• 집중력을 갖는다. • 소속감을 갖고 최선을 다한다. • 신체활동을 한다.		
도구, 소품	• 후크볼판, 칙칙이볼		
순서	단계	활동내용	소요분
1	도입	■ 팀 편성 ■ 몸풀기 체조 ■ 동료들과 스킨십 게임 실시 ■ 실버체조	10분
2	본 활동	■ 참여자 모두 5m 후방에서 연습할 수 있는 시간을 갖게 한다. ■ 1인당 5번의 볼을 던질 수 있는 기회를 주고, 팀원이 모두 던진 후 합산 점수를 계산한다. ■ 3전 2선승제가 아니라, 3번의 시기 동안 획득한 점수를 종합해 승리 팀을 결정한다.	40분
3	마무리	■ 놀이에 대한 소회 말하기 ■ 거리를 늘리거나 숫자 계산을 삽입해 응용하기	10분
이미지			

2-6회차	8월 6일(월)/ 16-17시(60분)		
놀이명	• 디스크골프		
기대효과	• 집중력을 갖는다. • 소속감을 갖고 최선을 다한다. • 신체활동을 한다.		
도구, 소품	• 디스크골프, 우산골프(조합용)		
순서	단계	활동내용	소요분
1	도입	■ 팀 편성 ■ 몸풀기 체조 ■ 동료들과 스킨십 게임 실시 ■ 실버체조	10분
2	본 활동	■ 팀 경쟁게임으로 1인당 개의 디스크를 지급한다. ■ 3~5m 거리에서 디스크를 던져 골인시키면 득점이 되는데 세 번의 경쟁을 통해 획득한 점수가 높은 팀이 승리하는 방식으로 진행한다. ■ 팀 수가 많으면 토너먼트 방식으로 하고 1인 기네스형으로도 진행할 수 있다.	40분
3	마무리	■ 놀이에 대한 소회 말하기 ■ 거리를 늘리거나 숫자 계산을 삽입해 응용하기	10분
이미지	  		

2-7회차		8월 7일(화)/ 16-17시(60분)	
놀이명		• 실버컵스택	
기대효과		• 생각하고 기억할 수 있는 능력을 기른다. • 집중력을 기른다.	
도구, 소품		• 컵스택	
순서	**단계**	**활동내용**	**소요분**
1	도입	▪ 팀 편성 ▪ 몸풀기 체조 ▪ 동료들과 스킨십 게임 실시 ▪ 판놀이가위바위보	10분
2	본 활동	▪ 어르신들을 책상 있는 의자에 앉히고 컵스택 컵을 지급한다. ▪ 1단계부터 3단계까지 하나씩 풀어서 설명을 하며 따라 하게 한다. ▪ 1단계부터 3단계까지 연속으로 하는 훈련을 2인 1조로 연습을 시킨다. ▪ 팀별 발표를 하게 한 후 팀별로 자신이 있는 어르신은 앞에 나와서 발표하게 진행한다.	40분
3	마무리	▪ 놀이에 대한 소회 말하기 ▪ 팀별 대표자 경쟁으로 실시	10분
이미지			

2-8회차		8월 8일(수)/ 16-17시(60분)	
놀이명		• 바둑알보드	
기대효과		• 집중력을 기른다. • 소속감을 갖고 최선을 다한다.	
도구, 소품		• 길고 넓은 책상, 색유리 테이프, 바둑알, 화이트보드	
순서	단계	활동내용	소요분
1	도입	▪ 팀 편성 ▪ 몸풀기 체조 ▪ 동료들과 스킨십 게임 실시 ▪ 바다동물빙고	10분
2	본 활동	▪ 출발선에 바둑알을 놓고 중지손가락으로 슛하는 연습을 모두에게 충분히 시킨다. ▪ 팀이 경쟁할 경우 우선권을 정한 후 1인당 3~5회 바둑알 슛을 한다. 이때 경쟁하는 팀과 교대로 슛하게 하고 1명이 끝날 때마다 화이트보드에 점수를 적는다. ▪ 모든 슛이 끝난 후 합산해 승·패를 정하는데 이 게임도 3전 2선승제로 실시한다. ▪ 게임이 끝난 후 1인 토너먼트로 방식으로 진행해도 된다.	40분
3	마무리	▪ 놀이에 대한 소회 말하기 ▪ 바둑알 대신 동전이나 플라스틱 칩으로 응용하기 ▪ 팀별 대표자 경쟁으로 실시	10분
이미지		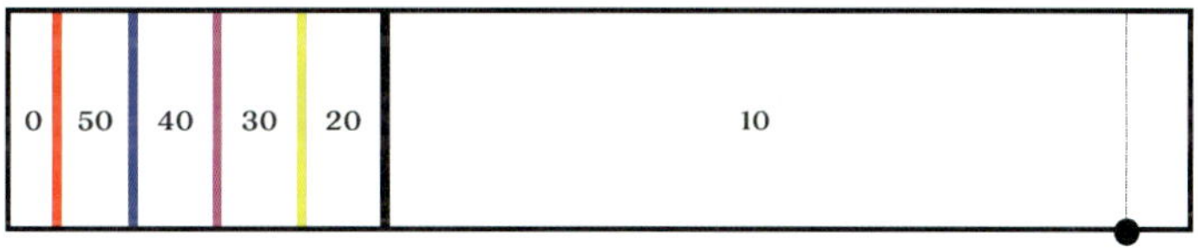	

<table>
<tr><td colspan="2">2-9회차</td><td colspan="2">8월 9일(목)/ 16-17시(60분)</td></tr>
<tr><td colspan="2">놀이명</td><td colspan="2">• 실버오델로</td></tr>
<tr><td colspan="2">기대효과</td><td colspan="2">• 집중력을 갖고, 생각을 한다.
• 잃어버린 승부욕을 갖는다.</td></tr>
<tr><td colspan="2">도구, 소품</td><td colspan="2">• 오델로판(제작용), 칩</td></tr>
<tr><th>순서</th><th>단계</th><th>활동내용</th><th>소요분</th></tr>
<tr><td>1</td><td>도입</td><td>▪ 팀 편성 ▪ 몸풀기 체조
▪ 동료들과 스킨십 게임 실시 ▪ 호박고누</td><td>10분</td></tr>
<tr><td>2</td><td>본 활동</td><td>▪ 일대일 경쟁 게임으로 오델로판을 책상 위에 놓고 색을 정한 후 기본적으로 가운데에 2개씩의 말을 놓고 가위바위보로 우선권을 정한다.
▪ 가로, 세로, 횡 상관없이 상대방의 말을 내 말로 앞, 뒤를 포위하면 상대방 칩을 내 색깔로 뒤집는다.
▪ 돌을 뒤집을 곳이 없으면 상대방에게 기회가 넘어가며, 양쪽 모두 뒤집을 곳이 없거나 말이 꽉 차게 되면 게임을 끝나고 개수를 확인해 승·패를 가린다.</td><td>40분</td></tr>
<tr><td>3</td><td>마무리</td><td>▪ 놀이에 대한 소회 말하기
▪ 승리하는 요령 설명하기
▪ 다양한 형태로 응용하는 방법 알려주기</td><td>10분</td></tr>
<tr><td colspan="2">이미지</td><td colspan="2">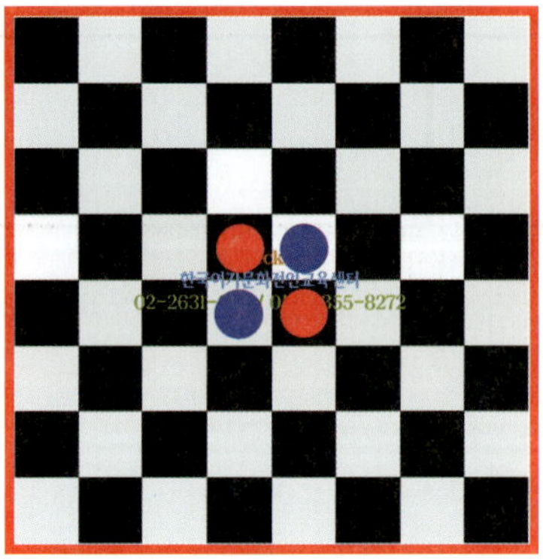 </td></tr>
</table>

2-10회차		8월 10일(금)/ 16-17시(60분)	
놀이명		• 실버도블	
기대효과		• 순발력을 발휘한다. • 승부욕을 기른다.	
도구, 소품		• 그림카드 100개(제작용)	
순서	단계	활동내용	소요분
1	도입	▪ 팀 편성 ▪ 몸풀기 체조 ▪ 동료들과 스킨십 게임 실시 ▪ 사목	10분
2	본 활동	▪ 4명이 그룹을 만들어 둥그렇게 앉게 하고 1인당 카드 1장을 나눠 주고 96장의 카드는 진행자가 가지고 있다. ▪ 받은 카드 한 장을 모두 볼 수 있도록 앞에 펼쳐놓고, 진행자는 카드 한 장을 가운데로 내려놓는다. 이때 본인이 가지고 있는 카드에 그림과 일치하는 그림이 있으면 사물의 이름을 말한다. ▪ 정답이면 카드를 획득하고 받은 카드를 본인의 카드 위로 포개 올린다. ▪ 같은 방법으로 진행해 가장 많은 카드를 획득한 사람이 승리하는 방식을 진행한다.	40분
3	마무리	▪ 놀이에 대한 소회 말하기 ▪ 전제가 함께 할 수 있는 방식 배우기	10분
이미지			

PART

II

재활놀이의 실제

Chapter

01

지도력 개발

노인 프로그램 지도력 개발

1. 인내심을 갖고 기다려줘라.
2. 경쟁적으로 지도하자.
3. 특별한 경우를 제외하고 2인 이상의 팀을 만들어 운영하자.
4. 교육이라 하더라도 강화물(선물)을 준비하자.
5. 설명은 천천히 풀어서 한다.
6. 신체활동은 말보다는 행동으로 보여준다.
7. 어려운 규칙일 경우 단계별로 나눠 지도한다.
8. 프로그램이 끝난 후 상품을 모두에게 지급할 수 있도록 한다.
9. 한쪽이 일방적으로 이기는 경우가 발생하지 않도록 한다.
10. 지속적으로 칭찬을 한다.
11. 80세 이하인 노인은 본인이 노인으로 생각하지 않게 한다.
12. 놀이 소품은 완성도 있게 만들어 활용한다.
13. 호칭은 젊은 기분이 들도록 서로 정한다.
14. 대상이 못할 것 같다고 미리 예단하지 말자.
15. 다양한 상황에 맞는 멘트를 준비하자.

장례식을 제외하고는 다 재미있어야 한다!

열정적인 교육생을 원하는 레크리에이션 전문가

전남희 노인재활놀이연구소 소장

오늘 하루 얼마나 웃었는가? 얼마나 즐거웠는가? 경제적으로 고도성장을 이룬 대한민국 사회에서 과업과 성장에 밀려 사람들의 재미와 놀이, 웃음은 경직되었다. 이러한 사회에서 사람들에게 웃음꽃을 피워주는 사람이 있다. 바로 레크리에이션 플레이 파트 전문가 전남희 소장이다. 단순히 웃기는 것이 아니라, 웃음을 통해서 사람들이 원하는 목적을 재미있게 달성하도록 만들어준다. 자신의 분야를 열정적으로 개발하는 전 소장에게 분야의 가치와 일에 대한 신념을 들어보았다. 또한, 2014년 〈노인재활놀이연구소〉를 세운 그의 뜻에 대해서 전해 듣는 귀한 시간을 가져보았다.

취재·글_장현수 기자

Chapter

02

치매예방 재활놀이 실제

1. 육지 동물 빙고

준비물

화이트보드, A4 용지, 매직

지도요령

1. 최소 2명 이상 4명 이하로 팀을 만든 후 마주 보게 한다(4명 이상이면 방관자가 발생).
2. 화이트보드에 ㄱ, ㄴ, ㄷ, ㅁ, ㅅ, ㅇ, ㅈ, ㅋ을 쓴 후 설명을 한다.
   (각 자음으로 시작되는 4발 달린 포유류 육지 동물을 하나씩 쓰게 한다.)
3. 팀별로 두 장씩 나눠준 A4 용지를 8개 조각으로 자르게 한 후 종이 한 장에 정답을 하나씩 쓰게 한다.
4. 각 동물마다의 점수는 50점, 100점, 150점으로 돼 있다는 것을 알려준다.
5. 제한 시간은 10분~15분으로 하고 정답이 완료되면 지도자는 정답을 불러준다.
6. 점수는 어르신들이 스스로 정답지에 기재하도록 한 후 최종 합한 점수를 기록하게 한다.

육지 동물 빙고 정답

	ㄱ	ㄴ	ㄷ	ㅁ	ㅅ	ㅇ	ㅈ	ㅋ
50점	고양이	낙타	당나귀	멧돼지	사슴	염소	젖소	코알라
100점	강아지	너구리	두더지	망아지	송아지	오소리	진돗개	캥거루
150점	고슴도치	노루	다람쥐	말	사자	원숭이	잔나비	코끼리

기대효과

1. 동료들과 대화할 수 있는 시간을 갖게 해 관계 형성을 돕는다.
2. 생각하고 회상할 수 있는 시간을 갖는다.
3. 소속감과 경쟁심을 갖는다.

도움말

1. 정답일 경우 일체감을 가지고 크게 환호하게 한다.
2. 각 점수와 종합점수를 계산할 때 어르신들이 할 수 있도록 충분히 기다려준다.
3. 어릴 때와 컸을 때 다른 이름으로 불리는 동물도 있다는 안내를 한다.

2. 바다 동물 빙고

준비물

화이트보드, A4 용지, 매직

지도요령

1. 최소 2명 이상 4명 이하로 팀을 만든 후 마주 보게 한다(4명 이상이면 방관자가 발생).
2. 화이트보드에 ㄱ, ㄴ, ㄷ, ㅁ, ㅂ, ㅅ, ㅇ, ㅎ을 쓴 후 설명을 한다.
(각 자음으로 시작되는 바다 생선을 하나씩 쓰게 한다.)
3. 팀별로 두 장씩 나눠준 A4 용지를 8장 조각으로 자르게 한 후 종이 한 장에 정답을 하나씩 쓰게 한다.
4. 각 동물마다의 점수는 50점, 100점, 150점, 300점으로 돼 있다는 알려준다.
5. 제한 시간은 10분~15분으로 하고 정답이 완료되면 지도자는 정답을 불러준다.
6. 점수는 어르신들이 스스로 정답지에 기재하도록 한 후 최종 합한 점수를 기록하게 한다.

바다 동물 빙고 정답

	ㄱ	ㄴ	ㄷ	ㅁ	ㅂ	ㅅ	ㅇ	ㅎ
50점	고래	넙치	다랑어	민어	복어	상어	은어	한치
100점	갈치	농어	도미	멸치	병어	송어	오징어	해삼
150점	고등어	노래미	대구	망둥어	뱅어	새우	아귀	홍어
300점	꽁치	날치	동태	명태	북어	생태	옥돔	황태

기대효과

1. 동료들과 대화할 수 있는 시간을 갖게 해 관계 형성을 돕는다.
2. 생각하고 회상할 수 있는 시간을 갖는다.
3. 소속감과 경쟁심을 갖는다.

도움말

1. 정답일 경우 일체감을 가지고 크게 환호하게 한다.
2. 각 점수와 종합점수를 계산할 때 어르신들이 할 수 있도록 충분히 기다린다.
3. 가공하기에 따라 다양한 이름의 생선도 있다는 힌트를 준다.

3. 서울 동 이름 빙고

준비물

화이트보드, A4 용지, 매직

지도요령

1. 최소 4명 이상 8명 이하로 팀을 만든 후 마주 보게 한다.
2. 화이트보드에 ㄱ, ㄷ, ㅁ, ㅂ, ㅅ, ㅇ, ㅈ, ㅊ, ㅎ을 쓴 후 설명을 한다.
   (각 자음으로 시작되는 서울 동 이름을 두 개씩 쓰게 한다.)
3. 팀별로 두 장씩 나눠준 A4 용지를 8장 조각으로 자르게 한 후 종이 한 장에 정답을 하나씩 쓰게 한다.
4. 각 동 마다의 점수는 100점, 200점, 300점, 500점으로 돼 있다는 것을 알려준다.
5. 제한 시간은 10~15분으로 하고 정답이 완료되면 지도자는 정답을 불러 준다.
6. 점수는 어르신들이 스스로 정답지에 기재하도록 한 후 최종 합한 점수를 기록하게 한다.

서울 동 이름 빙고 정답

	ㄱ	ㄷ	ㅁ	ㅂ	ㅅ	ㅇ	ㅈ,ㅊ	ㅎ
100점	가락동 군자동 개포동	대조동 도곡동 대치동	목동 망우동 만리동	북가좌동 반포동 보문동	신당동 신사동 신설동	암사동 역삼동 이문동	천호동 중화동 장안동	학동 흑석동 홍제동
200점	금호동 구의동 가리봉동	돈암동 대방동 동작동	미아동 묵동 면목동	봉천동 방배동 보광동	성수동 쌍문동 사당동	용두동 우이동 왕십리동	중곡동 자양동 장위동	효자동 홍은동 행당동
300점	광장동 구로동	답십리동 동빙고동 동숭동	마장동 명륜동 마포동	방학동 불광동 번동	수유동 석촌동 신정동	압구정동 안국동 영등포동	종암동 정릉동 청량리동	화양동 화곡동 한남동
500점			무학동		서초동	우면동		혜화동

기대효과

1. 동료들과 대화할 수 있는 시간을 갖게 해 관계 형성을 돕는다.
2. 생각하고 회상할 수 있는 시간을 갖는다.
3. 소속감과 경쟁심을 갖는다.

도움말

1. 정답일 경우 일체감을 가지고 크게 환호하게 한다.
2. 각 점수와 종합점수를 계산할 때 어르신들이 할 수 있도록 충분히 기다린다.

4. 산 이름 빙고

준비물

화이트보드, A4 용지, 매직

지도요령

1. 최소 2명 이상 4명 이하로 팀을 만든 후 마주 보게 한다(4명 이상 하면 방관자 발생).
2. 화이트보드에 ㄱ, ㄷ, ㅁ, ㅅ, ㅇ, ㅈ, ㅊ, ㅎ을 쓴 후 설명을 한다.
   (각 자음으로 시작되는 산 이름을 하나씩 쓰게 한다.)
3. 팀별로 두 장씩 나눠준 A4 용지를 8장 조각으로 자르게 한 후 종이 한 장에 정답을 하나씩 쓰게 한다.
4. 각 산마다의 점수는 50점, 100점, 150점, 300점으로 돼 있다는 것을 알려준다.
5. 제한 시간은 10분~15분으로 하고 정답이 완료되면 지도자는 정답을 불러준다.
6. 점수는 어르신들이 스스로 정답지에 기재하도록 한 후 최종 합한 점수를 기록하게 한다.

산 이름 빙고 정답

	ㄱ	ㄷ	ㅁ	ㅅ	ㅇ	ㅈ	ㅊ	ㅎ
50점	가야산	덕유산	마이산	설악산	오대산	지리산	청계산	한라산
100점	계룡산	도봉산	무등산	수락산	월출산	주왕산	칠갑산	화악산
150점	감악산	대야산	모악산	속리산	유명산	조령산	축령산	황매산
300점	구병산	덕승산	미륵산	서대산	용봉산	조계산	천마산	황악산

기대효과

1. 동료들과 대화할 수 있는 시간을 갖게 해 관계 형성을 돕는다.

2. 생각하고 회상할 수 있는 시간을 갖는다.
3. 소속감과 경쟁심을 갖는다.

도움말

1. 정답일 경우 일체감을 가지고 크게 환호하게 한다.
2. 각 점수와 종합점수를 계산할 때 어르신들이 할 수 있도록 충분히 기다린다.
3. 산 이름 빙고는 생각하는 시간이 많이 필요하기에 여유 있게 지도한다.

5. 꽃 이름 빙고

준비물

화이트보드, A4 용지, 매직

지도요령

1. 최소 2명 이상 4명 이하로 팀을 만든 후 마주 보게 한다(4명 이상 하면 방관자 발생).
2. 화이트보드에 봄, 여름, 가을에 피는 꽃들을 무작위로 써보며 스토리텔링을 한다.
   (각 자음으로 시작되는 꽃 이름을 두 개씩 쓰게 한다.)
3. 팀별로 두 장씩 나눠준 A4 용지를 8장 조각으로 자르게 한 후 종이 한 장에 정답을 하나씩 쓰게 한다.
4. 계절에 피는 꽃마다의 점수는 50점부터 300점으로 돼 있다는 것을 알려준다.
5. 제한 시간은 10~15분으로 하고 정답이 완료되면 지도자는 정답을 불러준다.
6. 점수는 어르신들이 스스로 정답지에 기재하도록 한 후 최종 합한 점수를 기록하게 한다.

꽃 이름 빙고 정답

	50점	100점	150점	200점	250점	300점
봄	진달래	철쭉	매화	목련	해당화	개나리
여름	채송화	백일홍	나팔꽃	봉숭아	해바라기	봉선화
가을	코스모스	국화	맨드라미	베고니아	도라지꽃	천일홍

기대효과

1. 동료들과 대화할 수 있는 시간을 갖게 해 관계 형성을 돕는다.
2. 생각하고 회상할 수 있는 시간을 갖는다.
3. 소속감과 경쟁심을 갖는다.

도움말

1. 정답일 경우 일체감을 가지고 크게 환호하게 한다.
2. 각 점수와 종합점수를 계산할 때 어르신이 할 수 있도록 충분히 기다린다.
3. 흔히 볼 수 있는 꽃들이 정답이라는 안내를 한다.
4. 지도자는 꽃말에 대한 내용을 알려주며 어르신들이 추억할 수 있게 한다.

6. 나물 빙고

준비물

화이트보드, A4 용지, 매직

지도요령

1. 최소 2명 이상 4명 이하로 팀을 만든 후 마주 보게 한다(4명 이상 하면 방관자 발생).
2. 화이트보드에 봄, 여름, 가을에 먹는 나물들을 무작위로 써보며 스토리텔링 한다.
   (각 자음으로 시작되는 나물 이름을 하나씩 쓰게 한다.)
3. 팀별로 두 장씩 나눠준 A4 용지를 8장 조각으로 자르게 한 후 종이 한 장에 정답을 하나씩 쓰게 한다.
4. 각 계절에 자라서 먹는 나물마다의 점수는 50점부터 300점으로 돼 있다는 것을 알려준다.
5. 제한 시간은 10~15분으로 정답이 완료되면 지도자는 정답을 불러준다.
6. 점수는 어르신들이 스스로 정답지에 기재하도록 한 후 최종 합한 점수를 기록하게 한다.

나물 빙고 정답

	50점	100점	150점	200점	250점	300점
봄	두릅	냉이	씀바귀	봄동	달래	쑥
여름	비듬	곰취	머위	토란	도라지	가죽순
가을	×	×	×	고사리	고구마줄기	피마자

기대효과

1. 동료들과 대화할 수 있는 시간을 갖게 해 관계 형성을 돕는다.
2. 생각하고 회상할 수 있는 시간을 갖는다.

3. 소속감과 경쟁심을 갖는다.

도움말

1. 정답일 경우 일체감을 가지고 크게 환호하게 한다.
2. 각 점수와 종합점수를 계산할 때 어르신들이 할 수 있도록 충분히 기다린다.
3. 각 계절에 캐 먹는 나물이라고 안내한다.

7. 추억의 인물 빙고

준비물

빙고카드, 사인펜, 인물명단

지도요령

1. 최소 2명이 한 조가 돼 실시한다.
2. 각 조에게 인물명단과 빙고카드, 사인펜을 나눠 준 후 대화를 통해 인물 25명을 선정해 빙고카드에 쓰게 한다.
3. 지도자는 가지고 있는 인물명단 쪽지를 뽑으며 한 명씩 불러준다.
4. 지도자가 부른 이름이 카드에 쓰여 있으면 사인펜으로 동그라미를 그리게 한다.
5. 지도자가 정한 빙고 미션을 수행했을 때 두 명이 동시에 빙고라 외치면 승리하게 된다.
6. 아래 그림처럼 순서대로 지도하는데 처음 빙고를 수행한 조도 계속 이어서 참여한다.

빙고 미션 순서

한일	갈도	니은	디귿	네모	십자	엑스	블랙
—	ㅣ	ㄴ	ㄷ	ㅁ	+	×	■

기대효과

1. 젊은 시절을 추억하게 한다.
2. 게임성이 삽입돼 다·소 몰입을 경험하게 한다.

도움말

1. 빙고 미션에 대해 정확하게 이해할 때까지 천천히 풀어서 설명한다.
2. 빙고카드란 가로세로 5×5칸의 용지를 말한다.
3. 심·신이 건강한 어르신들의 경우 1인 놀이로도 가능하다.

8. 일반 빙고(어르신용)

준비물

빙고카드, 사인펜

지도요령

1. 1인 게임이지만 두 명이 한 조가 돼 할 수 있다.
2. 일반 빙고카드는 5×5지만 어르신용은 4×4로 제작해 실시한다.
3. 어르신에게 빙고카드와 사인펜을 드린 후 '만'에는 1에서 10번 사이, '수'에는 11에서 20번 사이, '무'에는 21에서 30번 사이, '강'에는 31에서 40번 사이 수를 본인이 네 개씩 쓰게 한다.
4. 지도자는 1번부터 40번까지 번호가 적힌 쪽지를 뽑아 번호를 부르고 어르신들은 번호가 있으며 그 번호에 동그라미를 그리게 한다.
5. 지도자가 정한 빙고 미션이 수행했을 때 두 명이 동시에 빙고라 외치면 승리하게 된다.
6. 아래 그림처럼 순서대로 지도하거나 두 가지만 지도해도 된다.

빙고 미션 순서

한일	갈도	니은	디귿	네모
ㅡ	ㅣ	ㄴ	ㄷ	ㅁ

기대효과

1. 게임성이 삽입돼 다·소 몰입을 경험하게 한다.

도움말

1. 빙고 미션에 대해 정확하게 이해할 때까지 천천히 풀어서 설명해준다.
2. 빙고카드란 가로세로 4×4칸의 용지를 말한다.
3. 위 5개 미션 이외에 추가해서 진행하게 되면 흥미가 떨어진다.

9. 성씨 빙고

준비물

빙고카드, 사인펜, 성씨 일람표

지도요령

1. 최소 2명 이상 4명 이하로 팀을 만든 후 마주 보게 한다(4명 이상 하면 방관자 발생).
2. 각 조에게 빙고카드를 나눠 준 후 대화를 통해 대한민국에 많을 것 같은 '성씨'만 25개를 빙고 칸에 무작위로 쓰게 한다.
3. 지도자는 '성씨' 일람표를 가지고 많은 순서대로 불러준다.
4. 지도자가 부른 성씨가 카드에 쓰여 있으면 사인펜으로 동그라미를 그리게 한다.
5. 일반 빙고 방식으로 진행해도 되고, 가장 많이 쓴 팀이 승리하는 방식으로 단순하게 지도해도 된다.

기대효과

1. 성씨와 관련한 인물을 생각하며 추억하게 한다.
2. 빙고 방식으로 진행하게 되면 게임성이 삽입돼 다·소 몰입을 경험하게 한다.

도움말

1. 성씨와 관련한 역사적인 위인이나 어르신이 인지할만한 인물들을 제시하며 성씨를 불러 주면 전달력이 좋다.
2. 두음법칙과 관련해서는 지도자의 의중에 따라 지도해도 된다.
3. 빙고카드는 가로세로 5×5, 4×4 중 선택해 지도한다.

10. 이름 빙고

준비물

빙고카드, 사인펜, 이름 쪽지

지도요령

* 이 게임을 참석인원이 최소 30~50명 정도가 될 때 지도할 수 있는 게임이다.

1. 1인 게임이지만 두 명이 한 조가 돼 지도할 수 있다.
2. 5×5 빙고카드와 사인펜을 나눠 준 후 참석한 어르신들의 이름을 빙고 칸에 적게 하는 데 이름을 모를 경우에는 돌아다니며 물어본 후 적게 한다.
3. 지도자는 착석한 모든 어르신의 이름 쪽지를 무작위로 뽑아 불러준다.
4. 지도자가 부른 이름이 카드에 쓰여 있으면 사인펜으로 동그라미를 그리게 한다.
5. 일반 빙고 방식으로 진행해도 되고, 가장 많이 쓴 팀이 승리하는 방식으로 단순하게 지도해도 된다.

기대효과

1. 이름을 부르며 잠시 소개할 수 있기 때문에 친교에 도움이 된다.
2. 빙고 방식으로 진행하게 되면 게임성이 삽입돼 다·소 몰입을 경험하게 한다.
3. 내 이름이 나올 때 순간적인 만족감을 느끼게 한다.

도움말

1. 인원이 50명 이상이 돼도 지도할 수 있으나 어르신의 경우 복잡해질 수 있다.
2. 30명 정도의 경우 4×4, 50명 정도일 경우 5×5 카드가 좋다. 인원이 50명 이상이 되더라도 5×5 이상의 카드는 만들지 않는다.

■ 변형 빙고 카드 4×4형 16칸

만	수	무	강
3	13	21	31
5	11	29	32
7	19	23	36
1	14	30	39

■ 일반 빙고 카드 5×5형 25칸

B	I	N	G	O
김	진	여	윤	신
이	태	박	모	정
나	최	FREE SPACE	도	강
마	변	양	전	오
인	육	석	유	문

* 빙고카드는 인원과 시간에 따라 다양하게 만들어 지도할 수 있습니다.

11. 점블퀴즈

준비물

점블퀴즈, 사인펜

지도요령

1. 최소 2명 이상 4명 이하로 팀을 만든 후 마주 보게 한다(4명 이상이면 방관자가 발생).
2. 번호별 문장을 만드는 방식으로 교육적이거나 흥미롭게 문장을 만들게 한다.
3. 일반인 대상의 경우 주로 나오는 문장을 알려주고 지양하게 하지만 어르신의 경우 편하게 문장을 완성할 수 있게 충분한 시간을 준다.
4. 모든 문장이 완성되면 팀에서 대표 한 명이 나와서 발표하게 한다.

기대효과

1. 동료들과 대화를 통해 친교 할 수 있는 시간을 갖는다.
2. 놀이를 통해 잃어가는 어휘력을 기를 수 있게 한다.
3. 발표 시간을 통해 웃을 수 있는 시간을 갖는다.

도움말

1. 문장 구성에 관련해 예를 들어 설명해준다.
2. 발표하는 방법을 알려주고 약간의 방식을 갖춘다.
   (예: 제 ○조 점블퀴즈 발표하겠습니다. 1번 ○○○○, 2번, 3번, 마치겠습니다.)
3. 지도자는 어르신들에 맞게 난이도를 조절해 응용한다.

JUMBLE QUIZ(1단계)

팀명:

1. □□리 □□밥

2. □장□□

3. □수□□해

4. □□리□□가

5. 비□□과□□

6. 대□□□.만□□

7. □□탱□□□와

8. □추□□자□

9. □보□□□다

10. □□□□□

JUMBLE QUIZ(2단계)

팀명:

1. □□키 □□□

2. □스□□

3. □소□□

4. □□□위□□

5. □□와□□

6. □□.□□.□□□

7. □□과□□□□로

8. □□기□□사□□

9. □□모□한□□

10. □□□□□코

JUMBLE QUIZ(3단계)

팀명:

1. □기□□사□

2. □□기□조□

3. □□다□환□

4. □□문□□재□□

5. □리□□□족

6. □□스□□

7. □□한□린□□

8. □연□더□□

9. □기□□사□

10. □□와□□발□□선□

12. 한 글자 맞히기

준비물

한 글자 카드

지도요령

1. 최소 2명 이상 8명 이하로 팀을 만든 후 모여 앉게 한다.
2. 팀에서 표현력이 좋은 어르신을 선발하여 문제를 몸으로 표현하게 한다.
3. 팀원은 어르신의 행동을 보고 정답을 아무나 말하면 되는데 정답을 맞히면 다음 문제로 넘어간다. 여섯 문제를 제공한다.
4. 여섯 문제를 가장 짧은 시간에 모두 맞히는 팀이 승리하는 방식으로 지도한다.

한글자 샘플

콩	오	손

기대효과

1. 잃어가는 표현력을 기른다.
2. 집중해서 생각할 수 있는 시간을 갖는다.
3. 웃을 수 있는 계기가 마련된다.

도움말

1. 문제는 한 글자로 된 정답(예: 침, 금, 돈, 개, 윷, 물, 짐 등)으로 하여 다양한 문제를 만들 수 있다.
2. 팀별 경쟁 방식으로 지도해도 되지만, 어르신이 한 번씩 문제를 내, 가장 빠른 시간 안에 맞히게 하는 어르신을 선발하는 방식으로 지도해도 된다.

13. 낱말 맞히기

준비물

낱말 카드

지도요령

1. 최소 2명 이상 8명 이하로 팀을 만든 후 모여 앉게 한다.
2. 팀에서 표현력이 좋은 어르신을 선발하여 문제를 말로 설명한다.
3. 팀원은 어르신의 설명을 듣고 정답을 맞히면 다음 문제로 넘어간다. 30문제 제공한다.
4. 30문제를 가장 짧은 시간에 모두 맞히는 팀이 승리하는 방식으로 지도한다.

낱말 카드

(카드 크기는 가로 6.5 × 세로 9.5 정도로 출력해 코딩해 사용하면 된다.)

기대효과

1. 잃어가는 표현력을 기른다.
2. 집중해서 생각할 수 있는 시간을 갖는다.
3. 웃을 수 있는 계기가 마련된다.

도움말

1. 문제는 어르신이 확실하게 알 수 있는 문제들로 준비하는데(예: 감자, 귤, 얼룩말 등의 단어가 아닌 이미지로 준비한다)
2. 팀별 경쟁 방식으로 지도해도 되지만, 어르신이 한 번씩 문제를 내 가장 빠른 시간 안에 맞히게 하는 어르신을 선발하는 방식으로 지도해도 된다.

14. 속담 맞히기

준비물

속담 낱개 글자

지도요령

1. 최소 2명 이상 4명 이하로 팀을 만든 후 모여 앉게 한다.
2. 각 속담별 글자색을 다르게 출력해 한 글자씩 자른 속담을 팀별로 7개씩 나눠준다. 이때 나눠준 속담이 팀별로 같아야 공정한 게임으로 지도할 수 있다.
3. 호각 신호와 함께 속담 낱개 글자를 정확하게 나열하면 되는데 가장 먼저 나열한 팀이 승리하는 방식으로 지도한다.

속담 샘플

1. 백지장도 맞들면 낫다. 2. 천릿길도 한 걸음부터 3. 우물에 가서 숭늉 찾는다. 4. 가는 말이 고와야 오는 말이 곱다. 5. 자라 보고 놀란 가슴 솥뚜껑 보고 놀란다.

가	는	말	이	고	와	야	오	는	말	이	곱	다

(가로 5cm 세로 5cm 크기로 제작해 사용해야 어르신들이 육안으로 편하게 볼 수 있다.)

기대효과

1. 상호 간의 대화를 통해 친교 할 수 있는 시간을 갖는다.
2. 집중력을 갖는다.
3. 게임성이 삽입돼 박진감을 경험하게 되며 승리의 쾌감을 느낀다.

도움말

1. 속담은 단문 2개, 중문 2개, 장문 3개 정도가 좋다.
2. 방관하는 어르신이 발생할 수 있다는 점을 고려해 함께 할 수 있도록 유도한다.

15. 꽉 채우기

준비물

꽉 채우기 판, 주사위 3개, 사인펜

지도요령

1. 1인 놀이로 4명씩 함께 할 수 있도록 그룹을 만든다.
2. 주사위 3개를 던져 나온 숫자를 조합해 칸에 동그라미를 그리게 한다. 또는 스티커를 붙이게 할 수 있다(예: 주사위가 1, 3, 4가 나왔을 경우 채울 수 있는 숫자는 1, 3, 4, 5, 7, 8이 된다).
3. 시간제한 없이 1번부터 15번까지의 칸에 동그라미를 모두 그리면 승리하는 방식으로 지도한다.

꽉 채우기 판

	1	2	3	4	5	6	7	8	9	10	11	12	13	14	15
전남희	○		○	○	○		○	○							
전태양	○						○		○		○	○	○	○	
전재민		○		○	○				○			○			○
오혜숙		○		○						○	○	○			○

(A4 용지로 할 수도 있고 대형판을 만들어 볼거리를 제공함으로 흥미를 더 갖게 할 수도 있다.)

기대효과

1. 다양한 숫자 조합을 위해 계산 능력을 향상한다.
2. 잃어버린 경쟁심을 통해 승리하고 싶은 마음을 갖는다.

도움말

1. 초반에는 금방 끝날 것 같지만 쉽게 끝나지 않는다는 걸 미리 알려준다.
2. 승부욕으로 반칙성이 보이는 어르신이 발생할 수 있으니 공정하게 지도한다.

16. 호박고누

준비물

호박고누 판, 바둑알

지도요령

1. 일대일 경쟁 방식으로 두 명씩 마주 보게 한 후 호박고누 판과 말(흑3, 백3)을 나눠준다.
2. 말은 본인 진영의 굵은 점에 올려놓게 한 후 가위바위보로 우선자를 정한 후 시작할 수 있게 한다.
3. 말은 내 진형에서는 전진만 할 수 있고 원형에서는 전·후·좌·우 움직일 수 있다. 놀이 중 본인의 말을 움직일 수 없다면 지는 것이다.
4. 승부는 3전 2선승제로 실시하고, 토너먼트를 통해 최고의 우승자를 뽑는 방식으로 지도한다.

호박고누 판

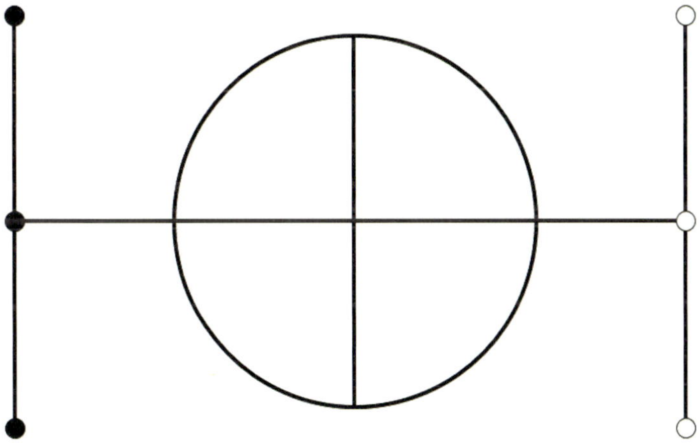

(A4 용지에 그려 코팅 후 활용할 수도 있다.)

기대효과

1. 예측하기! 즉 생각할 수 있는 시간을 갖는다.
2. 잃어버린 승부욕을 갖는다.

도움말

1. 놀이 요령을 지도한 후 연습할 수 있는 시간을 충분히 갖는다.
2. 상대를 바꿔가며 다양한 경험을 갖게 한다.

17. 바둑알 보드

준비물

길고 넓은 책상, 색유리 테이프, 바둑알, 화이트보드

지도요령

* 이 놀이는 인원수에 따라 2팀에서 4팀으로 나눠 실시하는 방식이다.

1. 출발선에 바둑알을 놓고 중지손가락으로 슛하는 연습을 모두에게 충분히 시킨다.
2. 팀이 경쟁할 경우 우선권을 정한 후 1인당 3~5회 바둑알 슛을 한다. 이때 경쟁하는 팀과 교대로 슛하게 하고 1명이 끝날 때마다 화이트보드에 점수를 적는다.
3. 모든 슛이 끝난 후 합산해 승·패를 정하는 데 이 게임도 3전 2선승제로 실시한다.
4. 놀이가 끝난 후 1인 토너먼트로 방식으로 지도해도 된다.

책상 세팅

(A4 용지에 그려 코팅 후 활용할 수도 있다.)

기대효과

1. 팀이라는 소속감으로 최선을 다하게 한다.
2. 집중력을 갖는다.

도움말

1. 연습시간을 충분히 갖고 어느 정도 훈련이 됐을 때 본 놀이를 진행한다.
2. 어르신의 심·신에 따라 테이프의 넓이를 조절할 수 있다.

18. 이미지 속담 맞히기

준비물

속담 이미지 카드

지도요령

1. 어르신들을 극장식 대형으로 앞을 바라보게 앉힌다.
2. 지도자는 제작한 속담 이미지 카드를 들고 어르신들에게 보여준다. 또는 슬라이드를 보여 줘도 된다.
3. 이미지를 보고 아무나 정답을 말하게 한다. 맞힌 어르신에게는 보상을 하고 다음 문제로 바로 넘어가거나 속담의 뜻을 되묻거나 알려준다.
4. 팀 경쟁 방식으로도 진행할 수 있다.

속담 이미지

(예: 하룻강아지 범 무서운 줄 모른다. 원숭이도 나무에서 떨어질 때가 있다.)

기대효과

1. 기억을 더듬어 생각하는 시간을 갖는다.
2. 정답을 맞히면 쾌감을 경험한다.

도움말

1. 속담 이미지는 상용화된 이미지를 활용할 수도 있지만 스스로 만들 수 있도록 한다.
2. 쉬운 속담과 너무 어려운 속담을 지양한다.

19. 이미지 전달하기

준비물

이미지 카드

지도요령

1. 5~7명으로 팀을 만들어 한 줄로 앉게 하는데 팀장을 맨 안에 앉게 한다.
2. 각 팀의 팀장을 앞에 나오게 한 후 이미지를 보여주고 설명할 수 있도록 충분히 보여준다.
3. '시작'과 동시에 팀장은 뒤에 앉아 있는 어르신에게 본 이미지를 설명하게 한다. 설명을 들은 두 번째 어르신은 뒤에 있는 어르신에게 설명한다. 같은 방법으로 맨 뒤 어르신까지 전달하고 마지막 어르신은 그림을 그려 지도자에게 제출하도록 한다.
4. 제출한 그림을 비교해 순위를 정하는 방식으로 지도한다.

이미지 카드

기대효과

1. 협동심을 발휘하는 시간을 갖는다.
2. 결과물을 보고 자연스럽게 웃을 수 있는 시간을 갖는다.

도움말

1. 이미지는 어려운 것보다는 말로 설명이 가능한 이미지도 준비한다.
2. 전달하는 어르신은 두 번 세 번 전달할 수 있지만 듣는 어르신은 질문하지 못하게 한다.

20. 색깔 글자 읽기

준비물

색깔 글자 카드

지도요령

1. 어르신이 한 번씩 읽게 하는 교육으로 연습 시간을 주지 않고 앞에 나오게 한 후 설명해주고 바로 읽게 한다.
2. 게임성이 없는 교육으로 편안하게 지도한다.

색깔 글자 카드

빨간색	노란색	노란색	파란색	초록색	빨간색	보라색	하늘색
고동색	초록색	연두색	주황색	검정색	연두색	고동색	파란색

기대효과

1. 집중하는 시간을 갖는다.

도움말

1. 심·신이 매우 불편한 어르신이 아니면 앞에 나와 읽을 수 있게 한다.
2. A4 용지를 세로로 만들어 활용한다.

21. 컵 쌓기

준비물

컵스택 2SET, 호각

지도요령

1. 일대일 경쟁 방식으로 어르신 두 명을 나오게 한 후 제일 위에 컵 색깔만 다른 포개있는 12개의 컵을 들게 한다(왼손을 제일 밑에 컵을 잡고 오른손을 제일 위에 컵을 잡는다).
2. '시작' 하면 오른손으로 제일 위에 컵 하나를 아래로 쌓고, 다음은 왼손, 다음 오른손, 다음 왼손 같은 방법으로 계속하다 보면 제일 처음 맨 위 다른 색깔의 컵이 다시 맨위로 올라오게 된다(승자).
3. 3전 2선승제로 지도한다.

컵 쌓기 이미지

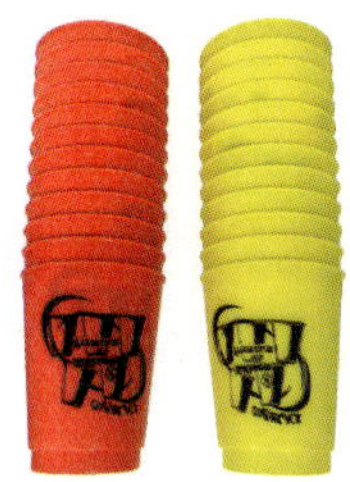

기대효과

1. 집중하는 시간을 갖는다.
2. 게임성이 삽입돼 박진감을 경험하게 되며 승리의 쾌감을 느낀다.

도움말

1. 연습 시간을 충분히 제공한다.
2. 팀 대표자 게임이나 토너먼트 방식으로 지도한다.

22. 탁구공 농구1

준비물

계란판, 탁구공, 책상

지도요령

1. 팀 경쟁 방식으로 지도한다.
2. 1인당 5번의 슛 기회를 제공하는데 한 번에 팀 전체가 하는 것보다는 교대로 하는 방식으로 지도한다(상황에 맞게).
3. 탁구공을 던져 한 번 이상의 바운드를 이용해 계란판에 탁구공이 들어가면 1점이 된다. 모든 선수가 끝난 후 총점으로 승리 팀을 결정하는 방식으로 지도한다.
4. 3전 2선승제로 지도하며, 개인전 토너먼트 방식으로 응용할 수 있다.

탁구공 농구1

(계란판이 움직이지 않도록 고정한다.)

기대효과

1. 소속감을 갖게 돼 최선을 다해 집중하는 시간을 갖는다.
2. 게임성이 삽입돼 박진감을 경험하게 되며 승리의 쾌감을 느낀다.

도움말

1. 연습 시간을 충분히 제공한다.

23. 탁구공 전달하기

준비물

계란판 4개, 탁구공(색상별 30개)

지도요령

1. 팀 경쟁 방식으로 팀별 일렬횡대로 간격을 두고 마주 볼 수 있게 한다.
2. 팀의 맨 왼쪽 어르신은 탁구공 30개가 꽂힌 계란판을 가지고 있고, 팀의 맨 오른쪽 어르신은 빈 계란판을 가지고 있게 한다.
3. '시작' 하면 왼쪽 어르신은 탁구공을 한 개씩 집어 오른쪽 어르신에게 전달한다. 받은 어르신도 같은 방법으로 오른쪽 사람에게 전달하고 제일 오른쪽 사람은 탁구공이 도착할 때마다 계란판에 넣으면 된다.
4. 30개 탁구공을 먼저 전달하는 팀이 승리하며, 3전 2선승제로 지도한다.

탁구공 전달하기

기대효과

1. 소속감을 갖게 돼 최선을 다해 집중하는 시간을 갖는다.
2. 게임성이 삽입돼 박진감을 경험하게 되며 승리의 쾌감을 느낀다.

도움말

1. 연습시간은 한번만 제공한다.
2. 탁구공은 일반 탁구공이 아닌 행운함용 탁구공으로 준비한다(용품 가격 고려).

24. 나라 이름 찾기

준비물

나라 이름 글자판, A4 용지, 사인펜

지도요령

1. 최소 2명 이상 4명 이하로 팀을 만든 후 원형으로 앉게 한다.
2. 팀별로 나라 이름 글자판을 지급하는데 나라 이름 글자판은 보지 못하게 뒤집어 놓을 수 있도록 한다.
3. '시작' 하면 글자판을 뒤집어 1분 동안 팀원이 집중해서 보고 많이 기억할 수 있도록 하고 1분이 끝나면 다시 뒤집어 놓고, 팀별로 A4 용지와 사인펜을 지급한다.
4. 팀별로 나라 이름을 적게 하고 가장 많이 기록한 팀이 승리하는 방식으로 지도한다.

기대효과

1. 소속감을 갖게 돼 최선을 다해 집중하는 시간을 갖는다.
2. 순간 아쉬움이 긍정적 자극을 일으킨다.

도움말

1. 놀이 도중 몰래 뒤집어 보는 팀이 없도록 한다.
2. 1차 기록이 적을 경우 A4 용지와 사인펜을 회수하고 같은 방법으로 이어서 지도할 수 있다.
3. 다양한 방식으로 응용할 수 있도록 한다(예: 나라, 위인 동물, 식물 등).
4. 슬라이드를 활용하면 편하게 지도할 수 있다.

나라 이름 찾기

구	찌	대	한	민	국	체	조	는	민
동	네	덜	란	드	시	모	나	아	치
굴	이	탈	리	아	아	크	비	질	약
스	위	스	동	리	르	라	리	일	본
미	국	비	트	부	아	다	필	리	핀
시	라	스	셈	디	트	인	디	아	니
시	오	륵	우	이	코	사	랑	하	자
피	에	사	웨	시	인	도	네	시	아
강	장	쿠	멕	심	타	브	라	질	루
캐	나	다	우	아	르	헨	티	나	치
자	유	중	국	스	이	스	라	엘	솔

역사인물 찾기

관	정	창	치	대	세	종	대	왕
사	명	당	적	문	익	점	통	건
장	시	성	소	앞	사	람	령	우
보	가	개	실	강	감	찬	온	달
고	연	소	관	부	서	김	좌	진
려	성	추	창	을	가	유	춘	기
유	지	남	북	간	지	신	청	추
명	관	이	성	계	마	문	명	인
인	정	순	백	성	오	한	덕	도
사	수	신	라	공	리	도	전	자

동물이름 찾기

다	기	러	타	넙	림	호	바
린	두	이	코	리	이	랑	나
치	렁	미	하	이	에	나	라
사	람	진	루	숙	비	바	고
쥐	도	원	살	자	티	래	구
개	숭	고	지	탈	리	아	여
이	양	추	녀	코	끼	리	등
우	영	장	수	뾸	이	란	소

25. 자음 속담 맞히기

준비물

자음 속담 카드

지도요령

1. 어르신들을 극장식 대형으로 앞을 바라보게 앉힌다.
2. 지도자는 제작한 자음 속담 카드를 들고 어르신들에게 보여준다. 또는 슬라이드를 보여 줘도 된다.
3. 아무나 정답을 말하게 한다. 맞힌 어르신에게는 보상을 하고 다음 문제로 바로 넘어가거나 속담의 뜻을 되묻거나 알려준다.
4. 팀 경쟁 방식으로도 진행할 수 있다.

자음 속담

1. ㄷㅁ ㅅㅋㄱ ㅆㅁ 뱉ㄴㄷ	2. ㅅㄱ이 ㅁㅇㅁ 배ㄱ ㅅㅇㄹ ㄱ다
3. ㅇㄴㄸ ㄱㄸㅇ ㅇ기 ㄴㄹ	4. ㅂㅂ다 ㅂㄲ이 ㄷㅋㄷ

기대효과

1. 자음을 보고 유추할 수 있는 시간을 갖는다.
2. 집중력을 갖는다.

도움말

1. 속담은 단문, 중문, 장문을 섞어서 100여 개 이상 준비해놓고 프로그램에 활용한다.
2. 같은 문제라도 난이도를 높이려면 자음 수를 늘리면 된다.
3. 방관하는 어르신이 발생할 수 있다는 점을 고려해 함께 할 수 있도록 유도한다.

26. 탁구공 농구2

준비물

계란판, 탁구공, 책상

지도요령

1. 팀 경쟁 방식으로 지도한다.
2. 1인당 5번의 슛 기회를 제공하는데 한 번에 팀 전체가 하는 것보다는 교대로 하는 방식으로 지도한다(상황에 맞게).
3. 탁구공을 던져 한 번의 바운드를 이용해 앞쪽 계란판에 들어가면 1점, 뒤쪽 계란판에 들어가면 2점이 된다. 모든 선수가 끝난 후 총점으로 승리팀을 결정하는 방식으로 지도한다.
4. 3전 2선승제로 지도하며, 개인전 토너먼트 방식으로 응용할 수 있다.

탁구공 농구2

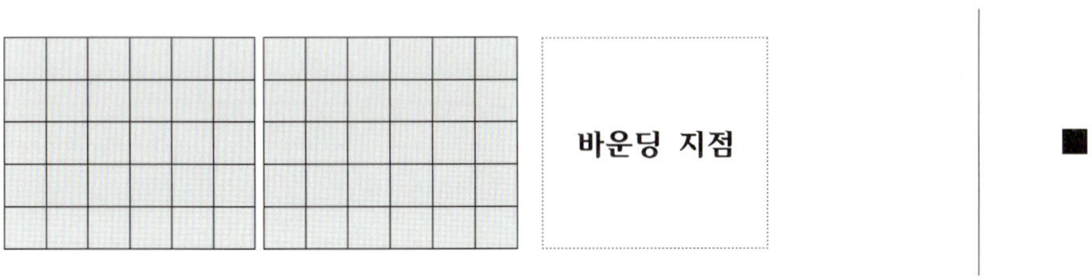

(계란판이 움직이지 않도록 고정한다.)

기대효과

1. 소속감을 갖게 돼 최선을 다해 집중하는 시간을 갖는다.
2. 게임성이 삽입돼 박진감을 경험하게 되며 승리의 쾌감을 느낀다.

도움말

1. 힘 조절과 바운딩 연습 시간을 충분히 제공한다.

27. 사물 이미지 기억하기

준비물

사물 이미지 카드, A4 용지, 사인펜

지도요령

1. 최소 2명 이상 4명 이하로 팀을 만든 후 원형으로 앉게 한다.
2. 팀별로 사물 이미지 카드를 지급하는데 카드는 보지 못하게 뒤집어 놓을 수 있도록 한다.
3. '시작' 하면 글자판을 뒤집어 1분 동안 팀원이 집중해서 보고 많이 기억할 수 있도록 하고 1분이 끝나면 다시 뒤집어 놓고, 팀별로 A4 용지와 사인펜을 지급한다.
4. 팀별로 사물 이름을 적게 하고 가장 많이 기록한 팀이 승리하는 방식으로 지도한다.

기대효과

1. 소속감을 갖게 돼 최선을 다해 집중하는 시간을 갖는다.
2. 순간 아쉬움이 긍정적 자극을 일으킨다.

도움말

1. 놀이 도중 몰래 뒤집어 보는 팀이 없도록 한다.
2. 1차 기록이 적을 경우 A4 용지와 사인펜을 회수하고 같은 방법으로 이어서 지도할 수 있다.
3. 다양한 방식으로 응용할 수 있도록 한다(예: 동물, 옛 물건, 식물, 과일 등).
4. 슬라이드를 활용하면 편하게 지도할 수 있다.

사물 이미지 기억하기

28. 알까기

준비물

장기판, 바둑알

지도요령

1. 일대일 경쟁 방식으로 흑과 백을 정한 후 장기판의 한, 초 진형에 각 바둑알 8개를 어르신 임의대로 배치하도록 한다.
2. 가위바위보로 선공을 정한 후 게임을 시작해, 상대편 말을 모두 떨어트리는 어르신이 승리하는 방식으로 지도한다.
3. 3전 2선승제로 방식으로 지도한다.

알까기

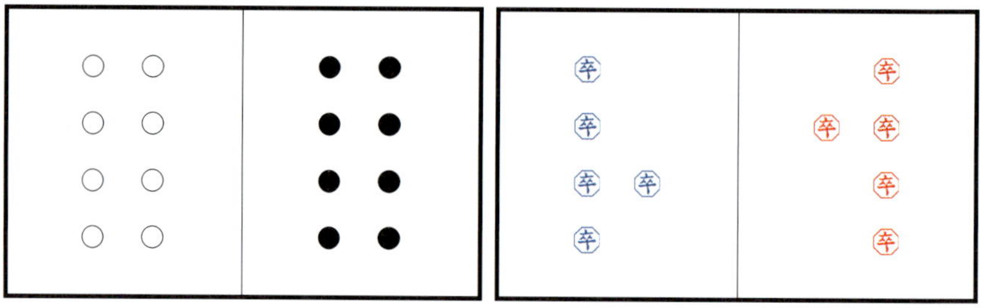

(장기 알 중 졸로도 할 수 있다.)

기대효과

1. 승부욕을 자극시켜 집중력을 갖는다.
2. 상대와 관계형성을 할 수 있는 기간을 갖는다.

도움말

1. 중지로 까는 것보다는 엄지로 까는 방법을 알려준다.

29. 비석치기

준비물

비석(나무 재질)

지도요령

1. 일대일 경쟁 놀이지만 팀 경쟁 방식으로 지도한다.
2. 최소 4명 이상 8명 이하로 팀을 만든 후 우선권을 정한 후 시작하는데, 비석치기는 30%가 성공하면 계속 단계를 수행할 수 있는 방식으로 지도한다(예: 8명이 세워 놓고 8명이 첫 번째 기본 던지기를 했을 때 3명이 비석을 넘어트리면 통과).
3. 비석치기 단계를 모두 성공하는 팀이 승리하는 방식으로 지도한다.

비석치기 단계

1. 던져 맞히기: 한 손으로 비석을 던져 넘어지게 한다.
2. 두발차기: 한발로 비석을 차고 다시 한번 더 차서 비석을 넘어지게 한다(변형).
3. 세발차기: 한발로 비석을 하고 다시 한번 더, 다시 한번 더 차서 비석을 넘어지게 한다(변형).
4. 오른발 얹고 가기: 오른발 등에 비석을 업고 가 넘어지게 한다.
5. 왼발 얹고 가기: 왼발 등에 비석을 업고 가 넘어지게 한다.
6. 술병 쥐기: 주먹을 쥐고 쥔 손 위에 비석을 올려놓고 걸어가 넘어지게 한다.
7. 신문팔이: 겨드랑이에 말을 끼고 가 넘어지게 한다.
8. 장군: 어깨에 말을 끼고 가 넘어지게 한다.
9. 떡장수: 머리 위에 비석을 올려놓고 가 넘어지게 한다.

(비석치기 단계에서 어르신의 심·신을 고려해 변형하거나 단순화한 것이다.)

기대효과

1. 소속감을 갖게 돼 최선을 다해 집중하는 시간을 갖는다.
2. 게임성이 삽입돼 박진감을 경험하게 되며 승리의 쾌감을 느낀다.

도움말

1. 비석치기 단계는 시간과 장소에 따라 융통성을 가지고 지도한다.
2. 단계의 성공은 어르신의 심·신 정도에 따라 조정해 지도한다.

30. 화투 기억하기

준비물

대형화투(제작용)

지도요령

1. 최소 2명 이상 4명 이하로 팀을 만든 후 대형화투를 모두 펼칠 수 있는 책상을 가운데 놓고 두 팀이 마주 보게 한다(4명 이상이면 방관자가 발생). 이후 팀별 어르신마다의 고유 번호를 정한다(예: 팀원이 4명이면 1번, 2번, 3번, 4번).
2. 팀원이 펼쳐진 화투의 위치를 중복되지 않도록 하며 최대한 기억할 수 있도록 충분한 시간을 주고 다시 뒤집어 놓는다.
3. 우선권을 정한 후 1번이 두 장의 화투를 뒤집는다. 뒤집은 화투가 같은 패면 획득하고 이어서 다시 두 장을 뒤집는다. 틀렸을 경우 상대팀 1번에게 기회가 넘어간다.
4. 놀이가 끝났을 때 많은 화투를 획득한 팀이 승리하는 방식으로 지도한다.

화투 기억하기

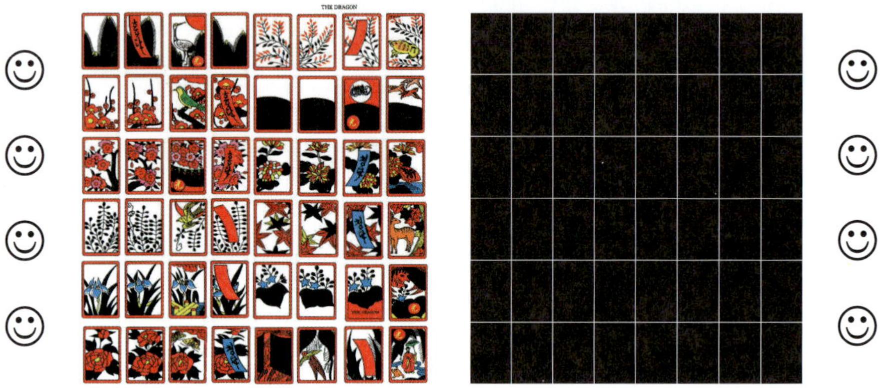

(위 이미지는 샘플이며, 섞어서 4열이나 6열 횡대로 펼쳐놓는다.)

기대효과

1. 소속감을 갖게 돼 최선을 다해 집중하는 시간을 갖는다.
2. 패를 맞췄을 때 성취감을 느낀다.

도움말

1. 같은 팀원이라도 알려주지 못하게 한다.
2. 패를 맞췄어도 팀별 교대로 기회를 주는 방법도 있다.

31. 숨은그림찾기

준비물

숨은그림찾기, 수성 매직

지도요령

1. 1인 교육으로 어르신에게 코팅된 숨은그림찾기 카드와 수성매직을 지급한다.
2. 지도자는 정답이 나와 있는 카드를 가지고 쉬운 것부터 사물을 불러준다.
3. 옆 사람과 대화하지 못하게 한 상태에서 어르신들이 집중해 찾을 수 있게 하고 찾은 사람은 조용히 손을 들게 하고 정답인지 오답인지 확인해준다.
4. 어르신 모두가 찾았을 때 다음 사물로 넘어가는 데 일정 시간이 지났는데도 못 찾는 어르신이 있을 경우 알려주고 넘어간다.

숨은그림찾기

(숨은그림찾기 카드는 저작권 문제가 없는 공개된 것을 활용한다.)

기대효과

1. 집중력을 갖는다.
2. 찾았을 때의 쾌감을 경험한다.

도움말

1. 찾은 그림은 수성매직으로 표시할 수 있게 한다.
2. 간혹 못 찾은 어르신에게 알려주려 하는 어르신이 발생하는데 절대 못 하게 한다.

32. 오자미 양궁

준비물

오자미 양궁판, 오자미, 화이트보드, 수성매직

지도요령

1. 팀 경쟁 방식으로 오자미 양궁판은 바닥에 펼쳐놓고 두 팀으로 나눠 지도한다.
2. 세 번의 연습 기회를 준 후 바로 실시, 1인당 5회를 던질 수 있게 하는데 상대팀과 교대로 던지게 하고, 한 어르신이 끝날 때마다 화이트보드에 바로 기록한다.
3. 모든 어르신이 던진 후 종합 점수로 승리 팀을 결정하는데, 세 번의 경쟁 결과를 합한 점수로 승리 팀을 결정한다(3전 2선승제가 아닌 종합 점수제).

오자미 양궁판

(점수는 두 자릿수 점수보다는 한 자릿수 점수가 어르신들에게는 용이하다.)

기대효과

1. 소속감을 갖게 돼 최선을 다해 집중하는 시간을 갖는다.
2. 높은 점수를 획득했을 때의 쾌감을 느낀다.

도움말

1. 3전 2선승제가 아닌 종합점수제로 지도해야 마지막까지 최선을 다한다.
2. 오자미 양궁판을 보기 좋게 만들어야 흥미를 줄 수 있다.

33. 200점 도달하기

준비물

게임점수판, 공기 2개(동전 두 개)

지도요령

1. 팀 경쟁 방식으로 게임점수판을 책상에 펼쳐놓고 두 팀으로 나눠 지도한다.
2. 세 번의 연습 기회를 준 후 바로 실시, 우선권을 정한 후 팀별로 어르신의 고유번호를 매긴다. 1번은 공기 두 개를 점수판에 던져 점수를 획득한 후 상대팀 1번이 던진다. 이와 같은 방법으로 지도하여 계속 누적된 점수의 합이 정확하게 200점에 도달하는 팀이 승리하는 방식으로 지도한다.
3. ×2는 다른 공기가 나온 수에 2를 곱한다. 다른 공기에 나온 수가 -3이라면 -6이 된다. 가령 두 공기가 모두 ×2일 경우 다시 한다.

게임점수판

10	7	10	1	3	10
4	1	-4	3	-3	0
2	8	-3	1	5	8
5	9	×2	-2	6	4
6	4	-6	-1	4	0
3	3	-5	8	2	10
×2	3	10	6	9	×2

(점수는 두 자릿수 점수보다는 한 자릿수 점수가 어르신들에게는 용이하다.)

기대효과

1. 편안하게 즐기며 웃을 수 있는 시간을 갖는다.
2. 200점에 정확하게 도달했을 때 성취한 쾌감을 느낀다.

도움말

1. 200점 도달이 오래 걸릴 것 같지만 의외로 빨리 끝나는 놀이다.
2. 점수판도 보기 좋게 만들어야 흥미를 줄 수 있다.

34. 궁합 맞추기

준비물

궁합 카드(팀 수)

지도요령

1. 최소 2명 이상 4명 이하로 팀을 만든 후 둥그렇게 앉게 하고 가운데 궁합카드를 지급한다(이때 카드는 개봉하지 않은 상태여야 함).
2. '시작'과 동시에 카드를 꺼내 그림과 그림을 보고 궁합이 맞는 그림끼리 포개 놓게 한다.
3. 궁합을 모두 맞춘 팀은 카드를 가지런하게 정렬하고 지도자의 확인을 받는다. 정확하게 맞춘 팀이 승리하는 방식으로 지도한다.

궁합 카드

(돼지저금통에는 동전, 경기에는 호각이 궁합이다.)

기대효과

1. 옛일을 추억할 수 있는 시간을 통해 대화를 이끌어 낸다.
2. 함께하는 동료들과 관계형성의 시간을 갖는다.

도움말

1. 샘플처럼 어르신들이 알 수 있는 카드를 제작(100장)해야 한다.
2. 지도자는 놀이를 만들 수도 있어야 하며 도구로 제작할 수 있어야 진정한 지도자다.

35. 10 맞추기

준비물

10 맞추기 카드

지도요령

1. 어르신들은 둥그렇게 앉게 한 후 책상 위에 10 맞추기 카드를 질서 있게 정렬해 놓는다.
2. 참석한 어르신들이 카드 숫자의 위치와 이미지 숫자의 위치를 최대한 기억할 수 있도록 충분한 시간을 제공하고 바로 뒤집어 보이지 않게 한다.
3. 먼저 시작할 어르신을 정한 후 시계방향으로 돌아가며 카드를 두 개씩 뒤집는데 두 개의 합이 10이 되면 카드를 획득하고 계속할 수 있다.
4. 카드를 뒤집을 때는 그 자리에 정확하게 두 장을 뒤집고 정답이 아니면 바로 뒤집어 놓는다. 지도자의 재량에 의한 종료시점까지 가장 많은 카드를 획득한 어르신이 승리하는 방식으로 지도한다.

10 맞추기 카드

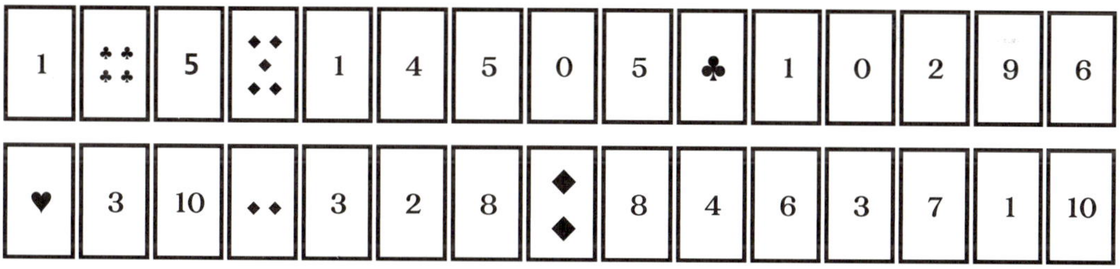

(위 카드처럼 이미지와 숫자 또는 숫자를 상징하는 이미지를 이용해 만들 수 있다.)

기대효과

1. 집중력을 갖는다.
2. 찾았을 때의 쾌감을 경험한다.

도움말

1. 샘플처럼 100여 장을 1세트로 만들어 활용해야 한다.
2. 4~8명까지 할 수 있으므로 30명일 경우 카드는 최소한 5세트는 제작해야 한다.

36. 감사장 만들기

준비물

감사장 용지, 붓펜, 음악

지도요령

1. 의자에서 편안하게 할 수 있는 교육으로 1인당 감사장과 붓펜을 지급한다.
2. 음악을 들으며 살아온 인생을 회상하는 시간을 갖은 후 본인에게 쓰는 감사의 글을 직접 작성하게 한다.
3. 감사장을 모두 회수해, 다른 사람에게 나눠주고 한 명씩 호명하며 감사장을 전달하게 한다. 결국 본인의 감사장을 누가 가지고 있는지 모르는 상태에서 전달받게 된다.

감사장

('상장'보다는 '감사'라는 단어를 써서 '감사장'으로 활용한다.)

기대효과

1. 인생을 회상하고 추억하는 시간을 갖는다.

도움말

1. 감사장 용지를 최고급으로 준비한다.
2. 감사장을 전달받을 때는 사진 촬영을 한다.

37. 사목

준비물

사목판, 바둑알

지도요령

1. 일대일 경쟁 방식으로 두 명씩 마주 보게 한 후 사목판과 바둑알(흑20, 백20)을 나눠준다.
2. 가위바위보로 우선자를 정한 후 시작하는 데, 4개의 바둑알을 횡, 종, 사선이건 일렬로 먼저 나열하는 어르신이 승리하는 방식으로 지도(오목과 같은 방법)한다.
3. 3전 2선승제의 토너먼트 방식으로 최고 우승자를 뽑는다.

사목판

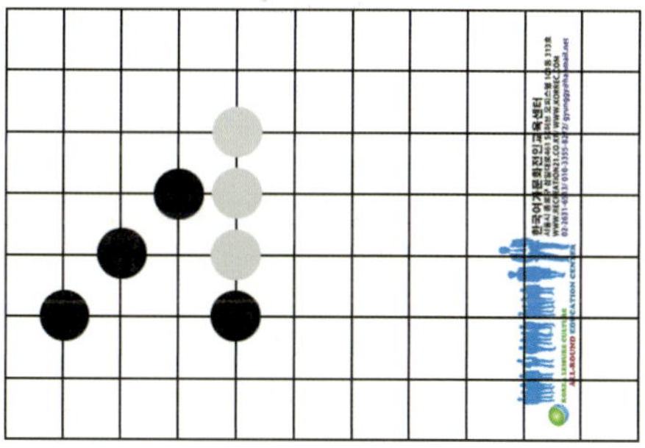

(A4 용지 크기면 충분히 사목을 할 수 있으며 출력 후 코팅을 한다.)

기대효과

1. 가볍게 두뇌회전 하는 시간을 갖는다.
2. 잃어버린 승부욕을 갖는다.

도움말

1. 오목보다는 사목이 공간도 많이 필요하지 않고 언제든지 할 수 있다.
2. 가능하다면 오목으로 응용할 수 있다.

38. 나의 꿈 나의 희망

준비물

지도판, 알자석, 음악

지도요령

1. 어르신에게 알 자석을 하나씩 나눠주고 어린 시절 고향에서의 추억과 꿈을 생각하는 시간을 갖게 한다.
2. 한명씩 나와 알자석으로 자석보드 지도에 본인의 고향 위치에 알자석을 붙이고 본인의 추억과 어린 시절 꿈에 대해 발표하게 한다.
3. 거동이 불편한 어르신이나 남 앞에 나서길 부끄러워하는 어르신의 경우 도움과 자신감을 갖게 격려해준다.

지도 판

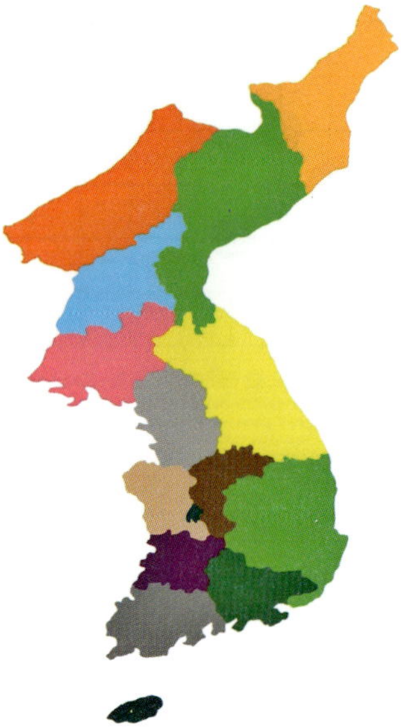

(세로형 자석보드에 지도를 출력해 붙인다.)

기대효과

1. 인생을 회상하고 추억하는 시간을 갖는다.
2. 잃어가는 표현력을 기른다.
3. 동료들과 대화를 통화 이해할 수 있는 시간을 갖는다.

도움말

1. 편하게 발표할 수 있는 시간을 제공하고 발표가 끝나면 큰 박수로 화답해준다.

39. 내 인생 내 철학

준비물

좌우명카드

지도요령

1. 최소 2명 이상 4명 이하로 그룹을 만든 후 둥그렇게 앉게 하고 가운데 좌우명카드를 지급한다.
2. 좌우명카드를 보고 어르신 개개인의 인생에서 무엇이 가장 중요했던 삶이었는지 순서대로 나열하고 대화하는 시간을 갖게 한다.
3. 그룹별 대화를 마치면 그룹별로 한 명 정도 앞에 나와 '내 인생 내 철학'에 대해 소개할 수 있는 시간을 갖게 한다.

좌우명카드

이미지 건강	이미지 교양	이미지 권력	이미지 명예
이미지 믿음	이미지 봉사	이미지 재물	이미지 사랑
이미지 종교	이미지 우정	이미지 정직	이미지 학벌

(다양한 형태로 응용해 만들 수 있으며 12장 1세트로 다량 준비한다.)

기대효과

1. 인생을 회상하고 추억하는 시간을 갖는다.
2. 잃어가는 표현력을 기른다.
3. 동료들과 대화를 통화 이해할 수 있는 시간을 갖는다.

도움말

1. 그룹 활동에서 소외되는 어르신이 없는지 확인하며 지도한다.

40. 경마 게임

준비물

경마판, 말

지도요령

1. 최소 2명 이상 4명 이하를 한 팀으로 8개 팀을 만든 후 팀별 어르신마다 고유번호를 만들게 한다(예: 팀원이 4명이면 1번, 2번, 3번, 4번).
2. 놀이가 종료될 때까지 매회 예선전을 할 두 팀씩을 지정해 주고 각 팀의 1번이 일어나 예선 가위바위보를 실시해 통과자 4명을 뽑고, 4명은 무대로 나와 결승전 가위바위보를 실시 1등, 2등 3등 4등을 결정하게 한다.
3. 1등은 세 칸, 2등은 두 칸 3등은 한 칸 4등은 탈락이 되는데, 말은 어르신이 직접 붙일 수 있도록 지도한다(어르신은 쉼은 게임에 적용하지 않는다).
4. 출발선에서 도착지점까지 말이 먼저 돌아오는 팀이 승리하는 단판으로 지도한다.

경마판과 말

(자석보드에 출력물을 붙여 제작하고, 말은 말 모양으로 만들고 뒤에 자석을 붙인다.)

기대효과

1. 소속감을 갖고 최선을 다하게 되며 방관자 없이 모두 참여하게 된다.
2. 하나의 공동목표를 달성했을 때의 쾌감을 느낀다.

도움말

1. 어르신이란 점을 고려해 팀 인원을 4명 이상 편성하지 않는다(혼란스러울 수 있음).
2. 심·신 정도에 따라 이해하지 못하는 어르신이 계실 경우 천천히 풀어서 설명해준다.

41. 주사위 경마 게임

준비물

경마판, 주사위 2개, 말

지도요령

1. 팀 편성은 한 팀당 최소 4명 이상 20명까지 가능하고, 두 팀으로 나눠 2m 간격을 유지한 상태에서 두 팀이 마주 보게 하고 의자에 앉게 한다.
2. 제일 앞사람끼리 주사위를 던져 높은 수에서 낮은 수를 뺀 만큼 이동한다. 예를 들어 청팀이 5, 홍팀이 3이면 청팀만 두 칸을 이동한다. 6으로 같은 수가 나오면 다시 던지고, 6 이하로 같은 수가 나오면 양 팀 모두 뒤로 한 칸 후퇴한다.
3. 3전 2선승제로 출발선에서 도착지점까지 말이 먼저 돌아오는 팀이 승리하는 방식으로 지도한다.

경마판과 대형

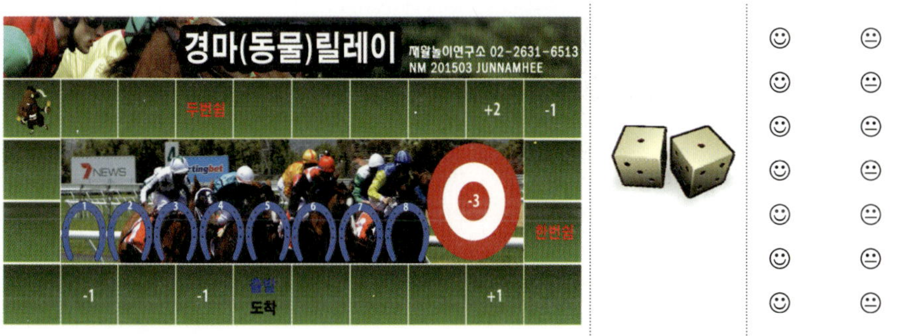

(어르신의 경우 쉼은 적용하지 않고 다만 +2, -1은 그대로 적용한다)

기대효과

1. 소속감을 갖고 최선을 다하게 되며 방관자 없이 모두 참여하게 된다.
2. 하나의 공동목표를 달성했을 때의 쾌감을 느낀다.

도움말

1. 두 팀의 인원수를 똑같이 하는 게 좋다
2. 이 게임에서는 말을 청, 홍 알자석으로 해도 상관이 없다.

42. 가위바위보 경마 게임

준비물

경마판, 주사위 2개, 말

지도요령

1. 팀 편성은 한 팀당 최소 4명 이상 20명까지 가능하고, 두 팀으로 나눠 2m 간격을 유지한 상태에서 두 팀이 마주 보게 하고 의자에 앉게 한다.
2. 제일 앞사람부터 가위바위보를 실시해 가위로 이기면 한 칸, 바위로 이기면 두 칸, 보자기로 이기면 세 칸을 이동한다.
3. 3전 2선승제로 출발선에서 도착지점까지 말이 먼저 돌아오는 팀이 승리하는 방식으로 지도한다.

경마판과 대형

(어르신의 경우 쉼은 적용하지 않고 다만 +2, -1은 그대로 적용한다)

기대효과

1. 소속감을 갖고 최선을 다하게 되며 방관자 없이 모두 참여하게 된다.
2. 편안하게 즐기며 웃을 수 있는 시간을 갖는다.

도움말

1. 두 팀의 인원수를 똑같이 하는 게 좋다.
2. 이 게임에서는 말을 청, 홍 알자석으로 해도 상관이 없다.

43. 공기 농구1

준비물

컵판, 공기

지도요령

1. 팀 편성은 한 팀당 최소 4명 이상 20명까지 가능하며, 지도자가 의도하는 방식으로 지도한다.
2. 플라스틱 컵을 5개 색깔로 10개씩을 준비해 5열 횡대로 판 위에 세워 움직이지 않게 고정하고 어르신들에게 공기를 다섯 개씩 지급한다.
3. 컵판과의 거리는 3~5m로 하고 양 팀 중 우선권을 정한 후 한명씩 공기를 던진다. 한팀이 모두 던진 후 점수를 계산하고, 경쟁 팀이 던진다.
4. 세 번의 경쟁 점수를 합산해 높은 팀이 승리하는 방식으로 지도한다.

공기 농구

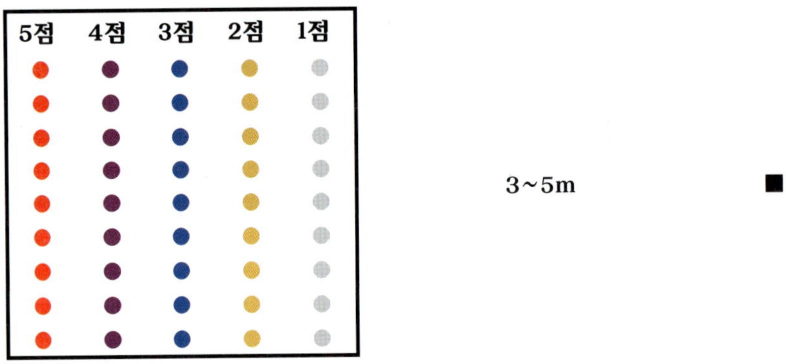

기대효과

1. 소속감을 갖게 돼 최선을 다해 집중하는 시간을 갖는다.
2. 편안하게 즐기며 웃을 수 있는 시간을 갖는다.

도움말

1. 컵이 움직이지 않게 견고하게 고정시킨다.

44. 말뚝이 농구

준비물

말뚝이 농구판, 오자미

지도요령

1. 팀 편성은 한 팀당 최소 4명 이상 20명까지 가능하며, 지도자가 의도하는 방식으로 지도한다.
2. 말뚝이 농구판을 세워놓고 어르신들에게 오자미를 나눠주고 연습할 수 있는 시간을 충분히 제공한다.
3. 우선권을 정한 후 팀별로 교차하며 1명씩 5개의 오자미를 던진다. 세 번의 경쟁을 통해 높은 점수를 획득한 팀이 승리하는 방식으로 지도한다.

말뚝이 농구

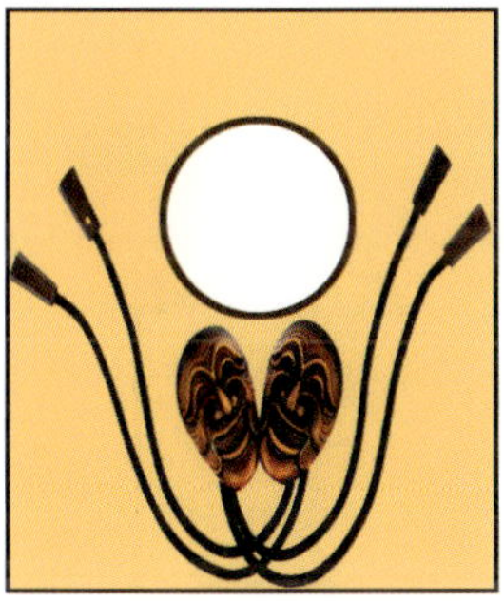

5~7m

■ **골인: 3점**
판: 1점
낙: 0점

(가로 120×세로 90의 판에 출력물을 부착한다.)

기대효과

1. 소속감을 갖게 돼 최선을 다해 집중하는 시간을 갖는다.
2. 편안하게 즐기며 웃을 수 있는 시간을 갖는다.

도움말

1. 골인 원 뒷부분에 그물을 만들어 설치하면 지도하기에 수월하다.

45. 볼풀 농구

준비물

농구대, 볼풀 공

지도요령

1. 팀 경쟁 방식으로 두 팀의 인원수를 정확하게 나눈 후 팀 농구대 주변에 모여 준비할 수 있도록 한다.
2. 볼풀공을 농구대 주변에 펼쳐놓고 '시작'과 동시에 본인 팀의 농구대 안으로 공을 던진다. 제한 시간은 1~2분을 제공하고 상황에 따라 변경 적용한다.
3. 종료 후 볼풀 공을 하나씩 꺼내면서 개수를 세, 많이 넣은 팀이 승리하는 방식으로 지도한다.

볼풀 농구

(농구대는 다양한 용도로 활용할 수 있고 젊은 어르신들에게 흥미를 제공할 수 있게 만든다.)

기대효과

1. 동심의 마음으로 갖는다.
2. 집중력을 갖는다.
3. 편안하게 즐기며 웃을 수 있는 시간을 갖는다.

도움말

1. 1~2분도 결코 짧은 시간이 아니므로 지도자의 융통성과 응용력이 중요하다.
2. 베이비붐 세대의 노인 등장은 예전 노인과는 분명히 다르다는 생각으로 준비하고 지도해야 한다.

46. 신문지 농구

준비물

대형 휴지통, 신문지(종이)

지도요령

1. 팀 경쟁 방식으로 두 팀의 인원수를 정확하게 나눈 후 슛 지점에 모여 신문지를 단단히 구겨 1인당 5개의 공을 던질 수 있도록 만들게 한다.
2. '시작'과 동시에 두 팀 모두 팀의 휴지통 안으로 공을 던진다.
3. 2차는 들어가지 않은 공을 주워와 다시 슛 지점에서 '시작'과 동시에 두 팀 모두 팀의 휴지통 안으로 공을 던진다.
4. 2차 슛까지 끝낸 후 들어간 공을 세, 많이 넣은 팀이 승리하는 방식으로 지도한다.

신문지 농구

(신문지 농구 휴지통은 큰 걸로 준비한다.)

기대효과

1. 동심의 마음으로 갖는다.
2. 집중력을 갖는다.
3. 편안하게 즐기며 웃을 수 있는 시간을 갖는다.

도움말

1. 신문지 공을 많이 만들어 놓으면 2차까지 5개씩 던지게 할 수 있다.

47. 구슬 전달하기

준비물

접시, 구슬 10개, 젓가락, 깡통 2개

지도요령

1. 팀 경쟁 방식으로 팀별 일렬횡대로 서로 간격을 두고 마주 볼 수 있게 한다.
2. 팀의 맨 왼쪽 어르신 앞 접시에는 구슬 5개를 담고 어르신 전원에게 나무젓가락을 지급한다.
3. '시작' 하면 왼쪽 어르신은 젓가락으로 구슬을 오른쪽 사람의 접시에 담는다. 오른쪽 사람은 다섯 개의 구슬이 모두 담기면 같은 방법으로 오른쪽 사람에게 전달한다.
4. 제일 오른쪽 사람이 깡통에 다섯 개의 구슬을 모두 담으면 승리하는 방식으로 지도한다.

구슬 전달하기 대형

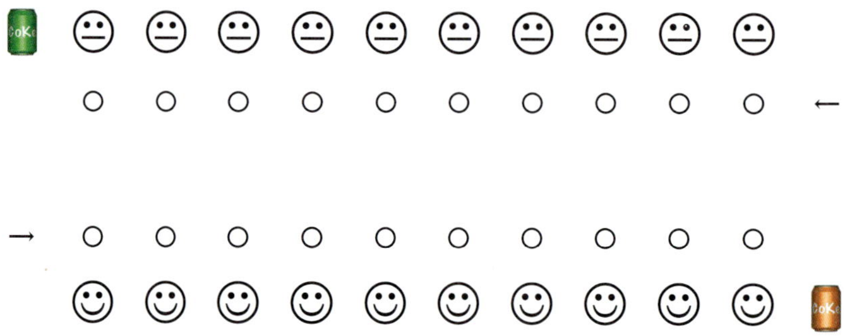

(다양한 형태로 응용해 만들 수 있으며 12장 1세트로 다량 준비한다.)

기대효과

1. 소속감을 갖고 일체된 협동심을 발휘한다.
2. 집중력을 갖는다.
3. 편안하게 즐기며 웃을 수 있는 시간을 갖는다.

도움말

1. 손으로 전달하는 반칙이 나오지 않도록 안내하고, 떨어트렸을 경우에만 손으로 주워 본인의 접시에 놓고 다시 시작하게 한다.

48. 콩, 보리 고르기

준비물

접시, 콩, 보리, 젓가락

지도요령

1. 어르신 전원을 책상에 앉히고 1인당 콩 20개와 보리 20개가 섞여 있는 접시와 젓가락을 지급한다.
2. '시작'과 동시에 젓가락으로 보리를 집고 밖으로 내놓으면 되는데, 경쟁 방식으로 지도한 다음 도전기네스 방식으로 지도해도 된다.

콩, 보리 고르기 대형

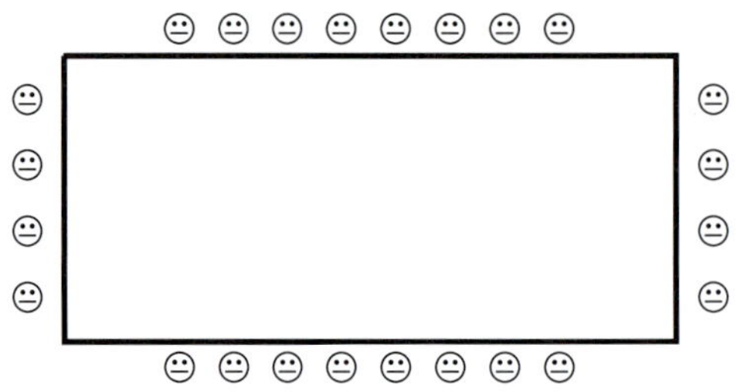

(접시 옆에 보리를 담을 수 있는 용기를 준비하면 지도하기 편하다.)

기대효과

1. 집중력을 갖는다.
2. 적당한 스트레스는 결코 부정적인 것만은 아니다.

도움말

1. 보리 내놓기, 콩 내놓기, 모두 내놓기 등 다양하게 응용해 지도할 수 있다.

49. 돼지 훔치기

준비물

돼지저금통(귤), 화장지

지도요령

1. 일대일 경쟁 방식으로 책상 위에 화장지를 5m 정도를 풀어 놓고 화장지 끝 부분 위에 돼지 저금통을 올려놓는다.
2. '시작' 하면 앉은 자리에서 화장지를 예쁘게 말아 돼지를 먼저 당기는 어르신이 승리하는 방식으로 지도한다.

돼지 훔치기

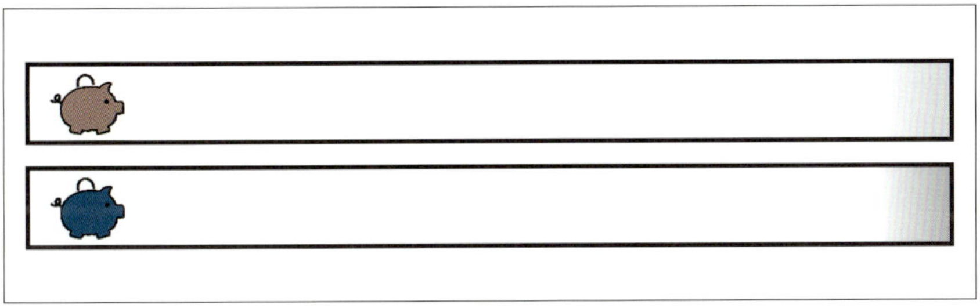

(돼지저금통이 없을 경우, 귤을 사용한다.)

기대효과

1. 동료들과 대화를 통화 이해할 수 있는 시간을 갖는다.
2. 게임성이 있어 박진감을 느낀다.

도움말

1. 화장지를 말아서 돼지저금통을 당기지 않고 화장지를 당기는 건 반칙이다.

50. 콘고리 던지기

준비물

미니콘, 고리

지도요령

1. 팀 경쟁 방식으로 청과 홍 콘을 다양한 방법으로 섞어 놓고 청팀에게는 청고리, 홍팀에게는 홍고리를 여유 있게 지급한다.
2. 연습 시간을 제공한 후 우선권을 정하고 1인 5개씩 고리를 던진다. 청, 홍 팀이 교차하며 던진다.
3. 세 번의 경쟁을 통해 획득한 점수가 높은 팀이 승리하는 방식으로 지도한다.
4. 점수는 예를 들어 청고리가 청콘에 걸치면 2점 홍 콘에 걸치면 1점을 상대팀에게 준다.

미니콘과 고리

(위 이미지와는 다른 형태로 섞어서 지도하면 더욱 재미있다.)

기대효과

1. 소속감을 갖고 일체된 협동심을 발휘한다.
2. 집중력을 갖는다.
3. 편안하게 즐기며 웃을 수 있는 시간을 갖는다.

도움말

1. 지도자는 1명이 끝날 때마다 바로 계산해 화이트보드에 기록한다.

51. 국수 뽑기

준비물

A4 파쇄용지

지도요령

1. 어르신 전원에게 A4 파쇄용지를 하나씩 지급한다.
2. '시작' 하면 손으로 파지를 최대한 길게 자르는데 자르는 중간에 끊어지게 되면 다시 시작해 자른다.
3. 제한 시간 동안 가장 길게 자른 어르신이 승리하는 방식으로 지도한다.
4. 팀별 대표자 놀이로도 할 수 있고 기네스 방식으로도 지도할 수 있다.

국수 뽑기

기대효과

1. 스트레스를 해소한다.
2. 편안하게 즐기며 웃을 수 있는 시간을 갖는다.

도움말

1. 신문지로도 많이 하는데 신문지는 세로로는 잘 자를 수 있지만 가로로는 자르기가 쉽지 않기 때문에 A4 파쇄용지를 활용하는 게 좋다.

52. 깡통 볼링

준비물

깡통 핀(다량), 장판, 공

지도요령

1. 가로 1.5m 세로 5m 정도의 장판을 빈 캔을 세울 수 있게 구멍을 뚫어 준비하고, 어르신에게는 커피 캔 정도의 빈 캔에 콩이나 쌀을 넣은 후 입구를 튼튼히 봉인해 깡통핀을 다량으로 만들게 한다.
2. 장판과 빈 캔을 설치하고 두 팀으로 나눠 경쟁게임으로 지도하는데 1인당 2번씩 공을 굴리게 한다.
3. 세 번의 경쟁을 통해 획득한 점수가 높은 팀이 승리하는 방식으로 지도한다.

깡통 볼링

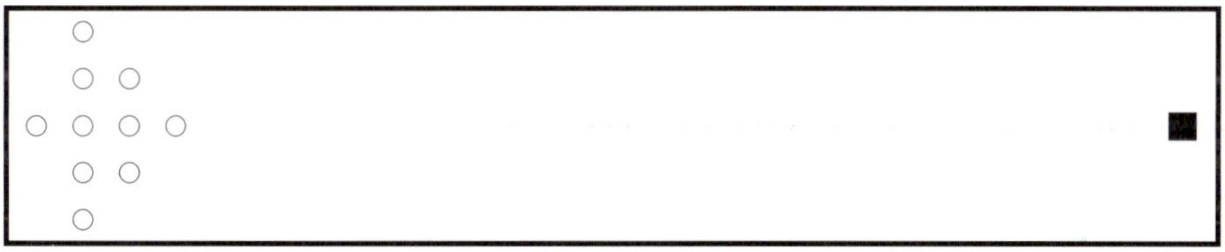

(공을 구르다 장판 밖으로 떨어지면 다시 진입하더라도 0점이다.)

기대효과

1. 소속감을 갖고 일체된 협동심을 발휘한다.
2. 집중력을 갖는다.
3. 편안하게 즐기며 웃을 수 있는 시간을 갖는다.

도움말

1. 장판에 구멍을 뚫는 이유는 깡통이 넘어지더라도 멀리 굴러가지 않게 하기 위함이다.
2. 축구공보다 작은 무게감이 있는 공으로 준비해야 한다.

53. 담 넘어가기

준비물

체커 게임판, 말

지도요령

1. 일대일 경쟁 방식으로 두 명씩 마주 보게 한 후 본인의 말을 배열하게 한다.
2. 빨간 말을 파란 말 위치로 파란 말은 빨간 말 위치로 이동하는 데, 한 칸 씩만 이동이 가능하지만 앞에 말이 있으며 넘어갈 수 있고, 계속 말이 있으면 연이어 넘어갈 수 있다.
3. 말을 이동지역에 먼저 옮기는 어르신이 승리하는 방식으로 지도한다.

담 넘어가기

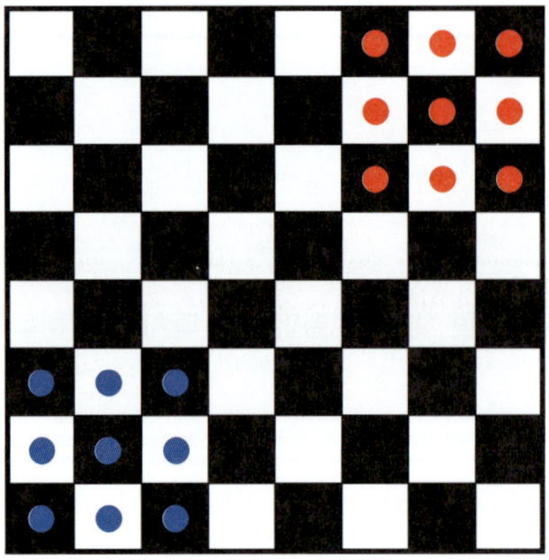

(체커게임을 응용해 만든 게임으로 체커 게임판을 사용하면 된다.)

기대효과

1. 승부욕이 작동한다.
2. 한두 수 차이로 승·패가 정해지므로 긴장감을 경험한다.

도움말

1. 앞에 말을 넘어가는 방법에 대해 집중적으로 설명해준다.
2. 말을 바둑알을 활용하거나 단추를 활용하면 된다.

54. 추억의 뱀 주사위

준비물

뱀 주사위 놀이판, 주사위, 말

지도요령

1. 2명 이상 4명 이하가 경쟁하는 놀이로 우선권을 정한 후 주사위를 던져 주사위 숫자대로 1번부터 이동해 100번까지 먼저 도착하는 어르신이 승리하는 게임이다.
2. 상대방의 말을 잡을 수 있게 하거나 제외하고 지도하면 된다.

뱀 주사위 놀이판

(뱀 주사위 게임의 원형으로 실제 지도할 때는 크게 만들어 지도한다.)

기대효과

1. 동심의 마음으로 돌아가는 시간이다.
2. 편안하게 즐기며 웃을 수 있는 시간을 갖는다.

도움말

1. 옛 놀이를 하는 것도 중요하지만 번호마다 이미지와 연관된 추억을 얘기하게 함으로써 추억하게 한다.

55. 변형 쌍륙놀이

준비물

쌍륙놀이 판, 주사위 2개, 말

지도요령

1. 최소 2명 이상 8명 이하로 팀을 만든 후 책상 위 쌍륙놀이 판을 사이에 두고 마주 보게 하고 우선권을 정한다.
2. 청팀은 아라비아 숫자가 적혀있는 칸에 8개의 말을 올려놓는데 위에 놓거나 아래에 놓거나 상관없이 놓는다. 홍팀도 자음의 왼쪽이건 오른쪽이건 8개의 말을 놓는다.
3. 팀별 어르신의 고유번호를 정한 후 우선권을 가진 팀의 1번이 주사위 2개를 던진다. 다음은 상대 팀의 1번이 던진다. 주사위는 상대 팀과 교대로 던지게 한다.
4. 주사위 이동 시 청팀의 주사위 숫자가 2와 5가 나왔다면 반대편에 도착해야 할 아라비아 숫자 쪽으로 8개의 말 중에 아무거나 하나는 두 칸 하나는 다섯 칸을 이동한다. 주사위 2개의 숫자를 합하여 이동하는 건 없다. 주사위 1개는 말 한 개를 의미한다.
5. 예를 들어 네 칸만 가면 도착이 되는데 던진 주사위가 5와 6이 나왔다면 정확하게 도착할 수 없으므로 숫자는 의미 없이 소멸되며 말은 제자리가 된다. 그런데 3과 6이 나왔다면 세 칸은 이동하고 다음에 1이 나와야 도착이 된다. 승·패는 8개의 말이 반대편 칸으로 먼저 정확하게 도착하는 팀이 승리한다. (여기서 잠깐, 네 칸만 가면 도착하는데 3과 6이 나왔을 때 3으로 인해 세 칸을 이동해야 하는데, 주사위를 던지면 1은 잘 안 나온다는 근거 없는 생각으로 세 칸을 이동하지 않는 것도 반칙이 된다. 즉 이동할 수 있으면 무조건 이동해야 한다.)
6. 첫 번째 판은 상대편 말을 잡을 수는 없고 칸에 같이 놓을 수 있으나, 두 번째 판부터는 상대편 말을 잡을 수 있고, 잡은 사람이 상대편 말이 출발했던 자리에 직접 옮겨 놓게 한다.

7. 3전 2선승제로 방식으로 지도한다.
8. 판에 있는 '똥' 이미지는 칸에 빠지게 되면 원위치로 돌아가는 벌칙으로 특별한 경우 말고는 적용하지 않는다.

기대효과

1. 소속감을 갖게 된다.
2. 집중해서 생각할 수 있는 시간을 갖는다.
3. 승·패가 마지막에 결정되므로 박진감을 갖는다.
4. 동료들과 대화를 통해 이해할 수 있는 시간을 갖는다.

도움말

1. 말이 나가는 방향을 정확하게 알려준다.
2. 팀별 인원수 차이가 승·패에 영향을 미치지 않는다고 설명한다.
3. 주사위를 던질 수 있는 바구니를 준비하면 지도하기 수월하다.

쌍륙놀이 판

출처: 노인재활놀이연구소.

56. 탁구공 농구3

준비물

컵 10개, 탁구공

지도요령

1. 팀 경쟁 방식으로 지도한다.
2. 1인당 5번의 슛 기회를 제공하는데 한 번에 팀 전체가 하는 것보다는 교대로 하는 방식으로 지도한다(상황에 맞게).
3. 탁구공을 던져 한 번 이상의 바운드를 이용해 컵에 탁구공이 들어가면 어느 곳이든지 1점이 된다. 모든 선수가 끝난 후 총점으로 승리 팀을 결정한다.
4. 세 번의 경쟁을 통해 획득한 점수가 높은 팀이 승리하는 방식으로 지도한다.

컵 농구대

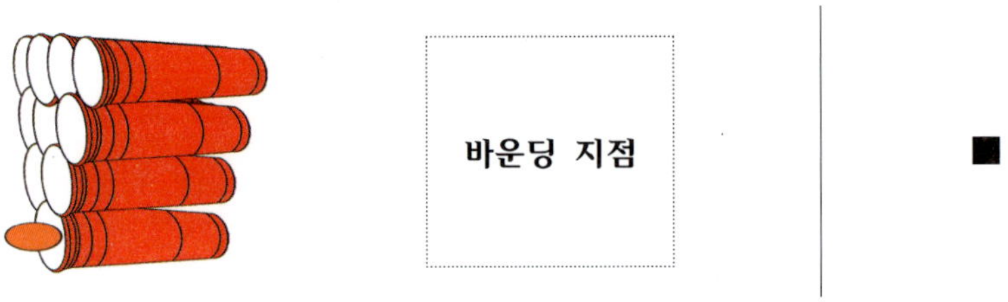

(묶인 컵이 움직이지 않도록 고정한다.)

기대효과

1. 소속감을 갖게 돼 최선을 다해 집중하는 시간을 갖는다.
2. 게임성이 삽입돼 박진감을 경험하게 되며 승리의 쾌감을 느낀다.

도움말

1. 연습 시간을 충분히 제공한다.

57. 카드 찾기

준비물

카드 5개

지도요령

1. 1인 기억력 테스트로 5장의 카드 순번을 기억했다가 지도자의 질문에 대답하며, 내 기억력을 확인한다.
2. 지도자는 5장의 대형 카드를 1분 동안 보여준 후 뒤집어 놓고 일상적인 이야기를 하다가 질문을 하고 어르신이 대답하게 한다.
3. 정답을 맞히거나 틀린 건 어르신 본인의 몫이고 교육으로 끝난 후 모두 맞춘 어르신을 확인하며 마무리한다.

카드 찾기

(카드를 30~60초 보여준 후 뒤집어 놓는다.)

기대효과

1. 본인의 기억력을 확인하며 치매예방 교육에 집중할 수 있는 마음을 갖게 한다.

도움말

1. '못 맞히는 게 정상이다.'라는 멘트를 하고 지도한다.
2. 세 번 정도 지도한다.
3. 슬라이드를 이용해 집단 대항 놀이로도 지도할 수 있다.

58. 구슬 포켓볼

준비물

미니 포켓볼 판, 구슬(다량)

지도요령

1. 어르신 모두에게 판과 구슬 10개를 지급하고 준비한다.
2. 판 가운데에는 구슬 하나가 간신히 빠져나갈 구멍이 뚫려 있다. '시작'과 동시에 판을 양손으로 잡고 전·후·좌·우, 위·아래로 움직여 구슬 모두를 가운데 구멍에 빠트리게 한다.
3. 가장 먼저 구슬 모두를 구멍에 빠트린 어르신이 승리하는 방식으로 지도한다.

구슬 포켓볼

(판은 가로 40×세로 40으로 만든다.)

기대효과

1. 집중력을 갖는다.

도움말

1. 구멍 밑에 작은 그물망을 설치하면 구슬 회수가 수월하다.

59. 협동 고스톱

준비물

대형 화투

지도요령

1. 최소 2명 이상 5명 이하로 팀을 만든 후 대형화투를 모두 펼칠 수 있는 책상을 가운데 놓고 두 팀이 마주 보게 한다.
2. 팀 경쟁으로 오른쪽 하나 왼쪽 하나 반복적으로 팀별 10장의 화투를 지급하고 가운데 8장의 화투를 안 보이게 펼쳐놓고 남는 화투 즉 뒤 장은 지도자가 갖고 있는다.
   (예를 들어 팀원이 5명이면 1인당 2장씩 나눠 가짐)
3. 우선권을 정한 후, 펼쳐진 화투와 개개인별로 나눠 가진 있는 화투를 보고 작전회의를 한 후 화투를 획득하면 되는데 작전회의 한 데로 가지고 있는 사람이 화투를 내며 획득한다. 뒤 장은 지도자가 한 장식 개봉해준다.
4. 일대일 고스톱에 나오는 모든 규칙을 적용해 지도한다(예: 광박, 피박, 쪽, 폭탄, 쓰리고 싸기 등 모든 규칙을 말함. 단 사전에 지도자가 미리 공지한다).
5. 세 번의 경쟁을 통해 획득한 점수가 높은 팀이 승리하는 방식으로 지도한다(3전 2선승제로 하면 재미가 반감되기 때문에 한 번을 이기더라도 무조건 높은 점수를 획득한 팀이 승리하는 방식으로 지도해야 한다).

고스톱 대형

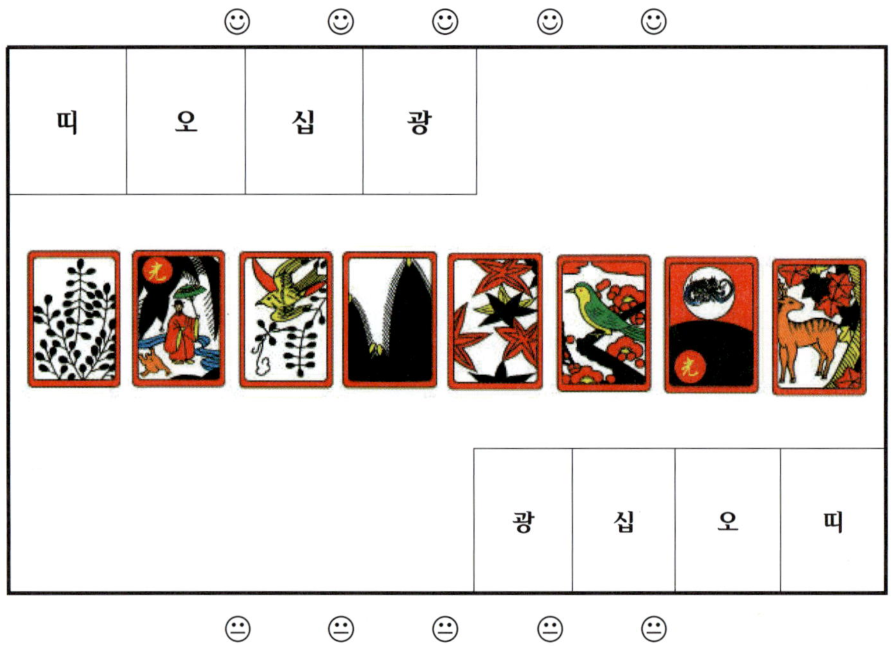

(화투를 A4 크기의 이미지 출력 후 코팅한다.)

기대효과

1. 협동심을 발휘하는 시간을 갖는다.
2. 동료들과 대화를 통화 이해할 수 있는 시간을 갖는다.
3. 게임성이 삽입돼 박진감을 경험하게 되며 승리의 쾌감을 느낀다.

도움말

1. 걷기가 불편하다고 해도 본인이 직접 화투를 내서 획득하게 한다.
2. 고, 스톱 규칙이 적용되기 때문에 한 번을 이기더라도 높은 점수를 획득하게 되면 역전이 가능하고 실제 많이 발생하기 때문에 3~5판 이후 총점으로 승·패를 정한다.

60. 어르신 포커

준비물

포커 5세트, 포커 족보

지도요령

1. 4~12명이 함께할 수 있는 놀이로 책상 가운데 카드를 뒤집어 펼쳐놓고 둥그렇게 앉게 한다.
2. 본인이 원하는 카드 3장을 앞에 있는 카드 더미에서 가지고 오게 한 후 화투장을 집는 것처럼 집고 있게 한다. 우선 특정인을 정한 후 놀이를 시작한다.
3. 기본 놀이는 카드 한 장을 가지고 온 후, 한 장을 내려놓은데 다른 사람이 보지 못하게 뒤집어서 카드 더미에 섞어 놓는다.
4. 지도자가 정한 미션이 수행되면 '빙고'라고 외치는 어르신이 상품을 받는 방식으로 지도한다.

어르신 포커

1. 같은 숫자 세 장 - 모양과 상관없이 같은 숫자 세 장
2. 같은 모양 세 장 - 숫자와 상관없이 같은 모양 세 장
3. 왕 세 장 - 남·여 왕 구분 없이 세 장
4. 이어지는 수 세 장 - 예를 들어 2 3, 4 또는 7, 8, 9처럼
5. 같은 모양 이어지는 수 - 예를 들어 같은 모양에 2 3, 4 또는 7, 8, 9처럼

※ 5장을 가지고 하게 되면 더욱 다양하게 응용해 지도할 수 있다.

기대효과

1. 생각할 수 있는 시간을 갖는다.
2. 편안하게 즐기며 웃을 수 있는 시간을 갖는다.

도움말

1. 포커 족보를 코팅하여 준비한다.
2. 세 장 카드로 시작해 다섯 장으로 늘려나간다.

61. 미니 도미도

준비물

도미노 카드

지도요령

1. 색깔을 다양하게 규격은 같은 도미노 카드를 준비한다.
2. 1인 놀이와 그룹 게임에 맞는 다양한 미션 카드를 준비하고 지도한다.

미니 도미노

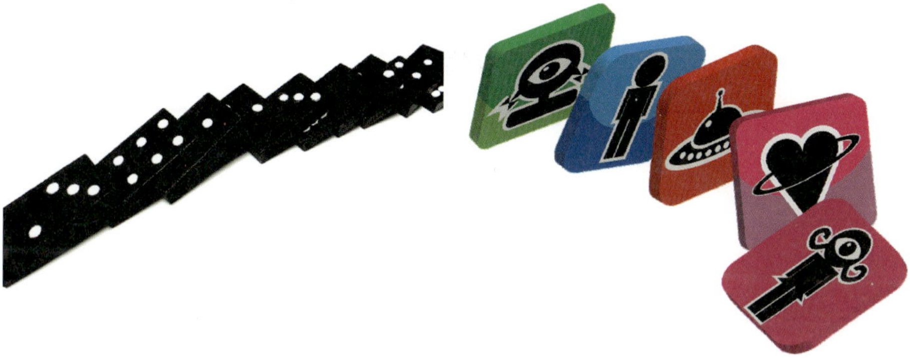

기대효과

1. 집중력과 협동심을 갖는다.

도움말

1. 기본적으로 일직선 세우기부터 글자, 사물 표현과 그룹 게임 도면을 준비한다.
2. 쉬운 것부터 지도한다.

62. 셔플 농구

준비물

책상, 플라스틱 컵, 탁구공

지도요령

1. 길쭉한 책상 끝에 플라스틱 컵을 안 보이게 5개를 매달아 놓고 책상을 사이에 두고 두 팀이 마주 보게 한다.
2. 연습 시간 후 우선권을 정해 한 명씩 나와 탁구공 3개를 굴린다. 세 번의 경쟁을 통해 획득한 점수가 높은 팀이 승리하는 방식으로 지도한다.

셔플 농구

(플라스틱 컵은 책상 끝에 테이프를 이용해 붙여 놓으면 된다.)

기대효과

1. 소속감을 갖게 돼 최선을 다해 집중하는 시간을 갖는다.

도움말

1. 무겁지 않은 플라스틱 컵으로 준비해야 테이핑 처리가 쉽다.
2. 연습상태를 보고 거리를 조절해 지도한다.

63. 감각 테스트1

준비물

휴대 가능한 다양한 사물(다량), 안대

지도요령

1. 어르신을 둥그렇게 앉게 하고 안대를 쓰게 한다.
2. 준비된 물건을 어르신 앞에 하나씩 놓고 '시작' 하면 만질 수 있도록 한다.
3. 30초 정도의 시간을 제공한 후 안대를 벗지 않고 입으로 물건을 맞히게 한다.
4. 물건을 로테이션으로 돌려 같은 방법으로 지도한다.

감각 테스트 대형

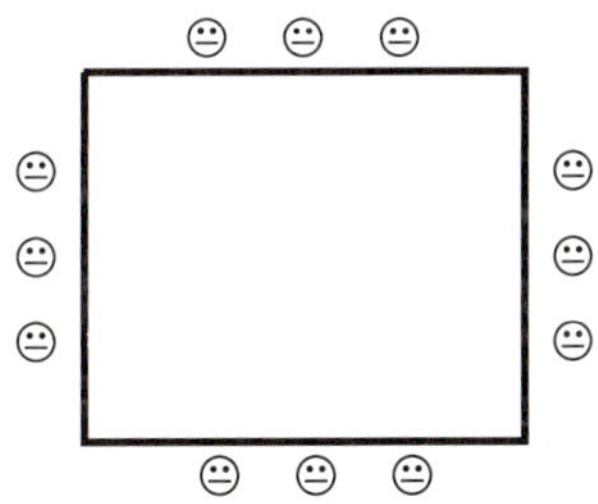

(물건은 오른쪽으로 옮겨가며 계속 활용한다.)

기대효과

1. 촉각과 후각 테스트 시간을 갖는다.

도움말

1. 호각, 열쇠고리, 리모컨, 건전지 테니스공 등 어르신이 알 수 있는 사물로 정한다.
2. 정답을 맞히고 틀리고는 중요하지 않다(단, 많이 틀린 어르신을 기록한다).
3. 정답은 준비된 모든 사물을 경험한 후 안대를 벗어 볼 수 있도록 한다.

64. 화투 계급놀이

준비물

대형화투(제작용)

지도요령

1. 재수왕 선발 게임으로 대형화투를 모두 펼칠 수 있는 책상을 가운데 놓고 참석한 어르신끼리 1명씩 마주 보고 앉게 한다(마주 본 사람끼리 예선전을 한다).
2. '시작' 하면 제일 앞줄에 어르신 2명이 뒤집힌 화투 중 하나를 선택해 그 자리에 뒤집어 놓게 하고 바로 승자를 알려 준다. 같은 방법으로 마지막 줄까지 지도한다.
3. 화투를 회수해 섞은 후 펼쳐놓고 승자들끼리 다시 양옆으로 마주 보고 앉게 한 후 같은 방법으로 지도해 최종 '재수왕'을 선발하는 방식으로 지도한다.

화투 계급놀이

계급 순위

1: 광(번호순) 피에게 패
2: 약(번호순)
3: 10끗 5끗(번호순)
4: 피(번호순) 광에게 승
※ 같은 급일 경우 번호순으로 결정함.

기대효과

1. 편안하게 즐기며 웃을 수 있는 시간을 갖는다.

도움말

1. 화투 하나씩을 가지고 있고 상대를 골라 겨루는 방법이 가장 재미있다.
2. 이 놀이의 화투는 A4 크기의 반으로 만들어 활용하는 게 좋다.
3. 10끗 5끗은 같은 급임.

65. 화투 퍼즐

준비물

화투 퍼즐

지도요령

1. 어르신들에게 친숙한 화투 퍼즐 조각을 지급하고 '시작'과 동시에 맞추게 한다.
2. 정확하게 맞춘 어르신은 '빙고'라 외치게 한다.

화투 퍼즐

기대효과

1. 집중력을 갖는다.

도움말

1. 어르신들의 심·신 상태에 따라 조각의 모양과 개수를 조절해야 한다.
2. 이 놀이는 스스로 할 수 있을 때까지 기다려주는 게 지도자의 지도력이다.

66. 화투패 맞추기

준비물

중형화투(제작용)

지도요령

1. 2~4명이 할 수 있는 놀이로 2명이 할 때는 10장, 3명이 할 때는 8장, 4명이 할 때는 6장씩 나눠주고 나머지 패는 뒤집어서 가운데 놓는다.
2. 받은 화투에 같은 패가 두 장 이상 있다면 가운데에 내고, 패 한 장을 가지고 온다. 순서대로 같은 방법으로 한다.
3. 자신의 패를 먼저 내려놓은 어르신이 승리하는 방식으로 지도한다.

화투패 맞추기 대형

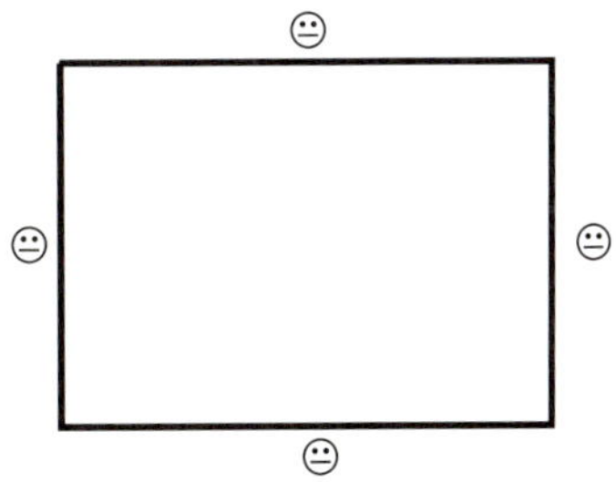

(A4 4분의 1 크기로 제작해 준비한다.)

기대효과

1. 동료들과 대화를 통화 이해할 수 있는 시간을 갖는다.

도움말

1. 2명이 할 경우 흥미가 반감되므로 4명이 할 수 있도록 그룹을 만들어 준다.
2. 두 장 이상이란 3장도 상관이 없다는 것이다.

67. 신문지 빙고

준비물

신문지(인원수), 돋보기, 볼펜

지도요령

신문지 빙고

1. 신문지를 A4 크기로 복사한 용지와 돋보기를 어르신 모두에게 하나씩 지급하고 돋보기로 신문 내용을 확인해 보라고 한다.
2. '대한민국', '만수무강'과 같은 글자를 낱개로 찾은 후 볼펜으로 동그라미를 그리게 한다.
3. 지도자가 제시한 글자를 먼저 찾고 '빙고'라고 외치는 어르신이 승리하는 방식으로 지도한다.

기대효과

1. 집중력을 갖는다.

도움말

1. 나눠준 신문지는 내용이 같아야 하고 단어가 정확하게 있는지 확인해야 한다.
2. 처음에는 2인 1조로 하는 것도 좋다.
3. 돋보기는 안경이 아니라 실제 돋보기를 의미한다.

68. 볼링 윷놀이

준비물

볼링 핀 5개, 작은 축구공, 말판, 말

지도요령

1. 팀 편성은 한 팀당 최소 2명 이상 8명까지 가능한 두 팀 경쟁 방식으로 전통 윷놀이 규칙과 똑같이 지도한다.
2. 윷을 던지는 게 아니라 공을 굴려 볼링 핀을 쓰러트린 개수대로 말을 이동시킨다는 점만 다르다. 필요에 따라 개수 조절을 할 수 있도록 작전을 세울 수 있다.

볼링 윷놀이 대형

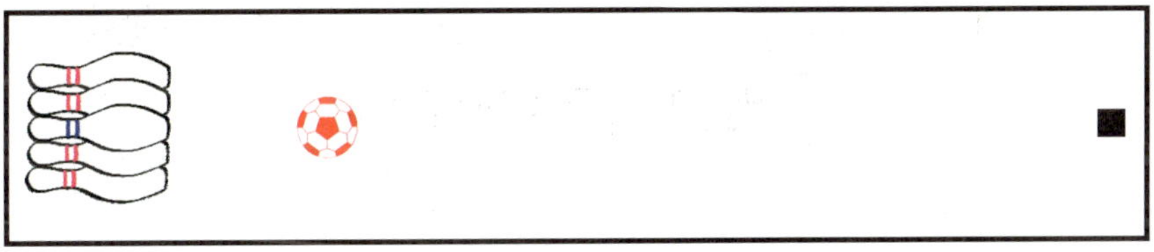

(볼링 핀과의 거리는 3~5로 한다.)

기대효과

1. 집중력을 갖는다.
2. 하나의 공동목표를 달성했을 때의 쾌감을 느낀다.

도움말

1. 볼링 핀의 위치를 정확하게 하기 위해 바닥에 원을 그려 놓는다.
2. 하나도 못 맞추는 건 윷놀이의 '낙'과 같다.

69. 이벤트 윷놀이

준비물

대형 윷, 대형 말판, 말

지도요령

1. 팀 편성은 한 팀당 최소 2명 이상 8명까지 가능한 팀 경쟁 방식으로 전통 윷놀이 규칙과 똑같이 지도한다.
2. 대형 윷을 두 명이 두 개씩 던진다는 점과 말판에 다양한 미션을 수행해야 하는 점만 다르다.

이벤트 윷놀이

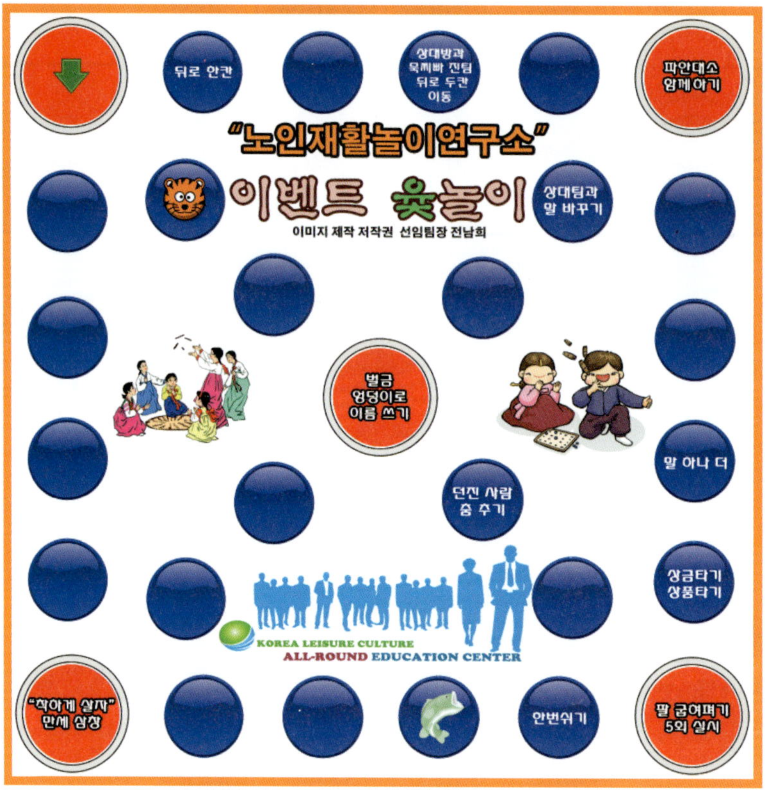

기대효과

1. 하나의 공동목표를 달성했을 때의 쾌감을 느낀다.
2. 편안하게 즐기며 웃을 수 있는 시간을 갖는다.

도움말

1. 두 사람이 윷 두 개씩 던지는 규칙을 지키게 한다.
2. 말판에 미션을 정확하게 수행하게 한다.

70. 컵 무너트리기

준비물

신문지(인원수), 돋보기, 볼펜

지도요령

1. 팀 경쟁 방식으로 지도한다.
2. 1인당 3번의 숫 기회를 제공하며 한 번에 팀 전체가 실시한 후. 경쟁 팀이 실시한다.
3. 세 번의 경쟁을 통해 무너진 컵의 개수가 많은 팀이 승리하는 방식으로 지도한다.

컵 무너트리기

(컵의 개수는 많을수록 흥미를 높일 수 있으며 재미있다.)

기대효과

1. 소속감을 갖게 돼 최선을 다해 집중하는 시간을 갖는다.
2. 컵이 무너지는 순간의 쾌감으로 스트레스가 해소된다.

도움말

1. 연습 기회를 주지 않고 바로 실시하며, 컵과 숫 지점과의 거리는 2~3m로 한다.
2. 컵은 얇은 플라스틱 컵으로 활용한다.

71. 감각 테스트2

준비물

휴대 가능한 다양한 사물(다량), 안대, 볼펜, 메모지

지도요령

1. 경쟁 놀이는 아니지만 팀별 일렬종대로 앉게 한 후 볼펜과 메모지를 지급하고 안대를 쓰게 한다.
2. 팀의 맨 앞 어르신에게 사물을 주고 30초 동안 만져보고 냄새를 맡게 한 후 뒤로 계속 전달한다.
3. 맨 뒤 어르신까지 전달이 됐으면, 사물을 회수하고 앞, 뒤 어르신끼리 소통하지 못하게 하고 메모지에 사물의 이름을 쓰게 한다.
4. 많이 맞힌 팀이 승리하는 방식으로 지도한다.

촉각 테스트 대형

(물건은 오른쪽으로 옮겨가며 계속 활용한다.)

기대효과

1. 촉각과 후각 테스트 시간을 갖는다.

도움말

1. 호각, 열쇠고리, 리모컨, 건전지 테니스공 등 어르신이 알 수 있는 사물로 정한다.
2. 앞, 뒤 어르신이 소통하지 못하게 한다.

72. 다트

준비물

다트 용품, 점수판

지도요령

1. 팀 경쟁 방식으로 지도한다.
2. 1인당 6번의 슛 기회를 제공하는데 한 번에 팀 전체가 하는 것보다는 교대로 하는 방식으로 지도한다(상황에 맞게).
3. 세 번의 경쟁을 통해 획득한 점수가 높은 팀이 승리하는 방식으로 지도한다.

다트 게임

(어르신들의 연습 상태를 보고 거리를 정하면 된다.)

기대효과

1. 소속감을 갖게 돼 최선을 다해 집중하는 시간을 갖는다.

도움말

1. 지도자는 어르신이 던지는 즉시 바로 점수를 계산할 수 있도록 해야 한다.
2. 거리는 3m 정도의 거리에서 어르신의 연습 상태를 보고 결정한다.

다트게임 점수

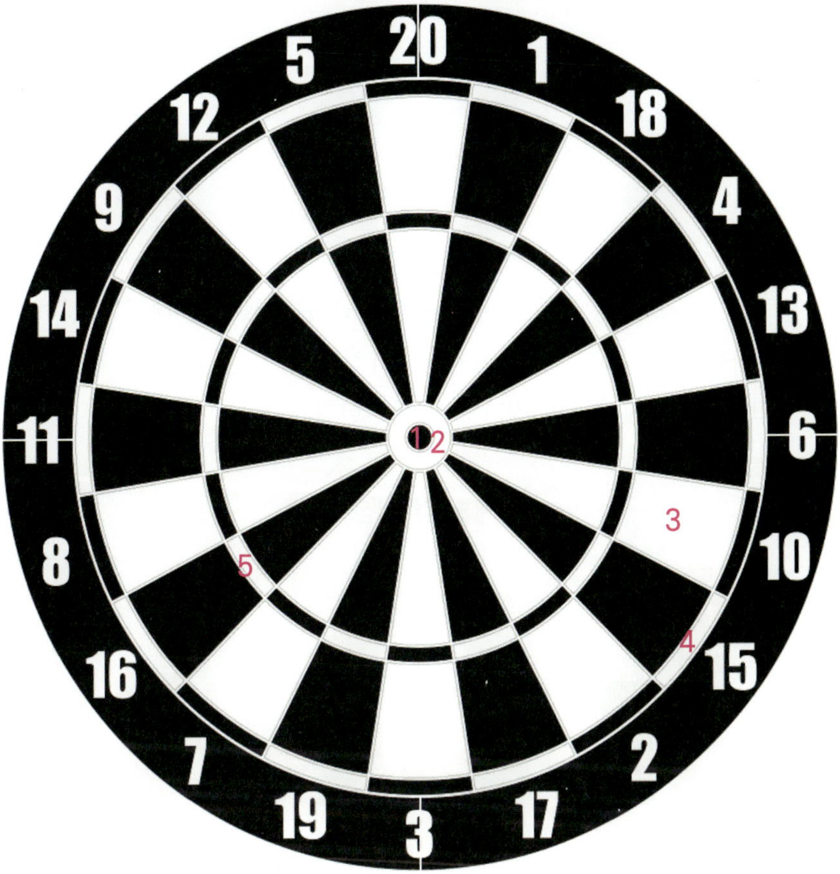

1 Bull's eye: 50point
2 Center: 25point
3 Single Score Area: score×1
4 Double Score Area: score×2
5 Triple Score Area: Score×3

73. 컵 미션

준비물

슬라이드 문제 or 문제지, 미니 컵

지도요령

1. 어르신들에게 색상 미니컵 4개씩을 지급하고 놀이에 대해 설명한다.
2. 문제지를 보여주고 그림처럼 똑같이 컵을 쌓게 한다. 완성한 어르신은 '빙고'라 외치게 한 후 정답인지 확인한다.

컵 미션

(컵을 이용해 문제 이미지를 촬영한 후 활용하며 다양한 문제를 만들 수 있다.)

기대효과

1. 집중력을 갖는다.

도움말

1. 컵 미션은 4개를 기본으로 한 후 5개까지 늘려 지도한다.
2. 미니 컵은 인터넷으로 주문이 가능하며 일반 크기의 컵으로 지도해도 된다.

74. 사물 이름 이어가기

준비물

장소 카드

지도요령

1. 최소 2명 이상 4명이 팀을 만든 후 모여 앉아 경쟁하는 놀이다.
2. 지도자가 제시하는 장소에 비치돼 있거나 사용하는 사물의 이름을 부른다.
3. 5초 동안 답이 없거나 오답인 경우에는 탈락시켜 최종 우승팀을 뽑는 방식으로 지도한다(도움말 참조).

사물 이름 이어가기 대형

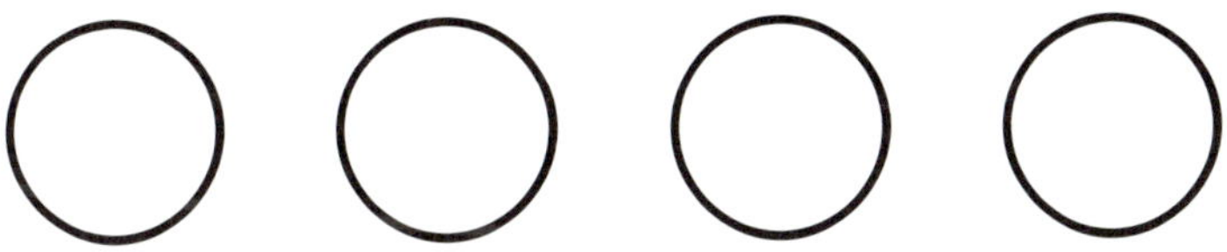

기대효과

1. 동료들과 대화를 통화 이해할 수 있는 시간을 갖는다.
2. 생각할 수 있는 시간을 갖는다.

도움말

1. 어르신들이 알 수 있는 장소를 많이 준비해야 한다.
2. 5초 동안 답이 없다고 바로 탈락시키는 것보다 2번 실격됐을 때 탈락시킨다.
3. '교회', '목욕탕', '시청', '경찰서', '세탁소' 등 다양한 곳을 미리 준비한다.

75. 탁구공 농구3

준비물

원형판 2개, 탁구공(다량)

지도요령

1. 팀 경쟁 방식으로 지도한다.
2. 1인당 5번의 슛 기회를 제공하는데 한 번에 팀 전체가 하는 것보다는 교대로 하는 방식으로 지도한다(상황에 맞게).
3. 탁구공을 던져 한 번의 바운드를 이용해 앞 원형판에 들어가면 1점이며, 뒤에 있는 원형판에 들어가면 -1점이 된다. 모든 선수가 끝난 후 총점으로 승리 팀을 결정하는 방식으로 지도한다.
4. 3전 2선승제로 지도하며, 원형 판 하나를 이용해 1분 동안 몇 개를 넣을 수 있나? 도전 기네스도 가능하다.

탁구공 다이빙

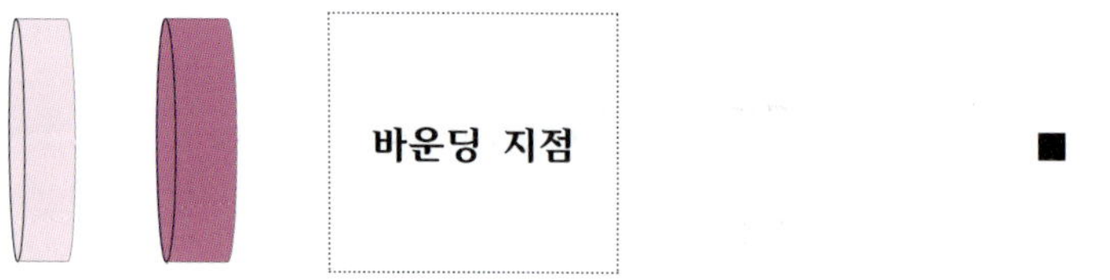

(플라스틱 원형의 높이가 낮아서 들어갔다가 나올 수 있다는 게 재미있는 요소다.)

기대효과

1. 소속감을 갖게 돼 최선을 다해 집중하는 시간을 갖는다.

도움말

1. 힘 조절과 바운딩 연습 시간을 충분히 제공한다.

76. 공기 농구2

준비물

컵판, 공기

지도요령

1. 팀 편성은 한 팀당 최소 4명 이상 20명까지 가능하며, 지도자가 의도하는 방식으로 지도한다.
2. 플라스틱 컵을 색깔별로 규칙 없이 섞어 움직이지 않게 고정하고 어르신들에게 공기를 다섯 개씩 지급한다.
3. 컵판 과의 거리는 3~5m로 하고 양 팀 중 우선권을 정한 후 한 명씩 공기를 던진다. 한 팀이 모두 던진 후 점수를 계산하고, 경쟁 팀이 던진다.
4. 세 번의 경쟁 점수를 합산해 높은 팀이 승리하는 방식으로 지도한다.

공기 농구

기대효과

1. 소속감을 갖게 돼 최선을 다해 집중하는 시간을 갖는다.
2. 편안하게 즐기며 웃을 수 있는 시간을 갖는다.

도움말

1. 컵이 움직이지 않게 견고하게 고정시킨다.
2. 색상별 점수는 공기 농구1과 같다.

77. 옷걸이 고리 던지기

준비물

재활용 옷걸이, PP줄 고리(다량)

지도요령

1. 팀 편성은 한 팀당 최소 4명 이상 20명까지 가능하며, 지도자가 의도하는 방식으로 지도한다.
2. 어르신들에게 고리를 5개씩 지급하고 우선권을 정한 후 한 명씩 고리를 던지는데. 한 번에 팀 전체가 하는 것보다는 교대로 하는 방식으로 지도한다(상황에 맞게).
4. 세 번의 경쟁 점수를 합산해 높은 팀이 승리하는 방식으로 지도한다.

옷걸이 고리 던지기

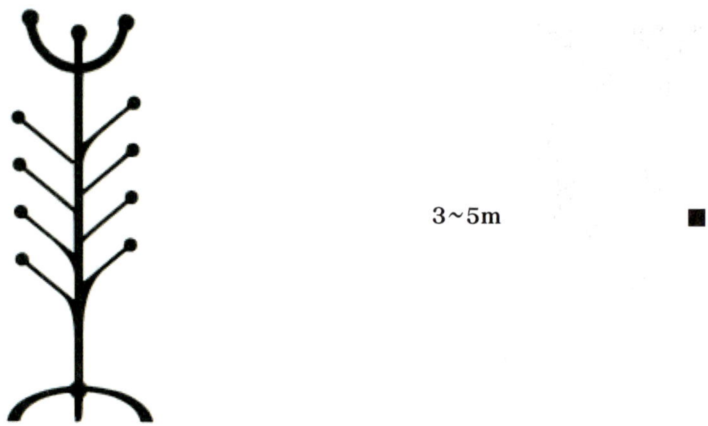

기대효과

1. 소속감을 갖게 돼 최선을 다해 집중하는 시간을 갖는다.
2. 편안하게 즐기며 웃을 수 있는 시간을 갖는다.

도움말

1. 고리는 PP줄을 구입해 지름 10cm 정도의 원형으로 만든다.
2. 점수는 위에서부터 5, 4, 3, 2, 1로 차등 적용하거나 모두 1점으로 해도 된다.

78. 고리 던지기 종합 응용

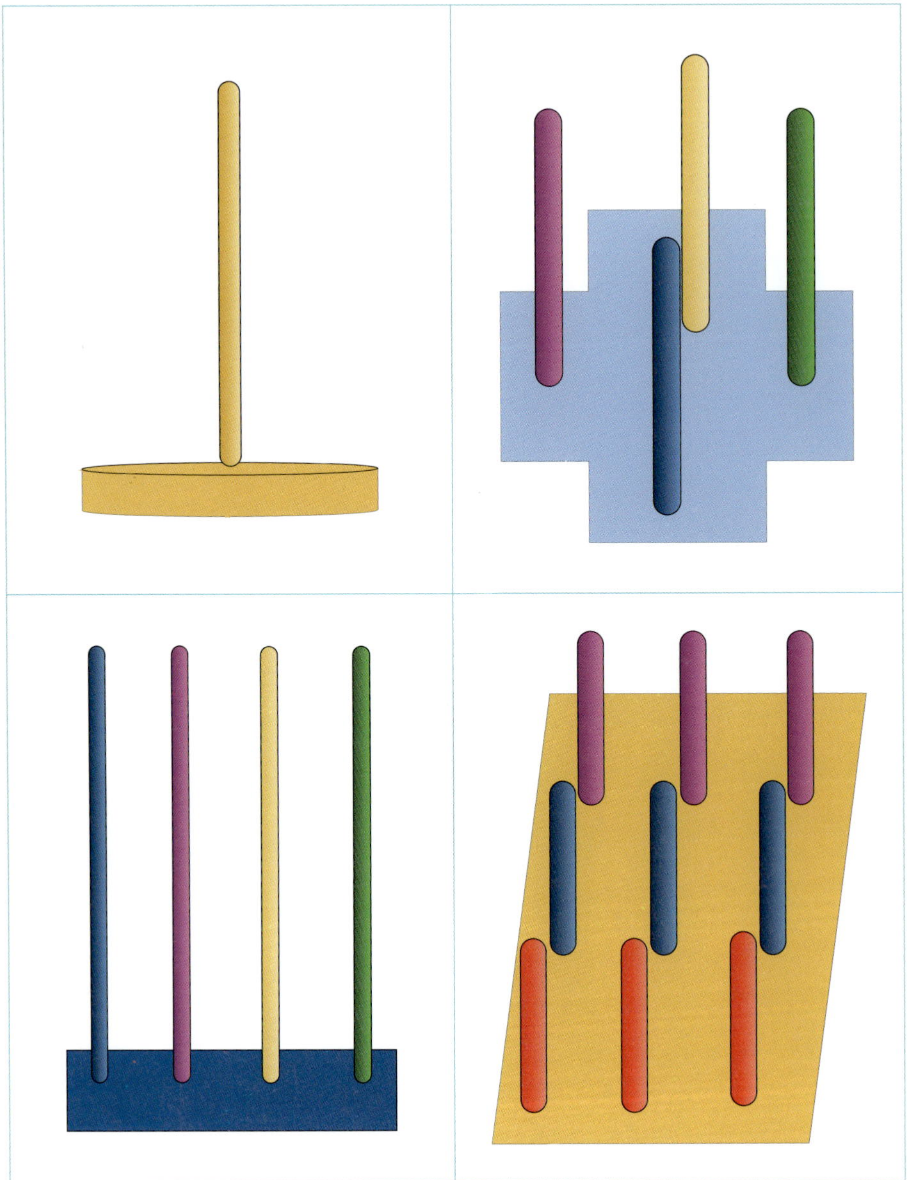

79. 칠교놀이

준비물

칠교놀이 용품, 칠교 교안 or 칠교 교안 슬라이드

지도요령

1. 어르신들에게 칠교놀이를 지급하고 1분간 도형을 집중해서 보게 한 후, 쏟아놓고 4각의 칸에 도형을 다시 넣게 한다.
2. 1번처럼 연습하게 한 후 기본 문제를 보여주고 완성하게 한다. 완성한 어르신은 '빙고'라 외치게 한 후 정답인지 확인한다.

칠교놀이

(위 이미지는 중급으로 기본 문제인 숫자 맞추기부터 시작한다.)

기대효과

1. 집중력을 갖는다.
2. 동료들보다 먼저 문제 이미지를 완성했을 때의 성취감을 느낀다.

도움말

1. 가로세로 15cm 정도의 칠교놀이를 구입하면 이동도 간편하고 적당하다.
2. 먼저 맞춘 어르신들이 알려주지 못하게 한다.

80. 화투 맞히기

준비물

대형화투(제작용) or 중형화투

지도요령

1. 최소 2명 이상 4명 이하로 팀을 만든 후 대형화투를 모두 펼칠 수 있는 책상을 가운데 놓고 두 팀이 마주 보게 한다. 이후 팀별 어르신마다 고유 번호를 정한다(예: 팀원이 4명이면 1번, 2번, 3번, 4번).
2. 우선권을 정한 후 최초 1번만 두 장의 화투를 뒤집는다. 상대 팀 1번부터는 한 장씩 뒤집는다. 계속 같은 방법으로 교대로 한 장씩 뒤집었을 때, 같은 패가 있으며 획득하면 된다(획득했다고 한 번 더 하는 건 아니다).
4. 놀이가 끝났을 때 많은 화투를 획득한 팀이 승리하는 방식으로 지도한다.

화투 맞히기

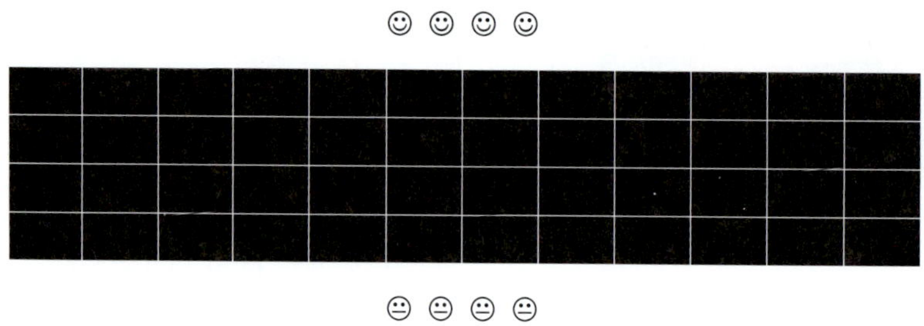

기대효과

1. 편안하게 즐기며 웃을 수 있는 시간을 갖는다.

도움말

1. 같은 팀원이라도 알려주지 못하게 한다.
2. 1인 경쟁 방식으로 지도해도 된다.

81. 그때를 기억하세요?

준비물

신문기사 or 신문기사 슬라이드

지도요령

1. 어르신들을 극장식 대형으로 앞을 바라보게 앉힌다.
2. 지도자는 어르신들이 익히 기억할만한 옛 추억의 기사를 소개하고 회상하며 대화할 수 있는 분위기를 유도한다.
3. 앞에 나와 발표할 어르신이 있으면 기회를 제공한다.

기사 소개 후 어르신의 대화를 유도할 질문

1. 이 기사를 본 기억이 있으신가요?
2. 아신다면 기사의 내용을 말해주세요.
3. 당신 어르신의 나이가 몇 살이셨습니까?
4. 당신 어르신은 무슨 일을 하고 계셨습니까?
5. 이 기사를 누구와 함께 봤습니까?

(위 기사는 건국 이후 최초의 올림픽 금메달을 획득한 양정모 선수 이야기)

기대효과

1. 추억을 생각하고 회상할 수 있는 시간을 갖는다.
2. 동료들과 대화할 수 있는 시간을 갖게 해 관계 형성을 돕는다.

도움말

1. 당시의 시대상에 대해 언급해주면 대화를 풍성하게 할 수 있다.
2. '정치', '경제', '사회', '문화' 전반에 걸친 다양한 주제를 준비한다.

82. 무엇일까?

준비물

그림판 or 그림 슬라이드

지도요령

1. 최소 2명 이상 4명 이하로 팀을 만든 후 둥그렇게 앉게 하고 포스트잇이 붙여진 그림을 보여준다.
2. 지도자는 포스트잇을 한 장 떼고 맞힐 수 있는 팀이 있는지 확인하고, 없으면 한 장을 더 뗀다. 힌트 없이 계속 같은 방법으로 지도한다.
3. 정답을 맞힐 수 있는 기회는 팀별로 두 번씩이다. 정답을 먼저 맞히는 팀이 승리하는 방식이며 동료들과 대화를 답을 유추할 수 있도록 지도한다.

그림판

(위 이미지는 기본적인 연습용 이미지입니다.)

기대효과

1. 상상력을 발휘하는 시간을 갖는다.
2. 동료들과 대화할 수 있는 시간을 갖게 해 관계 형성을 돕는다.

도움말

1. 두 번의 기회에 못 맞히면 실격이다.
2. 쉬운 이미지 그림부터 상황이 묘사된 그림도 가능하다.
3. 쉬운 그림으로는 '음식', '동물', '사물' 등이 있고 상황은 '예배 보는 모습', '혼나는 모습' 등 다양하게 준비할 수 있다.
4. 그림 슬라이드는 파워포인트와 포토샵으로 만들 수 있으며 더욱 효과적이다.

83. 내 짝을 소개합니다.

준비물

없음

지도요령

1. 두 명씩 짝을 정해주고 서로에게 궁금한 사항에 대해 물어보고 대화할 수 있는 시간을 갖게 한다.
2. 기본적으로 가족관계와 기타 개인적인 사항들에 대해서 일정 부분 방식을 제공한다.
3. 어르신 한 명씩 앞에 나와 짝에 대해 소개할 수 있도록 지도한다.

내 짝을 소개합니다.

(숫기가 없는 어르신도 편하게 발표할 수 있도록 유도한다.)

기대효과

1. 동료들과 대화할 수 있는 시간을 갖게 해 관계 형성을 돕는다.
2. 잃어가는 표현력을 기른다.

도움말

1. 짝을 바꿔가며 대화할 수 있도록 한다.
2. 앞에 나와 발표한 모든 어르신에게는 보상을 한다.

84. 릴레이 스토리

준비물

스케치북

지도요령

1. 최소 4명 이상 6명 이하로 팀을 만든 후 둥그렇게 앉게 하고 이미지와 단어가 있는 주제를 보여준다.
2. 주제가 '후회'라면 후회에 관련한 이야기를 3분 동안 각자가 말할 수 있는 시간을 가진 후 주제와 가장 잘 어울리는 이야기를 한 어르신을 뽑도록 한다.
3. 팀별로 뽑힌 어르신은 앞에 나와 발표를 하도록 지도한다.

주제

(인생을 살아가며 경험했던 이야기를 할 수 있는 주제를 선정해야 한다.)

기대효과

1. 동료들과 대화할 수 있는 시간을 갖게 해 관계 형성을 돕는다.
2. 잃어가는 표현력을 기른다.

도움말

1. 다양한 주제를 준비해야 하며, '장원급제'식의 등수제로 지도해도 된다.
2. 앞에 나와 발표한 모든 어르신에게는 보상을 한다.

85. 가사 맞히기

준비물

가사 문제지 or 슬라이드, 답안지, 사인펜

지도요령

1. 최소 2명 이상 4명 이하로 팀을 만든 후 둥그렇게 앉게 하고 답안지와 사인펜을 지급한다.
2. 문제를 보여주고 (   )에 정답을 팀원들과 소통한 후 정답지에 쓰게 한다.
3. 모든 문제가 끝나면 정답을 발표하고 많은 정답을 쓴 팀이 승리하는 방식으로 지도한다.

가사 문제

1. 나를 사랑으로 채워줘요. (   )가 다 됐나 봐요.
2. 어느 날 우연히 거울 속에 비친 (   ) 바라보면서
3. 안 오는 건지 못 오는 건지 오지 않는 사람아! 안타까운 내 마음만 (   ) 녹는다.

(정답이 제목인 것보다는 문맥에 맞는 단어를 묻는 문제를 준비한다.)

기대효과

1. 동료들과 대화할 수 있는 시간을 갖게 해 관계 형성을 돕는다.
2. 생각할 수 있는 시간을 갖는다.

도움말

1. 어려운 문제는 곤란하지만, 너무 쉬운 문제는 흥미를 떨어트릴 수 있다.
2. 문제의 정답을 발표한 후 음악을 틀어주면 효과적이다.

86. 티스푼 구 전달하기

준비물

티스푼, 쌀, 콩, 구슬, 탁구공

지도요령

1. 팀 경쟁 방식으로 팀별 일렬횡대로 서로 간격을 두고 마주 볼 수 있게 한 후 티스푼을 모두에게 지급한다.
2. 팀의 맨 왼쪽 어르신 앞 접시에는 쌀 2개, 콩 2개, 구슬 2개, 탁구공 1개를 담고 있다.
3. '시작' 하면 왼쪽 어르신은 티스푼으로 아무거나 하나씩 오른쪽 사람의 티스푼에 전달한다. 계속 같은 방법으로 오른쪽 사람에게 전달한다.
4. 제일 오른쪽 사람이 구 7개를 먼저 깡통에 담으면 승리하는 방식으로 3전 2선승제로 지도한다.

티스푼 구 전달하기

(인원은 10명 정도가 적당하며 중간에 떨어지면 처음부터 다시 한다.)

기대효과

1. 소속감을 갖게 돼 최선을 다해 집중하는 시간을 갖는다.
2. 게임성이 삽입돼 박진감을 경험하게 되며 승리의 쾌감을 느낀다.

도움말

1. 두 개씩 옮기는 건 반칙이다.
2. 구는 순서가 정해져 있는 것이 아니라 왼쪽 사람이 마음대로 정한다.
3. 두 번째 판은 오른쪽에서 왼쪽으로 전달하게 한다.

87. + - 주사위 놀이

준비물

게임판, 일반 주사위, + - 주사위, 말

지도요령

1. 팀 편성은 한 팀당 최소 4명 이상 20명까지 가능하고, 두 팀으로 나눠 2m 간격을 유지한 상태에서 두 팀이 마주 보게 하고 의자에 앉게 한다.
2. 제일 앞사람끼리 주사위 2개를 던져 이동하는데, 예를 들어 숫자 4에, - 가 나오면 뒤로 두 칸을 후퇴해야 한다.
3. 3전 2선승제로 출발선에서 도착지점까지 말이 먼저 돌아오는 팀이 승리하는 방식으로 지도한다.

+ - 주사위 놀이판과 대형

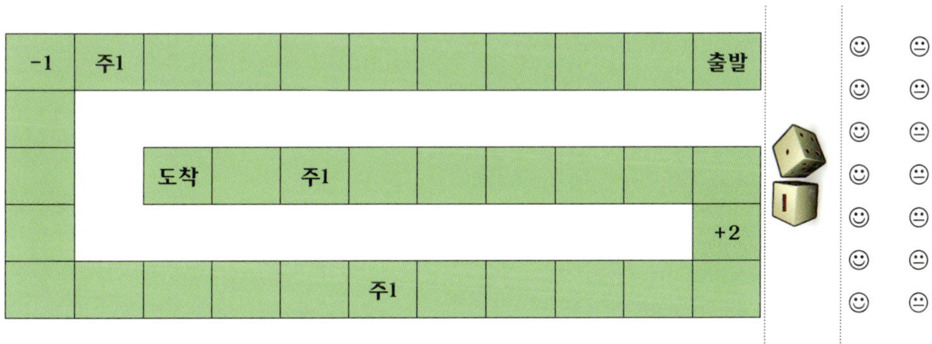

(주 1은 주사위를 한 번 더 던질 수 있는 기회이고, 상대편 말을 잡는 건 없고 말은 2개만 사용한다.)

기대효과

1. 소속감을 갖고 최선을 다하게 되며 방관자 없이 모두 참여하게 된다.
2. 하나의 공동목표를 달성했을 때의 쾌감을 느낀다.

도움말

1. 두 팀의 인원수를 똑같이 하는 게 좋다
2. 이 게임에서는 말을 청, 홍 알자석으로 해도 상관이 없다.
3. + - 주사위에는 -가 2면과 +1면이 있으며 나머지는 모두 +이다.

88. 다리 놓기

준비물

대나무(다리) or PVC 파이프(다리), 탁구공

지도요령

1. 팀 경쟁 방식으로 팀별 일렬횡대로 서로 간격을 두고 마주 볼 수 있게 한 후 모두에게 1m 다리를 하나씩 지급하고 다리를 연결하게 한다.
2. ‘시작’ 하면 왼쪽 어르신은 탁구공을 다리에 올리고 나머지 어르신들은 공이 떨어지지 않고 끝까지 굴러갈 수 있도록 다리 연결에 집중한다.
4. 제일 오른쪽 사람은 공이 옆에 있는 깡통에 정확하게 떨어질 수 있도록 각별히 집중한다. 10개의 탁구공이 제일 먼저 도착하는 팀이 승리하는 방식으로 3전 2선승제로 지도한다.

다리 놓기

(PVC 파이프는 반으로 잘랐을 때 탁구공 하나가 굴러갈 정도의 지름으로 준비한다.)

기대효과

1. 소속감을 갖게 돼 최선을 다해 집중하는 시간을 갖는다.
2. 게임성이 삽입돼 박진감을 경험하게 되며 승리의 쾌감을 느낀다.

도움말

1. 탁구공은 앞에 탁구공의 도착이 확인되면 올린다(계속 올리는 건 반칙).
2. 두 번째 판은 오른쪽에서 왼쪽으로 전달하게 한다.

89. 인물 맞히기

준비물

인물 사진 or 슬라이드, 답안지, 사인펜

지도요령

1. 최소 4명 이상 6명 이하로 팀을 만든 후 둥그렇게 앉게 하고 앞을 보게 한다.
2. 인물 사진 카드 or 슬라이드 영상을 보여주는데, 이미지와 인물 관련 사건이 간단히 기록된 카드이다(인물 50개 정도).
3. 이미지는 5초 정도 보여주고 모두 보여준 후 팀원들과 상의해 답안지에 정답을 쓰게 한다.
4. 정답을 많이 쓴 팀이 승리하는 방식으로 지도한다.

인물 사진

(특정할 수 있는 인물의 경우 역사적 사건은 기록할 필요 없다.)

기대효과

1. 소속감을 갖게 돼 최선을 다해 집중하는 시간을 갖는다.
2. 생각할 수 있는 시간을 갖는다.

도움말

1. 신 노인(젊은 노인)은 과거 노인과는 다르다는 점을 항상 생각해야 한다.
2. '정치', '경제', '사회', '문화' 전반에 인물 사전을 미리 만들어 준비한다.
3. 파워포인트로 쉽게 만들 수 있다.

90. 생각 나무

준비물

생각 나무, 팀별 스티커

지도요령

1. 최소 4명 이상 6명 이하로 팀을 만든 후 둥그렇게 앉게 하고 앞을 보게 한다.
2. 지도자는 사과에 붙어 있는 포스트잇을 하나를 떼어 초성을 보여준다.
3. 해당 사과의 초성에 맞는 단어 다섯 개를 먼저 말한 팀의 스티커를 사과에 붙여 주고 다음 사과의 포스트잇을 뗀다.
4. 스티커가 많이 붙인 팀이 승리하는 방식으로 지도한다.

생각 나무

(크게 만들어야 흥미를 가질 수 있다는 점을 명심해야 한다.)

기대효과

1. 소속감을 갖게 돼 최선을 다해 집중하는 시간을 갖는다.
2. 생각할 수 있는 시간을 갖는다.

도움말

1. 힌트는 제공하지 않는다.

91. 초집중

준비물

게임도구, 탁구공(다량), 바구니

지도요령

1. 팀 경쟁 방식으로 바구니에 있는 탁구공을 골프 티에 모두 올려 높은 게임으로 한 명씩 모두 실시해 시간을 잰다.
2. 모든 어르신을 실시한 결과 매회 빠른 시간인 팀이 승리하는 3전 2선승제 방식과, 세 번을 실시해 가장 짧은 기록은 낸 팀이 승리하는 방식 중 선택해 지도한다.
3. 1인 기네스 방식으로 지도해도 된다.
   * 10명이 할 경우 1번부터 10번까지 고유번호를 정하고 주로 홀수는 올리고 짝수는 바구니에 내려놓는 팀 경쟁 방식으로도 지도한다. 두 번째 판은 거꾸로 한다.

초집중 용품

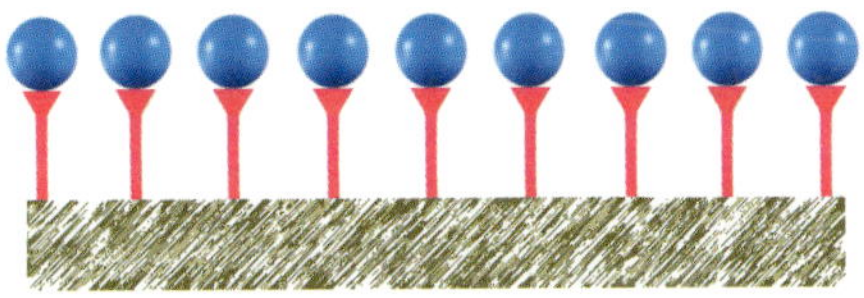

(많은 비용이 들지 않으므로 소품을 10개 정도 만들어 놓으면 지도하기 편하다.)

기대효과

1. 소속감을 갖게 돼 최선을 다해 집중하는 시간을 갖는다.

도움말

1. 심한 손 떨림을 제외하고 모든 어르신을 참여시킨다.

92. 칩 쌓기

준비물

칩(다량)

지도요령

1. 책상 위에 칩을 준비하고 의자에 앉아 칩을 높이 쌓아가는 기본 집중력 기네스 놀이이다.
2. 칩 쌓기도 가능하지만 도미노 게임으로도 응용 지도한다.

칩 쌓기

(칩은 앞·뒤 색깔이 다른 것으로 다양 구매해야 한다.)

기대효과

1. 집중력을 갖는다.
2. 팀 경쟁 방식으로 응용하게 되면 소속감을 가지고 책임감을 갖는다.

도움말

1. 심한 손 떨림을 제외하고 모든 어르신을 참여시킨다.

93. 청실홍실

준비물

칩(다량)

지도요령

1. 일대일 경쟁 방식으로 두 명씩 마주 보게 한 후 가운데에 앞·뒤 색이 다른 칩 20개를 펼쳐놓는다(정확하게 반반씩).
2. 본인의 색깔을 정한 후 '시작' 하면 본인의 색깔이 많이 나오게 오른손으로 뒤집는데 종료 후 본인의 색깔이 많은 사람이 승리하는 방식이다.
3. 둘째 판은 왼손으로 하며 3전 2선승제로 지도한다.

청실홍실

(칩이 없으면 다른 용품으로도 활용할 수 있다.)

기대효과

1. 집중력을 갖는다.
2. 잃어버린 승부욕이 발휘된다.

도움말

1. 종료 신호를 보내도 계속 뒤집는 경우가 있는데 반칙으로 원위치한다.

94. 거꾸로 바로

준비물

플라스틱병 20개

지도요령

1. 일대일 경쟁 방식으로 두 명씩 마주 보게 한 후 앞에 플라스틱 빈병을 정상적으로 세워놓고 준비한다.
2. '시작' 하면 병을 거꾸로 세워놓고 박수 한번 치고 다시 바로 세워놓는 어르신이 승리하는 방식으로 지도한다.
   * 10명이 할 경우 1번부터 10번까지 고유번호를 정하고 주로 홀수는 거꾸로 짝수는 바로 세워놓는 팀 경쟁 방식으로도 지도한다.

거꾸로 바로

(플라스틱 빈 병을 활용한다.)

기대효과

1. 집중력을 갖는다.
2. 잃어버린 승부욕이 발휘된다.

도움말

1. 재활용품이 놀이의 소품으로 활용할 수 있다는 점을 명심하자.

95. 카드 나열하기

준비물

숫자 카드(1~30번) 팀 수

지도요령

1. 최소 4명 이상 6명 이하로 팀을 만든 후 둥그렇게 앉게 하고 가운데에 섞은 숫자 카드 30장을 지급(인원수만큼 나눠)한다.
2. '시작' 하면 한 묶음씩 들고 바로 숫자를 보며 가운데에 1번부터 30번까지 순서대로 5열 종대로 정렬한다.
3. 정확하게 정렬하고 박수 다섯 번을 치고 자리에 앉아 있는 팀이 승리하는 방식으로 지도한다.

카드 나열하기

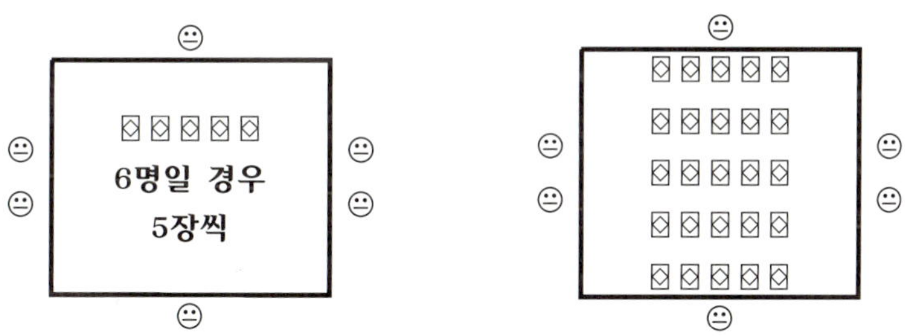

(숫자 카드는 어르신이 확인하기 전에는 알 수 없게 한다.)

기대효과

1. 집중력을 갖는다.
2. 본 게임 전에 주의를 환기시킬 수 있다.

도움말

1. 과열되다 보면 정렬 도중에 머리를 부딪치는 사례가 발생할 수 있기 때문에 미리 주의를 준다.

96. 스피드 보드게임

준비물

보드게임판, 주사위, 말

지도요령

1. 최소 2명 이상 4명 정도가 함께 하는 주사위 놀이로 주사위와 게임판, 말을 지급한다.
2. 우선권을 정한 후 주사위를 굴려 나온 숫자대로 출발점에서 출발해 먼저 돌아오는 어르신이 승리하는 방식이다.
3. 위기 지점에 말이 놓이면 어르신은 지도자와 가위바위보를 실시해 이기면 유리한 방향으로 이동할 수 있지만 지면 불리한 방향으로 이동한다.
4. 추락 지점은 무조건 아래도 떨어지는데, 재미있는 이야기로 공감시키면 면제해 준다.

스피드 보드게임 대형

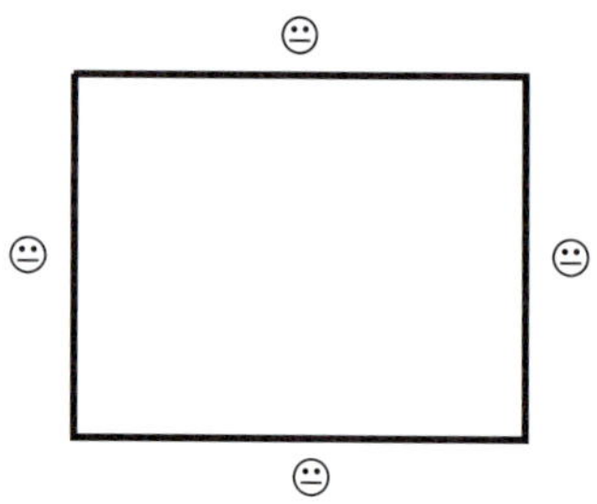

(보드게임판은 크고 화려하게 만들어야 어르신들이 흥미를 갖는다.)

기대효과

1. 동료들과 대화할 수 있는 시간을 갖게 해 관계 형성을 돕는다.
2. 추억을 생각하고 회상할 수 있는 시간을 갖는다.

도움말

1. 현수막 업체에 도안을 드리면 화려하게 출력해준다.
2. 말은 본인의 귀한 소지품이나 바둑알, 장기알 등으로 하면 된다.

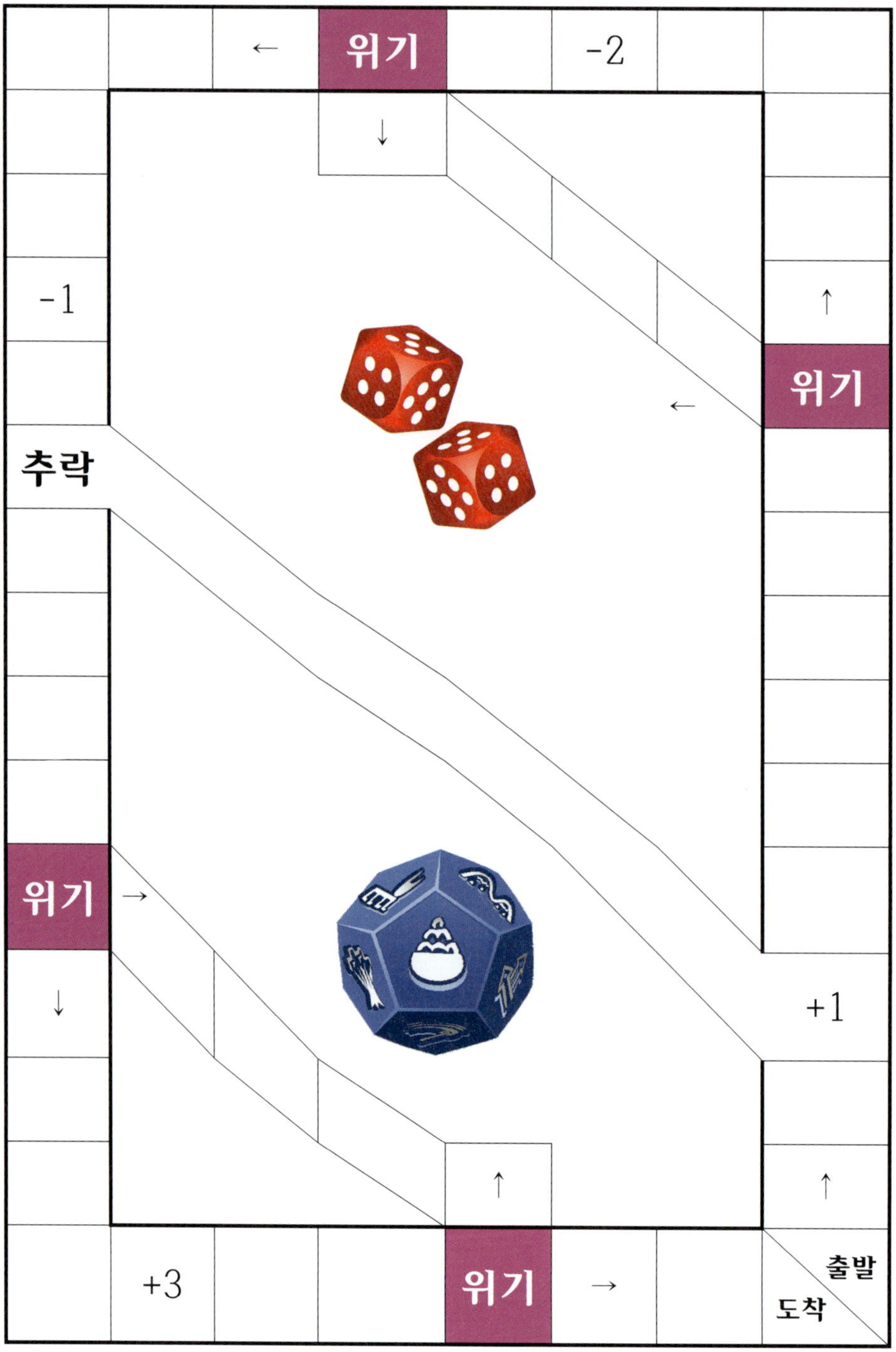
위기
-2
-1
위기
추락
위기
+1
+3
위기
출발
도착

97. 공 전달하기

준비물

배구공

지도요령

1. 최소 8명 이상 15명 이하로 팀을 만든 후 일렬종대로 서 있게 한다.
2. '시작' 하면 앞에서 뒤로 공을 전달해 앞으로 돌아오는 방식의 운동 게임으로 다양한 방법으로 응용해 지도한다.
3. 팀 경쟁으로 할 경우는 5전 3선승제로 하고, 그렇지 않을 경우에는 몸풀이 운동으로 지도한다.

공 전달하기 대형

1. 왼쪽 뒤로 전달해 오른쪽 앞으로 돌아오기
2. 오른쪽 뒤로 전달해 왼쪽 앞으로 돌아오기
3. 왼쪽 뒤로 전달해 뒤에서부터 가랑이 사이로 앞으로 돌아오기
4. 오른쪽 뒤로 전달해 뒤에서부터 가랑이 사이로 앞으로 돌아오기
5. 팔을 위로 뻗어 뒤로 전달해 다시 앞으로 돌아오기
6. 팔을 위로 뻗어 뒤로 전달해 뒤에서부터 가랑이 사이로 앞으로 전달하기
7. 3번 4번 6번 연속으로 하기

(어르신의 심·신에 따라 다양한 방법으로 변형할 수 있다.)

기대효과

1. 굳어진 근육을 약간 풀어준다.
2. 게임이나 본 운동의 사전 준비 체조로, 예방 효과가 있다.

도움말

1. 승·패에 과열되지 않도록 편안하게 지도한다.
2. 지도 전에 몸이 불편한 어르신은 열외 시킨다.

98. 탈출

준비물

플라스틱병 10개, 탱탱볼(다량), 박스

지도요령

1. 팀 경쟁 방식으로 어르신에게 탱탱볼 5개씩을 지급하고 출발선에서 탱탱볼을 굴려 플라스틱 병을 통과하게 한다.
2. 많이 통과한 팀이 승리하는 3전 2선승제 방식으로 지도한다.

탈출

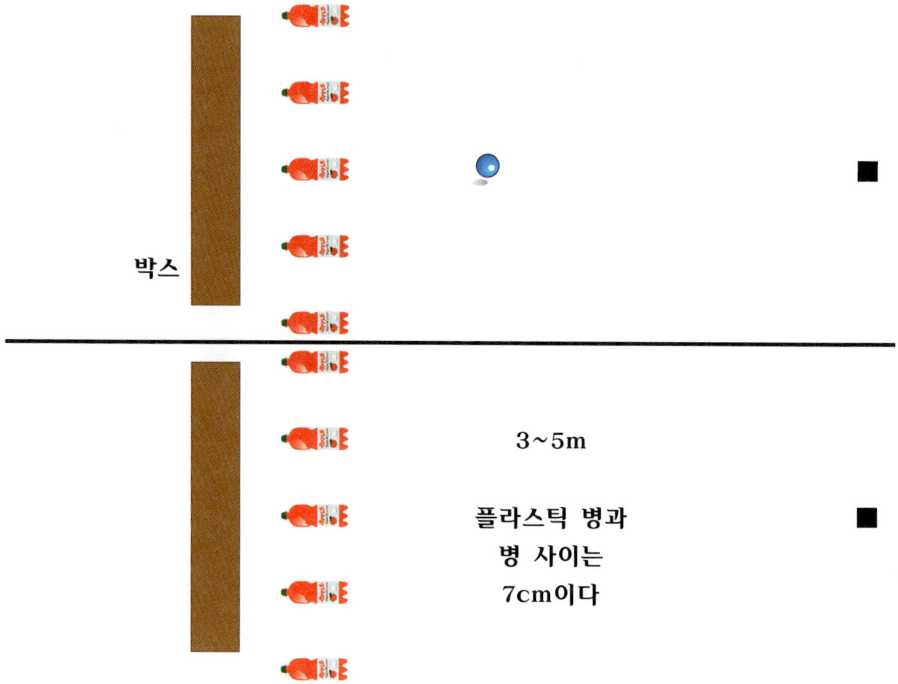

(다량의 탱탱볼이 없을 경우에는 팀별 10개를 가지고 하면 된다.)

기대효과

1. 소속감을 갖게 돼 최선을 다해 집중하는 시간을 갖는다.

도움말

1. 팀 인원수는 제한이 없으며, 연습 시간을 충분히 제공한다.
2. 플라스틱병에는 물을 가득 채운다.

99. 실버 빙고 올림픽

준비물

빙고 올림픽 판, 준비한 게임 도구 일체

지도요령

1. 최소 4명 이상 8명 이하로 팀을 만들고 최대 4팀이 함께 경쟁할 수 있는 놀이다.
2. 팀별 고유색을 정하는데 알자석에 표현되는 색깔로 정하게 하고 첫 번째 게임은 지도자가 13번 놀이를 지도해 시작한다.
3. 13번 놀이를 4팀이 경쟁해 우승팀이 결정되면 13번에 우승팀에 알자석을 붙여 놓고 우승 팀의 대표자 한 명이 다음 게임의 번호를 부른다.
4. 3번과 같은 방법으로 계속 지도하는 데 5번의 우승을 먼저 한 팀이 승리하는 방식과 전통 빙고 방식 중 선택해서 지도한다.

   * 전통 빙고 방식 중 변형해서 가로, 세로, 사선 상관없이 3개만 이어서 승리하면 우승 하는 방식으로 진행해본 결과 어르신들이 흥미를 갖고 임했다.

실버 빙고 올림픽

(번호를 떼면 게임이 적혀 있다.)

기대효과

1. 소속감을 가지고 최선을 다한다.
2. 책임의식을 가지고 승부욕을 발휘한다.
3. 동료들과 대화할 수 있는 시간을 갖게 해 관계 형성을 돕는다.
4. 하나의 공동목표를 달성했을 때의 쾌감을 느낀다.

도움말

1. 놀이는 다양하게 준비하는 데 개인 경쟁과 단체 경쟁을 섞어서 구성한다.
2. 어르신들의 심·신에 따라 놀이 규칙을 정해야 한다.
3. 명절에 참여한 가족과 함께하면 더욱 즐겁다.

100. 과일 낚시

준비물

빨랫줄 낚시, 둥근 과일(다량)

지도요령

1. 참석한 어르신은 원형으로 대형을 만들고 의자에 앉힌 후 특정인에게 빨랫줄 낚시를 지급한다.
2. 원형 가운데에는 다량의 과일을 펼쳐져 있는데 특정인부터 오른쪽으로 돌아가며 올가미가 달린 낚싯줄을 던져 과일을 끌어 온다.
3. 팀 경쟁 방식이나 개인전 방식으로 지도한다.

과일 낚시

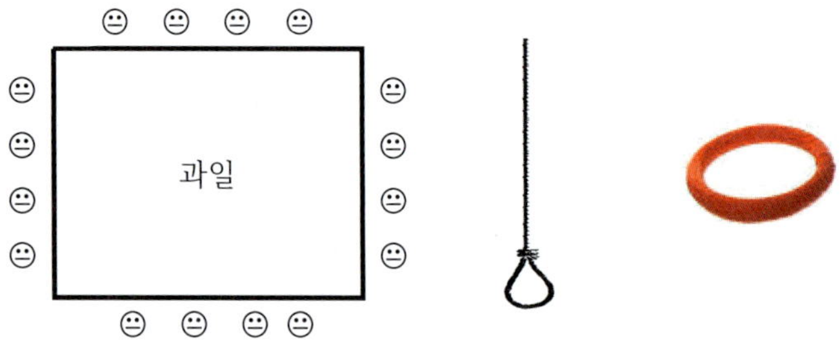

(집중력을 가지고 임하면 누구나 과일을 가져올 수 있다.)

기대효과

1. 집중력을 갖는다.

도움말

1. 과일이 굴러온다고 해서 생채기가 나진 않는다.
2. 팀 경쟁 방식으로 지도할 경우 교대로 앉을 수 있도록 배치한다.
3. 과일이 없으면 볼풀을 사용하고 고리 만들기가 어려우면 고리를 달아도 된다.

101. 인간 룰렛

준비물

동전

지도요령

1. 팀 경쟁 방식으로 상대 팀 10명은 원을 만들어 앉아 있고, 그 중 한 명은 동전을 쥐고 있게 한다.
2. 상대 팀은 눈치가 빠른 사람 한 명을 선발해 원형 가운데 들어가 안대를 쓰게 한다.
3. '시작' 하면 간단한 동요를 부르며 동전을 돌리다 동요가 끝나면 전달을 멈추고 상대팀 술래도 안대를 벗고 동전을 갖고 있지 않은 사람을 지명한다.
4. 동전을 갖고 있지 않은 사람이 지목될 때마다 1점씩 점수가 올라가며 동전을 갖고 있는 사람이 지목되면 상대 팀과 공·수 교대한다.
5. 3명 정도 술래를 바꿔 지도한 후 최종 양 팀의 점수를 합하려 높은 점수를 획득한 팀이 승리하는 방식으로 지도한다.

인간 룰렛

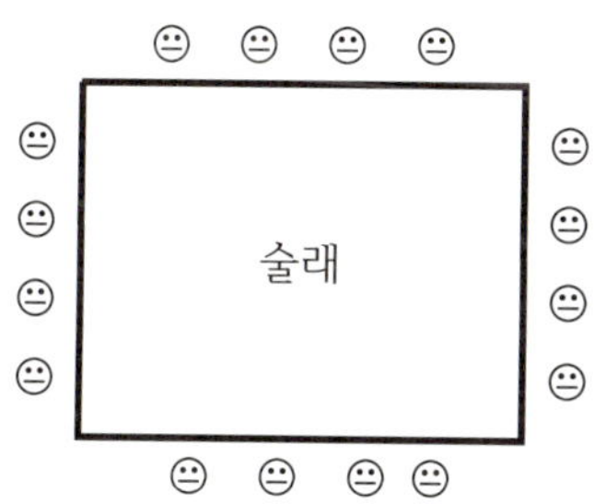

(동전을 갖고 있는 사람이 지목되면 '빵'하고 큰소리를 내게 한다. 옆은 게임기 룰렛 용품)

기대효과

1. 상상력을 발휘하는 시간을 갖는다.

2. 룰렛 형태로 긴장감을 경험함으로써 즐거운 자극이 발생한다.

도움말

1. 원형의 어르신들은 표정은 지을 수 있지만 말은 못 하게 한다.
2. 동전을 전달할 때 한 방향(오른쪽)으로만 전달하게 하며, 또한 건너뛰는 형태로 전달하지 못하게 한다.

102. 표적을 맞혀라

준비물

표적판, 찍찍이 볼(다량)

지도요령

1. 팀 경쟁 방식으로 어르신에게 다섯 번의 찍찍이 볼을 던질 수 있는 기회를 제공한다.
2. 세 번의 경쟁을 통해 획득한 점수가 높은 팀이 승리하는 방식으로 지도한다.

표적을 맞혀라

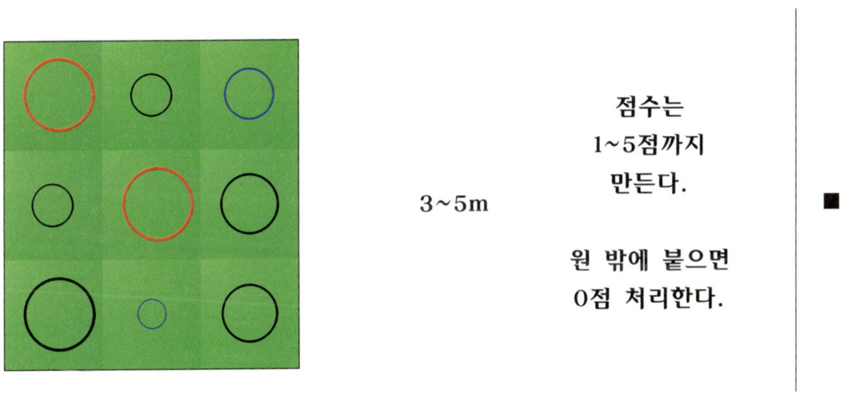

(표적판은 제작해야 하고 크기는 말뚝이 판과 같다. 찍찍이 볼은 구매할 수 있다.)

기대효과

1. 소속감을 갖게 돼 최선을 다해 집중하는 시간을 갖는다.

도움말

1. 거리는 연습 시간을 통해 확인한 후 융통성 있게 조절한다.
2. 찍찍이 볼은 크기가 다양하므로 섞어서 구매해 지도하면 더욱 재미있다.

103. 종이비행기 볼링

준비물

A4 종이, 색깔 종이컵(다량)

지도요령

1. 팀 경쟁 방식으로 모두에게 A4 종이를 한 장씩 지급하고 본인의 비행기를 접게 한 후 이름을 쓰게 한다.
2. 우선권을 정한 후 쌓아놓은 종이컵에 비행기를 날려 쓰러트리는데 무너트린 종이컵의 개수가 많은 팀이 승리하는 방식으로 3전 2선승제로 실시한다.

* 비행기는 다른 곳에 날리는 연습을 하게 한 후, 놀이에서는 한 번의 기회만을 제공한다.

종이비행기 볼링

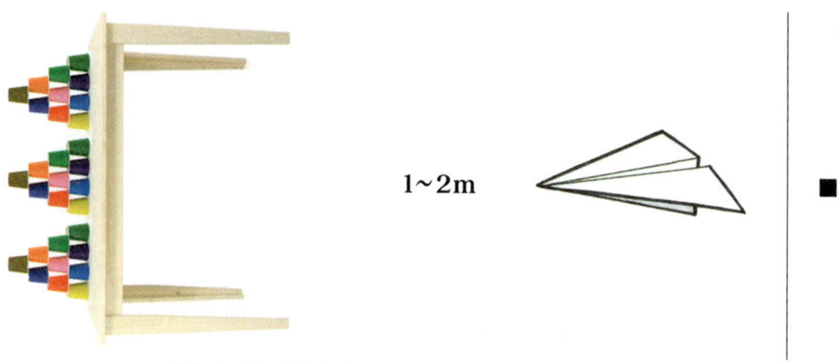

(종이컵은 책상위에 3군데에 쌓아야 한다.)

기대효과

1. 소속감을 갖게 돼 최선을 다해 집중하는 시간을 갖는다.

도움말

1. 거리는 연습 시간을 통해 확인한 후 융통성 있게 조절한다.
2. 색종이로 비행기를 접으면 날아가는 힘이 약하다.

104. 종이비행기 전달하기

준비물

A4 종이, 색깔 종이컵(다량)

지도요령

1. 종이비행기 볼링을 끝낸 후 정해진 라인에 서서 종이비행기 멀리 날리기 경쟁을 한다.
2. 던진 후 날아간 곳에 걸어가 종이비행기를 하나씩 들고 오는데 다른 사람의 종이비행기를 들고 와, 다 같이 둥그렇게 앉게 하고 사인펜을 나눠 준다.
3. 가지고 온 종이비행기의 이름을 보고 그 사람에 대한 칭찬을 3가지 쓰게 하고 '시작' 하면 그 사람에게 종이비행기를 날린다.
4. 참여한 모든 어르신이 본인의 칭찬을 발표할 수 있게 지도한다.

종이비행기 전달하기

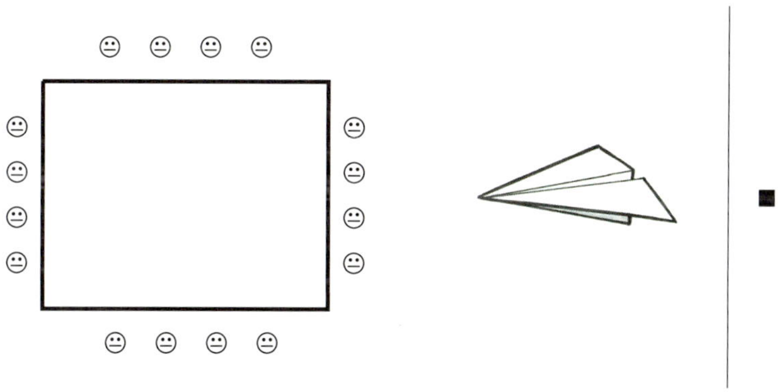

(상대방에게 종이비행기를 날려야하므로 너무 촘촘히 앉으면 안 된다.)

기대효과

1. 동료들과 대화를 통화 이해할 수 있는 시간을 갖는다.

2. 서로를 이해할 수 있는 시간을 갖게 되며 관계형성이 이루어진다.

도움말

1. 놀이를 지도하기 전에 서로 모르는 사람이 있는지 확인하고 친교(스킨십) 할 수 있는 시간을 만든다.
2. 발표는 모두 할 수 있도록 분위기를 조성해준다.

105. 종 쳐! 종 치지 마!

준비물

종

지도요령

1. 일반인 레크리에이션 게임 중 '집어, 놔'의 변형 일대일 경쟁 게임으로 두 명씩 마주 보게 한 후 가운데 종을 놓는다.
2. 지도자가 '종 쳐' 하면 종을 치고 '종 치지 마' 하면 가만히 있어야 하는데 종을 치면 패가 된다.
3. 3전 2선승제로 순발력이 가장 좋은 어르신을 뽑는 방식으로 지도한다.

종 쳐! 종 치지 마!

(종이 다량으로 없으면 나눠서 지도한다.)

기대효과

1. 본인의 순발력을 확인하는 시간을 갖는다.
2. 잃어버린 승부욕을 갖는다.

도움말

1. 다른 물건을 활용해도 되는데 종을 사용하는 이유는 종소리를 듣기 위해서이다.
2. '할리갈리'게임의 종을 활용하거나 옛 두부장수들이 쓰던 종을 활용해도 된다.

106. 칩(동전) 뒤집기

준비물

칩(동전), 책상

지도요령

1. 책상의 긴 면 가장자리에 칩 100개를 일렬 횡으로 두 면에 정렬해 놓는다.
2. 기네스 놀이로 30초 동안에 칩을 많이 뒤집어 놓은 어르신을 선발하는 방식으로 지도한다.

칩 뒤집기

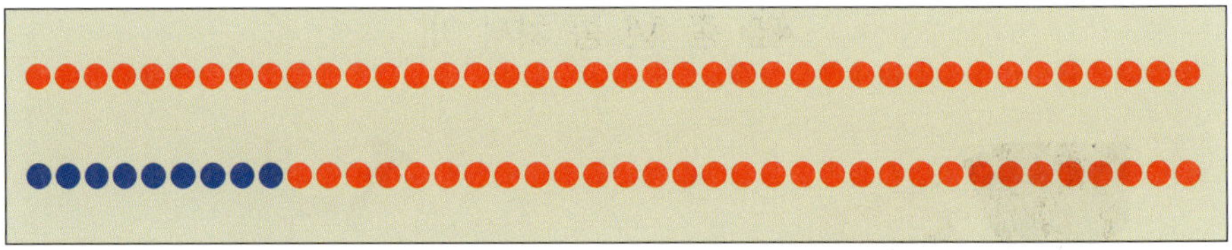

(책상의 가장자리 면에 정렬한다.)

기대효과

1. 본인의 순발력을 확인하는 시간을 갖는다.

도움말

1. 칩이 없으면 동전을 활용해도 되는데 동전은 의외로 어렵거나 냄새가 날 수 있다.

107. 순간을 잡아라

준비물

편집 영상물, 슬라이드, 프로젝트

지도요령

1. 어르신들을 극장식 대형으로 앞을 바라보게 앉힌다.
2. 영상을 관람하게 하는데, 영상 안에는 유명인의 사진이 10컷 정도 나타났다 사라진다.
3. 영상에 나타난 유명인을 맞히는 놀이지만 편하게 답할 수 있게 지도한다.

(프로젝트가 설치돼 있지 않으면 휴대용 프로젝트로도 가능하다.)

기대효과

1. 집중력을 갖는다.
2. 추억을 생각하고 회상할 수 있는 시간을 갖는다.

도움말

1. 영상은 어르신들이 추억할 수 있는 영상으로 준비한다.
2. 놀이가 끝난 후 동료들과 대화할 수 있는 시간을 만든다.

108. 우리도 해

준비물

배구공

지도요령

1. 최소 5명에서 8명으로 팀을 만든 후, 팀원 중 1명이 가운데에 서 있고 나머지 분들도 1명을 기준으로 둥그렇게 서 있게 한다.
2. 공을 가운데 분에게 지급하고 둥그렇게 서 있는 어르신들의 고유번호를 2번부터 정해준다. 1번은 가운데 있는 어르신이다.
3. 5명일 경우 1 → 2 → 1, 1 → 3 → 1, 1 → 4 → 1, 1 → 5 → 1 순으로 연습한 후, 도전하는 데 순서도 정확하고 떨어지지 않게 수행이 되면 통과이며, 가장 빠른 시간에 수행한 팀이 승리하는 방식으로 지도한다.
   * 공은 바운드 없이 다이렉트로 던진다.

우리도 해1 대형

(1번과의 거리는 어르신의 심·신에 따라 조절 가능하므로 연습 때 확인한 후 정한다.)

기대효과

1. 집중력과 협동심을 기른다.

도움말

1. 처음에는 스스로 포기하는 어르신이 분명히 발생하지만, 연습을 통해 충분히 할 수 있다는 자신감을 부여한다.
2. 놀이 후에는 1회 바운드 방식으로 지도해 본다(바운드가 난이도 높음).

109. 다른 부분 찾기

준비물

보조 진행자, 소품

지도요령

1. 팀 경쟁 방식으로 둥그렇게 앉은 상태에게 무대를 바라보게 한다.
2. 보조진행자 두 명은 무대에 서 있게 하고 어르신들에게 모습을 정확하게 관찰할 수 있는 시간을 제공한다.
3. '준비' 하면 어르신들은 뒤로 돌아 있고 보조진행자 둘은 본인의 모습에 변화를 준다.
4. '시작' 하면 보조진행자들은 동작을 멈추고 서 있게 어르신들은 돌아서서 다른 부분을 맞히는데 대화를 통해 팀장 한 명이 말하게 한다.
5. 두 명의 다른 부분을 모두 맞혀야 정답이다.

다른 부분 찾기

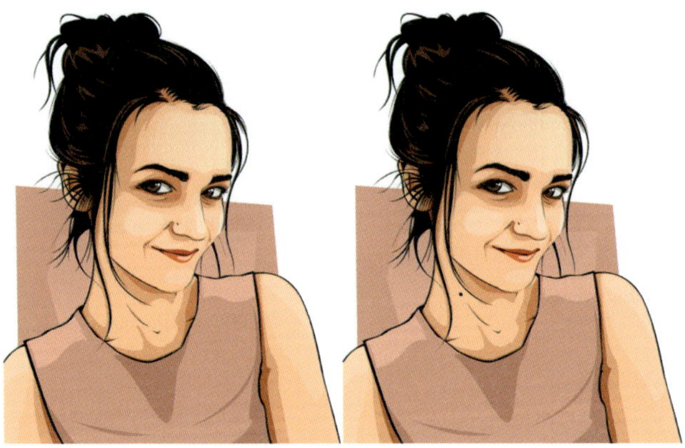

(이미지는 샘플로 많이 활용하고 있는 다른 그림 찾기이다.)

기대효과

1. 어르신들과 사회복지사(요양보호사)들이 친교 할 수 있는 시간을 갖는다.

2. 관찰능력을 향상한다.

도움말

1. 변화를 난이도 있게 준비한다(표정, 옷 모양, 분장, 머리, 신발, 손 등).
2. 간단한 소품도 활용한다.

110. 오물 퇴치(상자 볼링)

준비물

가벼운 상자, 배구공 or 테니스공

지도요령

1. 팀 경쟁 방식으로 중앙선에 있는 상자를 오물이라고 생각하고 공을 굴려 맞춰 상대편 쪽으로 밀어내는 게임이다.
2. 우선권을 정한 후 1번부터 순서대로 골을 굴려 밀어내는 방식으로, 선을 넘지 않고 굴리게 하며, 굴리는 위치는 어디든지 상관없다.
3. 테니스 공으로 할 경우 어르신 모두에게 한 개씩을 지급하고 '그만' 할 때까지 무작위로 굴리는 방법도 있는데, 지양한다.

상자 볼링

(상자는 일반적인 상자면 가능하다.)

기대효과

1. 소속감을 갖게 되고 최선을 다해 집중하는 시간을 갖는다.
2. 성과를 냈을 때의 성취감을 느낀다.

도움말

1. 작은 상자 여러 개를 놓고 할 때도 있는데 이때는 상자 개수를 홀수로 놓고 한다.
2. 다양한 방법으로 응용할 수 있다.

111. 숫자 카드 들기

준비물

숫자 카드

지도요령

1. 1번부터 10번까지 번호가 적힌 숫자 카드를 섞어서 펼쳐놓는다.
2. ‘시작’ 하면 팀원 1명이 10m 전방으로 달려가 카드 더미에서 1장을 선택해 들고 팀원들에게 보여준다. ‘1’이면 팀원들은 ‘정답’이라는 표시를 동작으로 해주고 ‘1’이 아니면 ‘오답’이라는 표시를 동작으로 해준다.
3. ‘1’일 경우 들고 들어와 팀원들 앞에 정렬하고, 다음 어르신이 출발해 같은 방법으로 실시한다. 1-10까지 먼저 정렬하는 팀이 승리하는 방식으로 지도한다.
4. 경쟁 방식이지만 두 팀 이상 동시에 하는 건 지양한다.

숫자 카드 들기

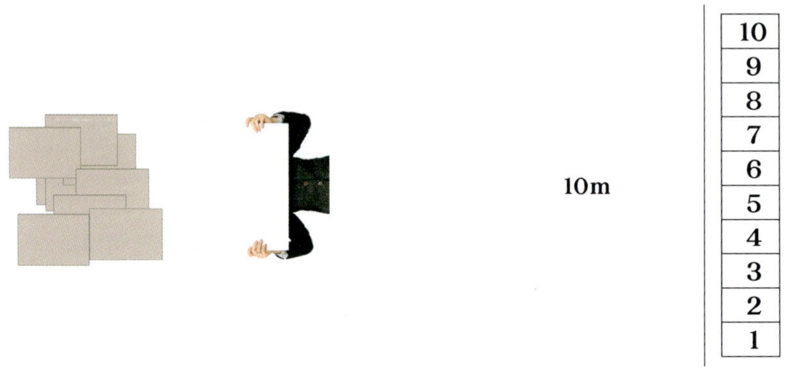

(상자는 일반적인 상자면 가능하다.)

기대효과

1. 움직이는 활동이 있어 활동적이다.

2. 하나의 공동목표를 달성했을 때의 쾌감을 느낀다.

도움말

1. '정답'과 '오답'의 표현은 양팔로 할 수 있도록 한다.
2. 먼저 출발하는 어르신들을 건강한 어르신으로 편성하게 한다.

112. 운명의 주사위

준비물

주사위 2개

지도요령

1. 친교 프로그램으로 6명이 그룹을 만들어 하는데 주사위 하나에는 6명의 이름을 또 다른 주사위에는 미션을 적어 놓는다.
2. 처음에는 지도자가 주사위를 던져주는데, 이때 나온 사람은 자리에서 일어나 다시 주사위를 던져 대상이 나오게 한다. 대상은 일어나 미션 주사위를 던진다.
3. 처음 나온 사람이 '누가'이고 그 사람이 던져 나온 사람이 '대상'이며, 대상이 미션 주사위를 던지게 한다.
4. 미션에는 '칭찬하기', '안아주기', '덕담해주기'처럼 친교에 도움이 될 만한 미션을 적어 놓는다.
5. 같은 방법으로 계속하는데 누가와 대상이 같은 이름이 나오면 다시 던지게 한다.

운영의 주사위

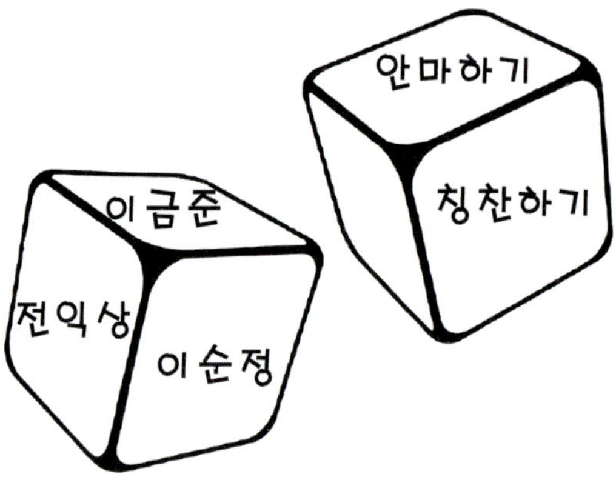

(주사위 면에 붙은 종이는 A4 크기이다.)

기대효과

1. 동료들과 관계형성을 할 수 있는 시간을 갖는다.
2. 편안하게 즐기며 웃을 수 있는 시간을 갖는다.

도움말

1. 큰 주사위 각 면에 이름과 미션을 붙여 제작한다.
2. 참석인원이 많아도 6명씩 그룹을 만들어 지도한다.

113. 탁구공 정렬하기

준비물

숫자가 적힌 탁구공, 계란판 2개

지도요령

1. 숫자가 적힌 탁구공을 숫자가 보이지 않게 계란판에 넣고 옆에 빈 계란판을 준비한다.
2. 개인 기네스 게임, 일대일 게임, 또는 대표자 게임이 가능하다. 1명이 나와 '시작' 하면 계란을 번호순서대로 왼쪽 상층부터 먼저 정렬하면 승리하는 게임으로 한 손만 사용한다.
3. 일대일 경쟁이나 대표자 경쟁으로 할 때는 3전 2선승제로 지도하며 개인 기네스 놀이로 할 때는 초를 잰다.

탁구공 정렬하기

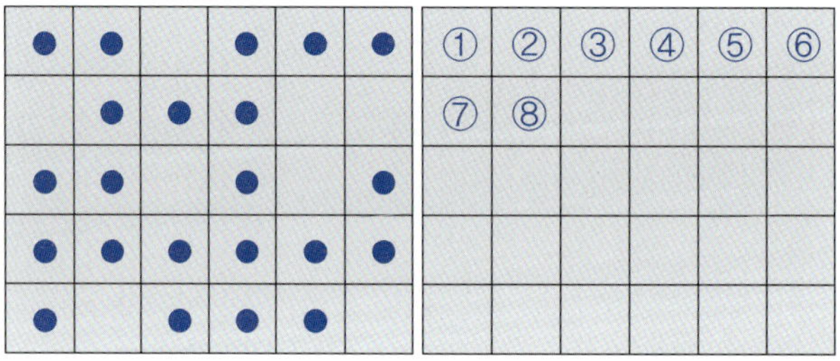

(플라스틱 계란판으로 준비하면 보기 좋다.)

기대효과

1. 집중력을 갖는다.
2. 잃어버린 승부욕을 갖는다.

도움말

1. 번호가 쓰인 탁구공에 게임성을 더 삽입하려면 다양한 색깔 탁구공을 사용한다.
2. 3전 2선승제로 할 때는 왼손, 오른손을 교대로 한다.

114. 알 받기

준비물

배구공, 탱탱볼, 테니스공, 탁구공, 구슬

지도요령

1. 두 팀 경쟁 방식으로 각 팀은 두 명씩 마주 보고 서 있는데 인원이 정확하게 맞아야 한다.
2. 제일 왼쪽에 있는 어르신 옆에는. 다섯 종류의 공이 담겨 있는 바구니가 있는데, '시작' 하면 순서 없이 공을 앞 사람에게 전달하는데 지그재그로 전달해 제일 끝에 있는 어르신에게 전달한다.
3. 제일 오른쪽 어르신 옆에도 담을 수 있는 바구니가 있는데, 모든 공을 먼저 받으면 승리 하는 방식으로 3전 2선승제로 지도한다.

   * 공은 이어서 전달하는 게 아니라 전달한 공이 마지막까지 전달된 걸 확인한 다음 다른 공을 전달할 수 있다.

알 받기

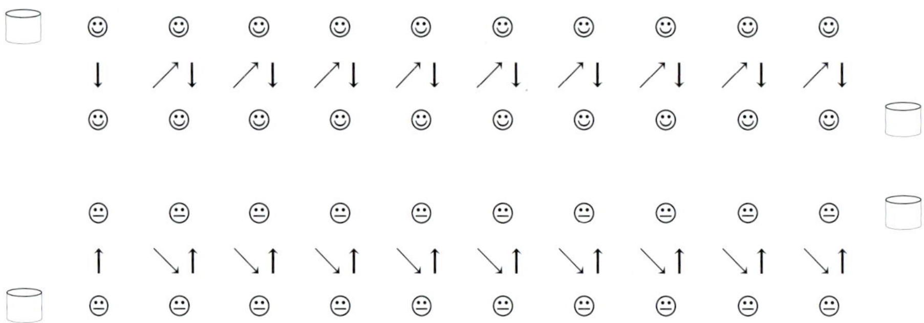

(게임 제목처럼 알이기 때문에 떨어트리면 죽은 걸로 인정해 처음부터 다시 해야 한다.)

기대효과

1. 협동심을 발휘한다.

2. 게임성이 삽입돼 박진감을 경험하게 되며 승리의 쾌감을 느낀다.

도움말

1. 지그재그 전달하는 방식을 천천히 정확하게 알려준다.
2. 위 방식으로 실시한 이후 공을 계속 전달하는 방식으로도 지도한다.

115. 노인 도블

준비물

그림카드 100개

지도요령

1. 4명이 그룹을 만들어 둥그렇게 앉게 하고 1인당 카드 1장을 나눠주고 96장의 카드는 지도자가 가지고 있다.
2. 어르신은 받은 카드 한 장을 앞에 모두 보일 수 있도록 펼쳐놓고, 지도자는 카드 한 장을 가운데로 내려놓는다. 이때 어르신은 본인이 가지고 있는 카드에 그림과 일치하는 그림이 있으면 사물의 이름을 말한다.
3. 정답이면 카드를 획득하고 받은 카드를 본인의 카드 위로 포개 올린다.
4. 같은 방법으로 지도해 가장 많은 카드를 획득한 어르신이 승리하는 방식을 지도한다.

그림 카드 샘플

(이미지는 무료 이미지 사이트를 활용해 만들어야 한다.)

기대효과

1. 집중력을 갖는다.
2. 자연스럽게 목소리를 높이게 되며 승부욕이 발생한다.

도움말

1. '획득한 카드는 제일 위에 포개 놓는 것이며 그 카드의 이미지를 보고 계속한다'는 방식을 숙지시켜야 한다.
2. 위 카드는 A4 크기의 반 정도로 만들어 활용하는데 A4 크기까지는 가능하다.

116. 선물 낚시

준비물

낚시, 선물

지도요령

1. 참석한 어르신은 원형으로 대형을 만들고 의자에 앉힌 후 특정인에게 낚싯대를 지급한다.
2. 원형 가운데에는 다량의 선물이 있는데, 선물의 이름은 낚은 후 안에 내용물이나 이름을 확인해야 알 수 있도록 돼 있다.
3. 낚시를 할 수 있는 제한 시간을 5분이라고 공지하지만 낚을 때까지 제공한다.

선물 낚시

(선물은 참석하는 인원수보다 더 많이 준비해야 한다.)

기대효과

1. 집중력을 갖는다.
2. 게임성 삽입을 위한 시간제한은 스트레스가 아닌 긍정적 자극이 된다.

도움말

1. 실제 낚시를 하는 분위기를 연출해주는 것이 중요하다.
2. 선물은 내용물을 숨기거나 이름으로 대체할 수 있도록 한다.

117. 공기 사격

준비물

도미노 카드(다양, 최소 50개)

지도요령

1. 두 팀 경쟁 방식으로 모든 어르신에게 공기를 다섯 개씩 지급한다.
2. 우선권을 정한 후 한 명씩 숫 지점에서 공기를 던져 도미노 카드를 맞춰 넘어트린다.
3. 세 번의 경쟁을 통해 획득한 점수가 높은 팀이 승리하는 방식으로 지도한다.

공기 사격

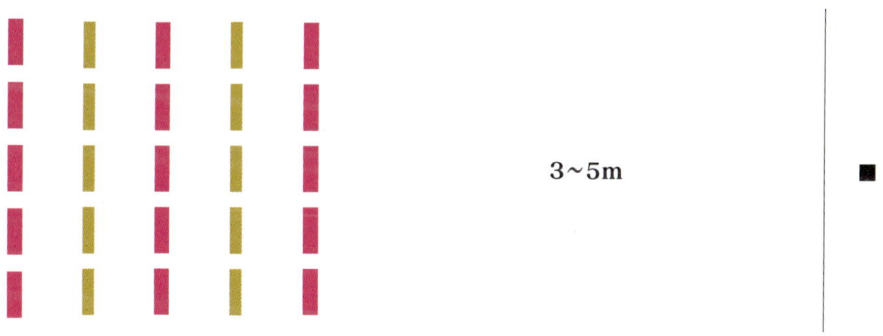

(이미지는 지면 부족으로 5개만을 표현했지만 10개씩을 세워놓는다.)

기대효과

1. 집중력을 갖는다.
2. 소속감을 갖게 돼 최선을 다해 집중하는 시간을 갖는다.

도움말

1. 도미노 카드는 다양한 크기로 돼 있어 골고루 세워 차등점수제로 할 수 있다.
2. 연습시간을 특별히 제공할 필요가 없이 바로 한다.

118. 급할수록 천천히

준비물

공(배구공, 축구공, 농구공), PP줄(5m)

지도요령

1. 2인 1조 게임으로 줄의 양쪽을 잡고 땅에 닿은 부분에 공을 놓고 줄을 천천히 끌어서 반환점을 돌아오는 게임이다.
2. 2인 1조 기네스 놀이로 지도해도 되고 명랑운동회 방식으로 지도해도 된다.

급할수록 천천히

(공이 줄 뒤로 벗어나면 다시 감싸 그 자리에서부터 시작한다.)

기대효과

1. 동료와의 관계형성 시간을 갖는다.
2. 승부욕이 발동하게 된다.

도움말

1. PP줄이 얇으면 어렵기 때문에 최소 1cm 지름의 줄로 준비한다.
2. 거리는 7m 정도가 적당하다.

119. 듣고 말하기

준비물

낱말 카드 30개(팀 수)

지도요령

1. 5~10명으로 팀을 만들어 한 줄로 앉게 하는데 팀장을 맨 안에 앉게 한다.
2. 각 팀의 팀장에게는 30장의 낱말 카드를 지급하고 팀의 제일 뒤에 있는 어르신에게는 볼펜과 메모지를 지급한다.
3. '시작'과 동시에 팀장은 뒤에 앉아 있는 어르신에게 낱말을 전달한다. 제일 뒤에 있는 어르신은 들은 낱말을 메모지에 적으면 된다. 앞에 있는 팀장은 제일 뒤에 있는 어르신이 적는 걸 확인하고 다음 단어를 전달한다.
4. 제한 시간 3분 동안에 가장 많은 단어를 쓴 팀이 승리하는 방식으로 지도한다.

낱말 카드

(낱말 카드는 스프링 메모지 형태로 된 것으로 준비한다.)

기대효과

1. 집중력과 협동심을 갖는다.

도움말

1. 추억할 수 있는 단어들로 구성한다.
2. '20개의 단어를 몇 분에 제출하는가?' 경쟁하는 방식으로도 응용한다.

120. 드라마의 추억

준비물

영상, 슬라이드, 프로젝트

지도요령

1. 어르신들을 극장식 대형으로 앞을 바라보게 앉힌다.
2. 노인이 되기 전에 봤던 드라마나 영화를 편집하여 관람할 수 있게 한다.
3. 드라마와 영화 제목을 맞히게 하거나 배우 이름을 맞히게 하며 자연스럽게 대화가 될 수 있도록 지도한다.

드라마의 추억

(유튜브를 통해서도 다양한 자료가 있으며, 외국 자료들도 충분히 활용한다.)

기대효과

1. 추억을 생각하고 회상할 수 있는 시간을 갖는다.
2. 편안하게 즐기며 웃을 수 있는 시간을 갖는다.

도움말

1. 대화에 소극적인 어르신의 경우 지도자가 질문을 통해 말할 수 있도록 유도한다.
2. 자료준비를 철저히 해야 한다.
3. 와상 어르신에게도 활용할 수 있다.

121. 가위바위보 종이접기

준비물

색종이

지도요령

1. 어르신들을 책상 있는 의자에 앉히고 색종이를 두 개씩 지급한다.
2. 지도자와 동시에 '가위바위보'를 실시, 지도자를 이긴 어르신만 종이를 접을 수 있다.
3. 가장 빠르게 접은 어르신이 '가위바위보 MVP'가 된다.

가위바위보 종이접기

(가위바위보에 진 사람은 계속 쉰다.)

기대효과

1. 편안하게 즐기며 웃을 수 있는 시간을 갖는다.
2. 게임화시켜 할 경우 열심히 하려는 마음을 갖게 된다.

도움말

1. 진 사람은 절대 접지 못하게 한다.
2. 완성한 어르신이 나와도 계속 지도하는데, 일정 시간이 지난 후에는 종료하고 종이접기를 일괄적으로 한다.

122. 내 맘대로 빙고

준비물

빙고 카드, 사인펜

지도요령

1. 어르신들을 책상 있는 의자에 앉히고 빙고카드와 사인펜을 지급한다.
2. 1~25까지의 숫자를 빙고 칸에 마음대로 쓰게 한다.
3. 지도자가 빙고 미션을 공지한 다음, 특정인을 정한 후 돌아가며 번호를 부르게 하고 호명된 번호에 동그라미를 그리게 한다.
4. 지도자가 공지한 미션을 제일 먼저 완성한 어르신은 '빙고'라 외치게 하고 우승자로 뽑는다.

주요 미션

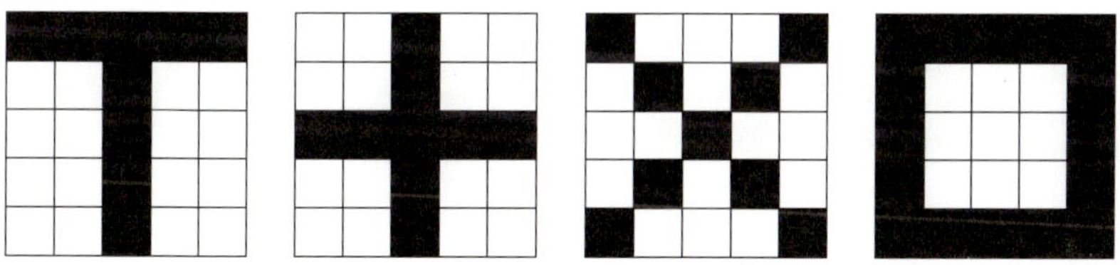

(위 미션을 모두 수행하려면 4장의 카드가 있어야 한다.)

기대효과

1. 편안하게 즐기며 웃을 수 있는 시간을 갖는다.
2. 순간순간의 아쉬움이 긍정적인 자극이 된다.

도움말

1. 놀이 설명을 풀어서 정확하게 한다.
2. 미션 수행에 유리한 번호를 부르는 방법을 이해 못 하는 분이 있다는 점을 명심한다.

123. 십자 낱말 퀴즈

준비물

슬라이드, 프로젝트

지도요령

1. 최소 2명에서 4명으로 팀을 만든 후, 둥그렇게 앉게 한 후 앞을 보게 한다.
2. 우선권을 정한 후 문제를 맞히는데, 문제를 맞히다가 못 맞히면 다음 팀에게 기회가 넘어 간다.
3. 같은 방법으로 지도해 가장 많은 문제를 맞힌 팀이 승리하는 방식으로 지도한다.

십자 낱말 퀴즈

1)잠						
꼬						
2)대	한	민	3)국			
			6)화	5)개	장	터
			4)빵	구		
				리		

기대효과

1. 상상력과 생각할 수 있는 시간을 갖는다.
2. 소속감을 갖게 돼 최선을 다해 집중하는 시간을 갖는다.

도움말

1. 최선의 준비를 하면 인지능력 유지에 도움이 된다.
2. 재미와 추억이 있는 부제를 정해 만들면 좋다.

124. 레더볼

준비물

레더볼 세트

지도요령

1. 이 놀이는 기성품으로 어르신들이 즐겁게 할 수 있는 뉴 스포츠적인 놀이이다.
2. 레더볼을 던져 바에 걸리면 득점이 되며 층수별 차등점수제로 응용할 수 있다.
3. 팀 경쟁 방식으로 3전 2선승제로 지도한다.

레더볼

(완제품은 조립 형태로 돼 있으며, 다양한 방법으로 응용할 수 있다.)

기대효과

1. 활동적인 놀이로 운동적인 효과가 있다.
2. 득점했을 때의 쾌감을 느낀다.

도움말

1. 연습시간을 충분히 제공한다.
2. 레버볼 장비를 수작업을 통해 만들 수 있다.

125. 디스크 골프

준비물

빙고 카드, 사인펜

지도요령

1. 팀 경쟁 방식으로 1인당 5개의 디스크를 지급한다.
2. 3~5m 거리에서 디스크를 던져 골인시키면 득점이 되는데 세 번의 경쟁을 통해 획득한 점수가 높은 팀이 승리하는 방식으로 지도한다.
3. 팀 수가 많으면 토너먼트 방식으로 하고 1인 기네스 형으로도 지도할 수 있다.

디스크 골프

(재활용품을 이용해 활용할 수 있다.)

기대효과

1. 소속감을 갖게 돼 최선을 다해 집중하는 시간을 갖는다.
2. 활동적인 놀이로 운동적인 효과가 있다.

도움말

1. 왼쪽은 완제품이고 가운데는 우산을 응용해 활용한 예로 충분히 가능하다.
2. 디스크는 완제품 디스크가 아니더라도 원반 형태의 제품만 있으면 무엇이든 가능하다.

126. 패스 농구

준비물

미니 농구대, 배구공 4대

지도요령

1. 팀 경쟁 방식으로 5명씩 팀을 만들어 2m 간격의 지그재그로 서게 한다.
2. 공을 지그재그로 패스하고 마지막 어르신이 슛을 한다.
3. 총 10회의 기회를 제공해 많이 들어간 팀이 승리하는 방식으로 지도하는데 중간에 패스 중 공을 놓치게 되면 처음부터 다시 하게 한다.
4. 동점일 경우 놓친 횟수가 많은 팀이 패하게 되며, 3전 2선승제로 지도한다.

패스 농구

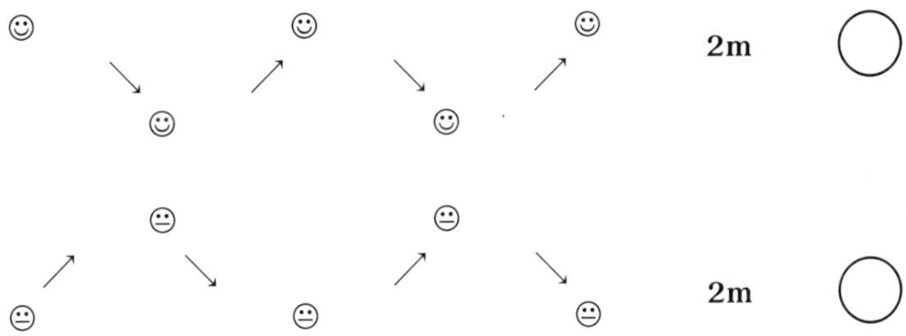

(왼쪽이 시작이며 오른쪽에 있는 어르신이 슛을 한다.)

기대효과

1. 소속감을 갖게 돼 최선을 다해 집중하는 시간을 갖는다.
2. 활동적인 놀이로 운동적인 효과가 있다.

도움말

1. 농구 골대만 있는 조립식 농구대를 구매한다.
2. 농구공은 무겁기 때문에 배구공으로 하며 진행을 원활함을 위해 팀 당 2개의 공을 제공한다.

127. 실버 컵스택

준비물

컵스택(인원수)

지도요령

1. 어르신들을 책상 있는 의자에 앉히고 컵스택 컵을 지급한다.
2. 1단계부터 3단계까지 하나씩 풀어서 설명을 하며 따라 하게 한다.
3. 1단계부터 3단계까지 연속으로 하는 훈련을 2인 1조로 연습을 시킨다.
4. 조별 발표를 하게 한 후 자신이 있는 어르신은 앞에 나와서 발표하게 지도한다.

컵스택

(인터넷 동영상을 참고해 새로운 형태로 만들어 지도한다.)

기대효과

1. 생각하는 시간을 갖는다.
2. 미션을 성공했을 때의 성취감을 갖는다.

도움말

1. 입으로 크게 말하며 할 수 있도록 한다.
2. 포기하는 어르신이 분명히 생기는데 포기하지 않도록 경쟁심을 부추기며 지도한다.
3. 컵스택은 '컵타'로 응용할 수 있다.

128. 훌라후프 통과

준비물

훌라후프(팀 수)

지도요령

1. 팀 경쟁 방식으로 팀원끼리 손을 잡고 하나의 원을 만드는데 원 사이에 훌라후프를 끼워 놓는다.
2. 팀 전체가 동시에 할 수 있는 방식으로 훌라후프 통과를 시작한 사람까지 다시 훌라후프를 돌아오게 하는데 연습 시간을 충분히 제공한다.
3. 동시에 '시작' 후 제일 먼저 원위치에 돌아오게 하는 팀이 승리하는 방식으로 지도한다.

훌라후프 통과

(이미지처럼 사람과 사람이 연결돼있는 상태에서 전신을 이용해 훌라후프를 전달한다.)

기대효과

1. 소속감을 갖게 돼 최선을 다하며 동료와 관계형성 시간을 갖는다.
2. 활동적인 놀이로 운동적인 효과가 있다.

도움말

1. 통과 방법을 자세하게 설명한다.
2. 경쟁적으로 유도하는 것보다는 동료와 협동심을 발휘해 친교할 수 있도록 유도한다.

129. 딱지 놀이

준비물

A4 이면지(다량)

지도요령

1. 어르신들에게 이면지를 4장씩 지급하고 사각 딱지를 접게 한다.
2. 접은 후 첫 번째로 출발선에서 딱지를 멀리 날리는 놀이로 지도한다.
3. 두 번째로 쌓아놓은 컵 탑을 딱지로 맞춰 쓰러트리는 놀이로 지도한다.
4. 세 번째로 딱지치기 놀이로 지도하는데 저자는 지양하는 편이다.

딱지 놀이

(딱지를 이용해 다양한 놀이로 응용할 수 있다.)

기대효과

1. 추억을 생각하고 동심으로 돌아가는 시간을 갖는다.
2. 편안하게 즐기며 웃을 수 있는 시간을 갖는다.

도움말

1. 두꺼운 이면지를 두 장씩 포개서 접어야 힘을 받는다.

130. 왕 재기 바운드

준비물

왕 재기, 탁구배트

지도요령

1. 팀 경쟁 방식으로 탁구 배트로 왕 재기를 바운딩 하는데 1인당 2번의 기회를 제공한다.
2. 탁구 배트로 재기를 최소한 10cm 이상 높이로 치게 한다.
3. 어르신 모두 경기가 끝난 후 총점으로 승리 팀을 결정한다.

왕 재기 바운딩

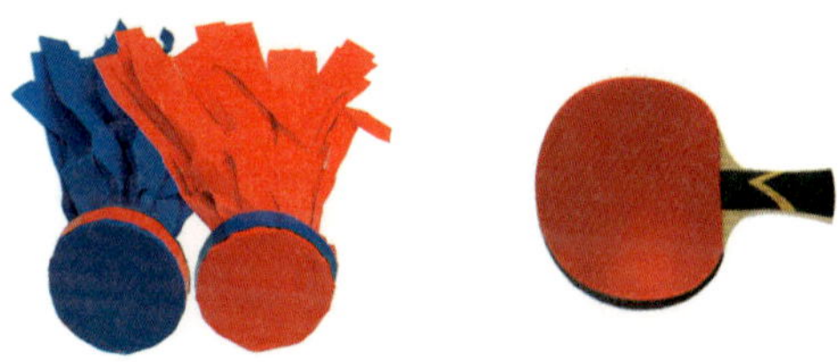

(재기는 완제품을 구매할 수도 있고 만들어 활용한다.)

기대효과

1. 활동적인 놀이로 운동적인 효과가 있다.
2. 소속감을 갖게 돼 최선을 다해 집중하는 시간을 갖는다.

도움말

1. 놀이가 끝난 후 탁구 배트로 왕 재기를 멀리 치는 놀이로 응용한다.
2. 왕 재기로 바운딩이 어려우면 탁구공으로 응용한다.

131. 문자 보내기

준비물

핸드폰

지도요령

1. 지도자가 정해준 문자를 지도자의 핸드폰으로 보내게 한다.
2. 맞춤법을 보지 않고 뜻이 정확하고 빠르게 전달한 어르신을 뽑는다.

문자 보내기

(젊은 노인들은 스마트폰 사용도 원활하게 한다.)

기대효과

1. 편안하게 즐기며 웃을 수 있는 시간을 갖는다.
2. 문자를 보낼 수 있는 훈련을 재미있게 할 수 있다.
3. 퇴화되는 기억을 유지시킨다.

도움말

1. 짧은 단어나 짧은 문장부터 시작한다.
2. 먼저 보낸 어르신이 있어도 모든 어르신이 보낸 걸 확인하고 1등을 발표한다.
3. 어느 정보 숙달이 되면 핸드폰 사진촬영 놀이로 응용한다.

132. 이름 빌려주기

준비물

이름표

지도요령

1. 원을 만들어 둥그렇게 앉게 하고 이름표와 사인펜을 나눠주고 본인의 이름을 이름표에 쓰게 한다.
2. 특정인을 지정하고 참석한 동료의 이름을 부르게 하고, 본인의 이름이 불리면 '외불러' 하고 그 어르신이 바로 다른 사람의 이름을 부르게 한다.
3. 같은 방법으로 계속 지도하다가 어느 정도 숙달이 되면 전원이 본인의 이름표를 오른쪽 사람에게 빌려준다.
4. 2번과 같은 방법으로 지도하는 데 지금부터는 본인의 이름은 이름표에 있는 사람 즉 나의 왼쪽 사람의 이름이 내 이름이 된다.
5. 위 놀이는 친교 게임으로 자연스럽게 2박자에 한 번씩 박수를 치면서 지도한다.
6. 바로 대답을 못 하는 어르신은 벌칙으로 본인의 단점을 얘기하게 한다.

이름 빌려주기

(박자는 중요하지 않지만 박수를 치면서 하다 보면 자연스럽게 박자를 맞추게 된다.)

기대효과

1. 동료들의 이름을 기억할 수 있는 시간을 갖는다.
2. 나를 소개할 수 있는 시간을 갖게 되면 관계형성을 한다.

도움말

1. 게임성이 있지만 동료들끼리 이름을 기억할 수 있도록 편안하게 지도한다.

133. 누가 뭐했대…

준비물

A4 용지, 사인펜

지도요령

1. 어르신들을 책상 있는 의자에 앉히고 용지 한 장과 사인펜을 지급하고 용지는 4등분으로 자르게 한다.
2. 각 종이의 좌 측 상단에 1, 2, 3, 4번을 쓰게 한 후 1번에는 나의 오른쪽 사람의 이름을, 2번에는 내가 기억하는 유명한 사람을, 3번에는 내가 가고 싶은 곳을, 4번에는 하고 싶은 일을 쓰게 한다.
3. 각 번호별로 따로 걷은 후 1번, 2번, 3번을 읽을 사람 세 명을 정한 후 번호별로 종이를 모두 준다. 4번을 지도자가 가지고 있다.
4. 종이 순서를 화투 섞듯이 섞은 후 1번부터 읽고, 2번, 3번, 4번은 지도자가 읽는다. 이때 1번이 동료의 이름을 호명하면 당사자는 자리에서 일어나게 한다.
5. 천천히 지도하며 이름을 기억하고 친교할 수 있도록 분위기를 만든다.

누가 뭐했대

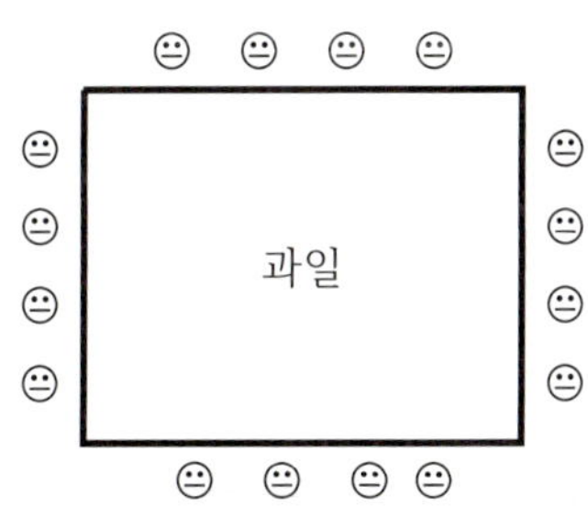

(최소 인원은 20명이고 40명을 넘게 되면 지루해지는 경우가 발생한다.)

기대효과

1. 동료들의 이름을 기억할 수 있는 시간을 갖는다.
2. 나를 소개할 수 있는 시간을 갖게 되면 관계형성을 한다.

도움말

1. 게임성이 있지만 동료들끼리 이름을 기억할 수 있도록 편안하게 지도한다.
2. 4번 내용은 지도자의 능력에 따라 재미있게 지어 읽을 수 있다.

134. 배구공 골프

준비물

PVC 파이프 골대, 골대 지지대, 공(인원수), 보조진행자

지도요령

1. 참석한 어르신에게 공을 하나씩 지급하고 우선권을 정한 후 놀이 설명을 한다.
2. 본인 순서에 한 번만 발로 찰 수 있는데, 같은 방법으로 번호순서대로 골대를 모두 통과하면 승리하는 방식이다.

배구공 골프

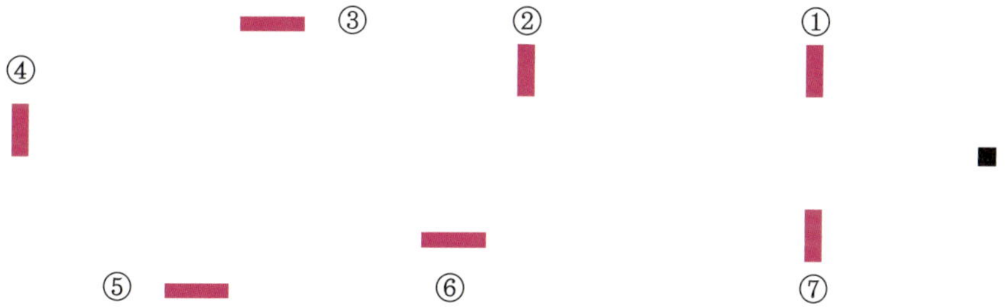

(PVC 파이프는 배구공이 여유 있게 통과할 만한 크기로 자르는데 넓이는 10cm면 충분하다.)

기대효과

1. 집중력을 갖는다.
2. 편안하게 즐기며 웃을 수 있는 시간을 갖는다.

도움말

1. 한 번에 골인하려는 욕심을 내면 낭패를 본다는 안내를 한다.
2. 본인의 공이 멈춘 곳에서 공을 들고 다음 순서를 기다리게 한다.
3. 봄에 넓은 곳에서 천천히 지도한다.
4. 골프와 게이트볼의 변형이다.

135. 배구공 볼링

준비물

PVC 파이프 골대, 배구공

지도요령

1. 팀 경쟁 방식으로 1인당 3번의 기회를 제공하고 발로 차 골대에 들어가면 득점으로 인정 되는데 가운데 2개는 5점, 양옆 4개는 3점, 양 가 2개는 1점이다.
2. 세 번의 경쟁을 통해 획득한 점수가 높은 팀이 승리하는 방식으로 지도한다.

   * 공이 들어갔다 굴러 내려와도 득점으로 인정이 되지만 골대에 맞지 않고 양옆으로 벗어난 공을 -1점이 된다.

배구공 볼링

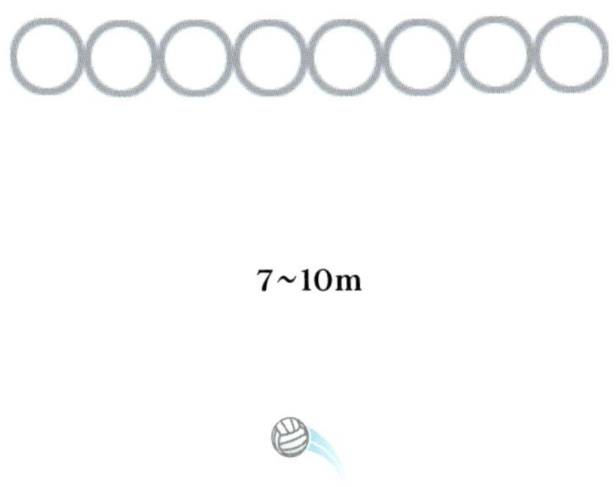

(인원이 많아도 가능하며 여성 어르신의 경우 5m 정도로 거리를 조정할 수 있다.)

기대효과

1. 소속감을 갖게 돼 최선을 다해 집중하는 시간을 갖는다.

2. 활동적인 놀이로 운동적인 효과가 있다.

도움말

1. 골대는 PVC 파이프를 이용해 만드는데 모두 횡으로 붙어 있다(테이핑).
2. 배구공이 여유 있게 통과할 만한 크기로 제작한다.
3. 135번의 PVC 파이프를 응용해도 된다.

136. 오델로

준비물

체커판, 칩(64개)

지도요령

1. 일대일 경쟁 방식으로 체커판을 책상 위에 놓고 색을 정한 후 기본적으로 가운데에 2개씩 말을 놓고 가위바위보로 우선권을 정한다.
2. 가로, 세로, 횡 상관없이 상대방의 말을 내 말로 앞, 뒤를 포위하면 상대방 칩을 내 색깔로 뒤집는다.
3. 돌을 뒤집을 곳이 없으면 상대방에게 기회가 넘어가며, 양쪽 모두 뒤집을 곳이 없거나 말이 꽉 차게 되면 게임이 끝나고 개수를 세, 승·패를 가린다.

실버 오델로

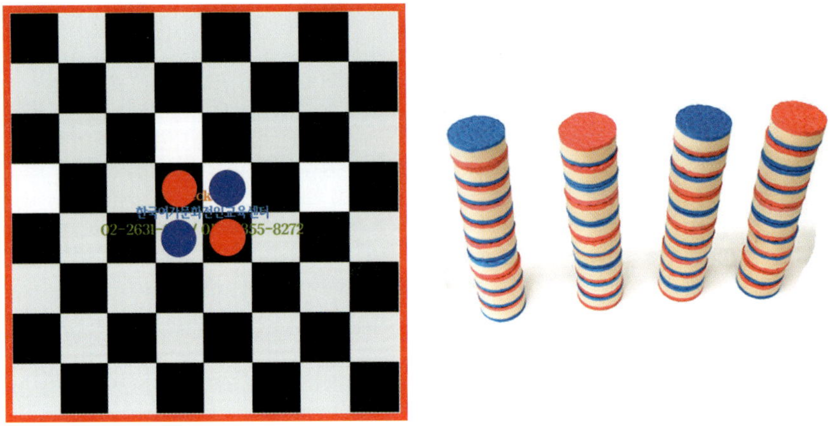

(이미지 체커판은 다양한 게임으로 활용할 수 있기 때문에 완성도 있게 만든다.)

기대효과

1. 집중력을 갖고, 생각을 하게 한다.

2. 잃어버린 승부욕을 갖는다.

도움말

1. 다양한 형태의 예를 들어가면서 설명해준다.
2. 어르신들이 정확하게 이해하면 선호하는 놀이가 되므로 흥미를 갖게 한다.

137. 주사위 고도리

준비물

대형 주사위 3개

지도요령

1. 팀 경쟁 방식으로 3m 간격을 두고 서로 마주 본 상태에서 횡으로 앉힌다.
2. 우선권을 정한 후 교대로 주사위를 던지는데, 3회를 실시한 후 높은 점수를 획득한 팀이 승리하는 방식으로 지도한다.

   * 3개의 주사위 각 면에는 화투에 나오는 약, 광 패의 이미지를 출력해 붙인다.

주사위 고도리

(18개의 이미지를 각 면에 붙이는데 붙이는 방법은 다양하다.)

	고도리	3광	광1	홍단	초단	청단	구(10끗)에 약 두 개
점수	5점	3점	1점	3점	3점	3점	2점

기대효과

1. 편안하게 즐기며 웃을 수 있는 시간을 갖는다.

도움말

1. 놀이 전에 정확하게 점수 분포에 대한 설명을 한다.
2. 대형 주사위가 아니더라도 최소한 15cm 정도면 가능하다.

138. 선물을 맞혀라

준비물

대형 새총, 탁구공

지도요령

1. 1인 게임으로 탁구공을 새총으로 쏴서 선물을 맞히는 게임으로, 연습 기회는 1번을 제공하고 바로 선물을 맞히게 한다.
2. 선물을 작은 터치에도 넘어갈 수 있도록 3단 선반 위에 설치한다.
3. 선물 못 맞춘 어르신에게는 한 번씩의 기회가 모두 끝난 후, 다시 1번의 기회를 더 제공한다.

선물을 맞혀라

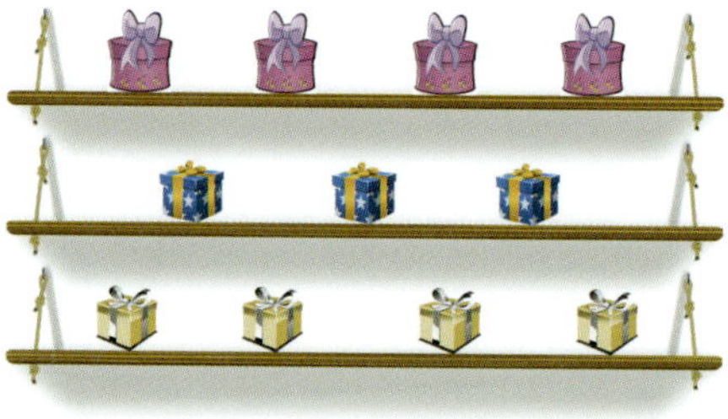

(선물은 인원수보다 많게 준비해야 한다.)

기대효과

1. 추억을 생각하며 동심의 마음으로 돌아간다.
2. 집중력을 갖는다.

도움말

1. 탁구공을 쏠 수 있는 크기의 새총으로 노란 고무줄을 길게 만들어 힘이 덜 들게 한다.
2. 특별히 위험하지 않기 때문에 통제만 하면 된다.

139. 제자리 걷기

준비물

PVC 통, PP줄, 보조 진행자 4명

지도요령

1. 팀 경쟁 방식으로 팀별 이열종대로 세워놓고 앞에 2명의 보조진행자는 PVC 통 사이에 끼워져 있는 PP줄을 잡게 한다.
2. '시작' 하면 두 명은 PP줄을 매우 천천히 끌어 PVC 통이 돌아가며 어르신들의 발밑으로 지나가게 한다. 이때 어르신들은 구르는 통이 닿지 않도록 제자리에서 넘어가면 된다.
3. 끝에 있는 어르신까지 먼저 넘는 팀이 승리하는 방식으로 3전 2선승제로 지도한다.

제자리 걷기

(보조 진행자는 매우 천천히 통이 구를 수 있도록 어르신들이 넘어가는 모습을 보면서 굴린다.)

기대효과

1. 소속감을 갖게 돼 최선을 다해 집중하는 시간을 갖는다.
2. 활동적인 놀이로 운동적인 효과가 있다.

도움말

1. 일반적으로 운동회 때 하는 경기로 주로 몸풀기로 활용한다.
2. 보조진행자가 천천히 어르신을 보면서 굴리면 절대 위험하지 않다.

140. 연산하기

준비물

책상, 연산문제(덧셈, 뺄셈), 사인펜

지도요령

1. 팀 경쟁 방식으로 10m 앞에 있는 책상까지 걸어가 주어진 문제를 풀고 돌아오는 릴레이 게임이다.
2. 마지막 어르신이 먼저 돌아오는 팀이 승리하는 놀이지만, 오답이 많을 경우 지도자의 재량(오답이 2개 이상 많을 경우)에 의해 승·패를 결정한다.

연산하기

(보조 진행자는 매우 천천히 통이 구를 수 있도록 어르신들이 넘어가는 모습을 보면서 굴린다.)

기대효과

1. 생각할 수 있는 시간을 갖는다.
2. 게임성 있는 릴레이 경기도 최선을 다해 집중하는 시간을 갖는다.

도움말

1. 가벼운 곱셈이나 나누기로 가능하다.
2. 셈이나 글쓰기가 어려운 분들을 파악하고 있어야 한다.

141. 실버 퍼팅

준비물

골인판, 골프채, 골프공

지도요령

1. 팀 경쟁 방식으로 연습 시간 후 1인당 5번의 퍼팅 기회를 제공한다.
2. 모든 선수가 끝난 후 총점으로 승리 팀을 결정하는데 3전 2선승제로 지도한다.

실버 퍼팅

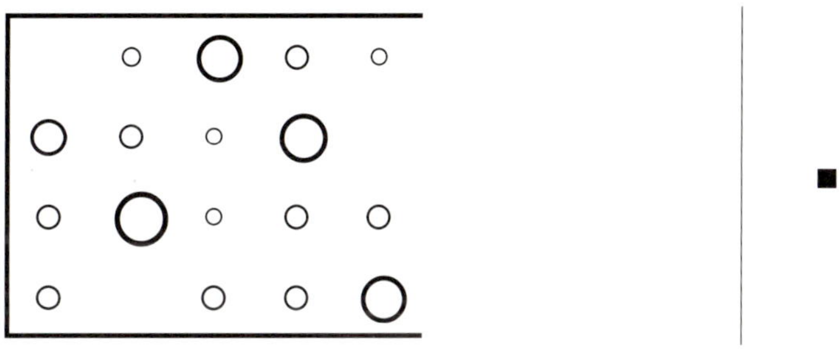

(경사 각도가 있으며, 작은 홀은 5점, 중간 홀은 3점 큰 홀은 1점 등 차등 점수제로 실시한다.)

기대효과

1. 소속감을 갖게 돼 최선을 다해 집중하는 시간을 갖는다.
2. 활동적인 놀이로 운동적인 효과가 있다.

도움말

1. 골인판은 한번 만들어 놓으면 다양한 용도를 활용할 수 있다.
2. 이 게임은 퍼팅하는 기분을 느끼게 하는 게임으로 골프채가 골프공으로 한다.

142. 표적 윷놀이

준비물

표적 윷놀이판, 오자미, 말판, 말

지도요령

1. 윷놀이와 규칙은 같고, 윷이 아닌 오자미로 어르신이 원하는 결과를 만든다.
2. 오자미가 선에 붙어 있으면 정확하게 판정해야 하며 만약 반반씩 걸쳤을 경우에는 상위 점수로 결정해준다.
3. 오자미가 판 밖으로 나가면 낙이 된다.

표적 윷놀이

(울고 있는 돼지는 백도가 된다.)

기대효과

1. 편안하게 즐기며 웃을 수 있는 시간을 갖는다.
2. 활동적인 놀이로 운동적인 효과가 있다.

도움말

1. 주사위 놀이에 응용할 수 있다.

143. 눈이 보배(바늘과 실)

준비물

대바늘 10개, 실

지도요령

1. 기네스 놀이로 실로 대바늘 10개를 꼽는다. 눈과 집중력이 가장 좋은 어르신은 뽑는 놀이이다.
2. 팀 경쟁 방식으로 지도할 때는 1인당 1개씩 꼽아 어르신 전원이 먼저 꼽는 팀이 승리하는 방식으로도 응용할 수 있다.

눈이 보배

(보조 진행자는 매우 천천히 통이 구를 수 있도록 어르신들이 넘어가는 모습을 보면서 굴린다.)

기대효과

1. 초 집중력을 가져 본다.
2. 추억을 생각하고 회상할 수 있는 시간을 갖는다.

도움말

1. 처음에는 어려워할 수 있지만 잘 하시는 분이 발생하면 자극을 받아 도전한다.
2. 바늘 눈의 크기를 다양하게 준비해 응용할 수 있다.

144. 청기 백기

준비물

청기 백기(인원수)

지도요령

1. 일대일 경쟁 방식으로 지도자의 명령에 빠르고 틀리지 않게 수행하는 어르신이 승리하는 게임이다.
2. 지도자는 명령 연습을 확실하게 한 후 정확하게 판정을 해야 한다.
3. 토너먼트로 할 경우 결승전만 빼고는 모두 단판으로 한다.

청기 백기

(자투리 천으로 쉽게 만들 수 있다.)

기대효과

1. 집중력을 갖는다.
2. 활동적인 놀이로 운동적인 효과가 있다.

도움말

1. 놀이이기도 하지만 다양한 명령을 통해 어르신의 상체운동에 목적이 있다.
2. '내려', '올려' 만이 아닌 '옆으로', '사선'으로 등 다양하게 응용한다.

145. 헛발질 슛

준비물

배구공

지도요령

1. 팀 경쟁 방식으로 발밑에 있는 배구공의 위치를 확인한 후 안대를 쓰고 배구공을 찬다.
2. 슛하기 전에 지도자는 간단한 질문을 해서 집중력을 흐트러트린다.
3. '슛'을 시도, 정확하게 맞춘 어르신이 많은 팀이 승리하는 단판 방식으로 지도한다.

헛발질 슛

(헛발질이 나오면 자칫 뒤로 넘어질 수 있으므로 옆에 보조진행자가 있어야 함)

기대효과

1. 집중력을 갖는다.
2. 활동적인 놀이로 운동적인 효과가 있다.

도움말

1. 앞, 뒤에 보조진행자가 대기하며 보호해야 한다.
2. 이 게임은 실제 승·패 보다는 헛발질로 인해 함께 웃을 수 있는 시간을 갖는다.

146. 고무신 멀리 던지기

준비물

남·여 고무신

지도요령

1. 전체 참석으로 발에 걸쳐진 고무신을 멀리 던지는 놀이다.
2. 오른발, 왼발 두 번을 실시한다.

고무신 멀리 던지기

(재래시장에서 구입할 수 있음.)

기대효과

1. 활동적인 놀이로 운동적인 효과가 있다.
2. 추억을 생각하고 회상할 수 있는 시간을 갖는다.

도움말

1. 몸풀기로 고무신을 싣고 워킹 콘테스트를 지도한다.
2. 고무신을 싣고 해야 추억할 수 있기에 옛날 고무신을 준비한다.

147. 짝볼 차기

준비물

짝 볼(축구공)

지도요령

1. 팀 경쟁 방식으로 로프로 묶여 있는 두 개의 공을 차서 반환점을 돌아오는 릴레이다.
2. 마지막 선수까지 먼저 돌아오는 팀이 승리라는 방식으로 지도한다.
3. 팀별 대표자 놀이로도 응용한다.

짝볼 차기

(공이 제멋대로 굴러가기에 쉽지 않다.)

기대효과

1. 활동적인 놀이로 운동적인 효과가 있다.
2. 소속감을 갖게 돼 최선을 다해 집중하는 시간을 갖는다.

도움말

1. 공은 수박 그물을 준비해 만들면 되는데 공과 공 사이의 길이는 1m 미만으로 만든다.

148. 징검다리 건너기

준비물

방석 or 고무 도마

지도요령

1. 팀 경쟁 방식으로 반환점 사이에 놓인 징검다리를 징검다리 건너듯 걸어 돌아오는 릴레이이다.
2. 마지막 선수까지 먼저 돌아오는 팀이 승리라는 방식으로 지도한다.
3. 가위 걷기로 걷는 건 반칙이다.

징검다리 건너기

(가위 걷기란 발 모음 없이 걷는 모양을 말한다.)

기대효과

1. 활동적인 놀이로 운동적인 효과가 있다.
2. 소속감을 갖게 돼 최선을 다해 집중하는 시간을 갖는다.

도움말

1. 징검다리 건너듯이란 '오른발, 왼발 합치고, 다시 오른발, 왼발 합치고'를 말한다.
2. 고무재질이라 미끄러질 위험이 없는 고무 도마가 가장 안전하다.

149. 입으로 요리하기

준비물

없음 or 식자재 카드

지도요령

1. 지도자가 정해준 반찬이나 요리 제목을 듣고 어르신마다 요리 방법을 발표한다.
2. 발표한 어르신과 요리 방법이 같은 분은 발표하지 않는다.
3. 발표 후 요리 방법이 같은 어르신들끼리 앉게 하고 대화할 수 있도록 지도한다.

입으로 요리하기

(머릿속으로 요리를 준비할 시간을 충분히 제공한다.)

기대효과

1. 상호 공감하는 가운데 관계형성 시간을 갖는다.
2. 추억을 생각하고 회상할 수 있는 시간을 갖는다.

도움말

1. 식자재 카드를 만들어서 활용하기도 한다.
2. 옛날을 추억하게 하는 게임으로 많은 대화를 나눌 수 있도록 유도한다.

150. 젓가락 릴레이1

준비물

접시, 빈 병, 탁구공, 젓가락

지도요령

1. 팀 경쟁 방식으로 반환점까지 걸어가며 빈 병 위 탁구공을 나무젓가락으로 떨어트리고 반환점을 돌아올 때는 탁구공을 올려놓으며 돌아오는 릴레이다.
2. 마지막 선수까지 먼저 돌아오는 팀이 승리라는 방식으로 지도한다.

젓가락 릴레이

(주변에서 쉽게 구할 수 있는 소품이다.)

기대효과

1. 소속감을 갖게 돼 최선을 다해 집중하는 시간을 갖는다.
2. 활동적인 놀이로 운동적인 효과가 있다.

도움말

1. 주변에서 흔히 구할 수 있는 소품으로 응용하면 된다.
2. 출발선에서 반환점 사이에 병은 5개 정도를 설치하면 적당하다.

151. 귀한 내 손주

준비물

오뚝이, 손수레

지도요령

1. 팀 경쟁 방식으로 작은 손수레 위에 오뚝이를 올려놓고 반환점을 돌아오는 릴레이다.
2. 이동 도중 오뚝이가 떨어지면 다시 올려놓고 반환점을 돌아온다.

오뚝이 손수레

(볼거리가 있는 놀이로 의외의 박진감이 있다.)

기대효과

1. 소속감을 갖게 돼 최선을 다해 집중하는 시간을 갖는다.
2. 활동적인 놀이로 운동적인 효과가 있다.

도움말

1. 손수레는 이미지와 같지 않더라도 활용할 수 있는데 경사진 손수레가 좋다.
2. 아기 인형으로 된 오뚝이를 활용한다.

152. 끝말 단어 릴레이

준비물

책상, 전지, 매직, 보조진행자

지도요령

1. 팀 경쟁 방식으로 반환점 앞 책상에 가면 단어가 쓰여 있는데, 그 단어의 끝말을 보고 다른 단어를 이어 쓰고 돌아오는 릴레이이다.
2. 단어를 쓰지 못하면 돌아올 수 없고 단어가 정답인지 오답인지는 옆에 보조진행자가 판정해준다.
3. 마지막 선수까지 먼저 돌아오는 팀이 승리라는 방식으로 지도한다.

끝말 단어 샘플

청팀	황팀	홍팀	백팀
경로당 당나라 라면 면사포 .	경로당 당근 . . .	경로당 당나귀 귀금속 . .	경로당 당뇨병 병원 원숭이 이발소

(신체적 움직임과 창의력을 동시에 발휘할 수 있는 놀이이다.)

기대효과

1. 생각할 수 있는 시간을 갖는다.
2. 활동적인 놀이로 운동적인 효과가 있다.

도움말

1. 첫 단어는 양 팀 모두 똑같은 단어로 시작해야 공평하며 게임 후 비교한다.
2. 힌트를 주거나 남의 도움을 받는 건 반칙이고, 알려준 정답을 기재했을

때는 그 단어의 끝말을 다시 쓰게 한다.

3. 앞사람이 어려운 단어를 쓰거나 말거나 지도자는 힌트를 주지 않는다.
4. 2팀 이상 4팀 경쟁까지 가능하다.

Chapter
03

현장 스케치

건강백세 운동교실

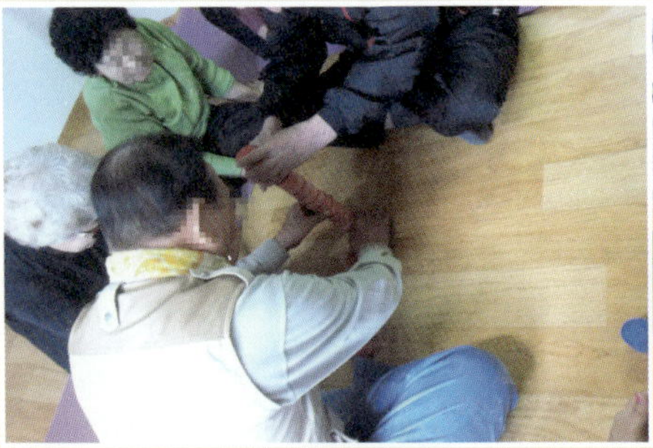

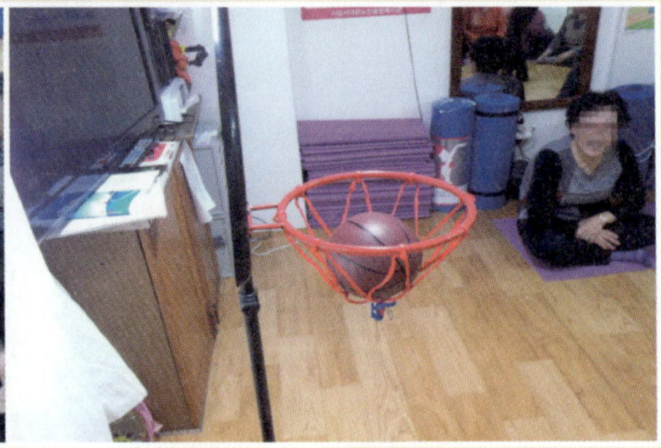

서대문노인
종합복지관

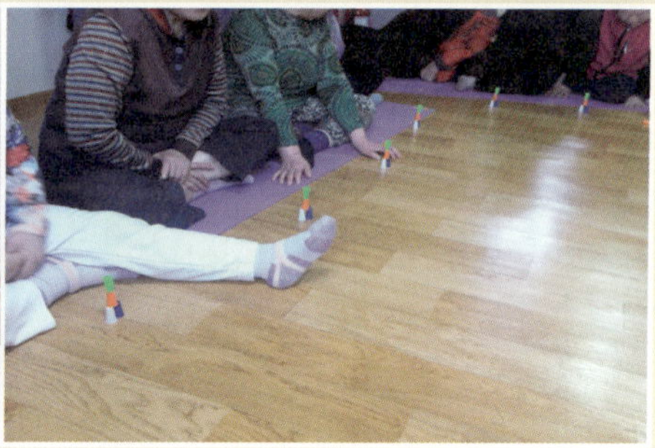

경마(동물)릴레이

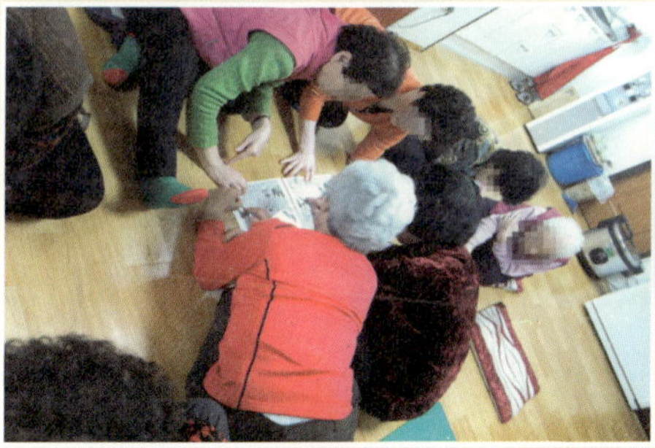

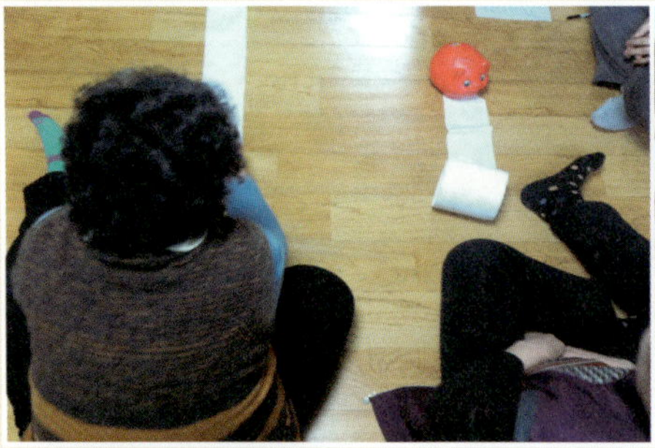

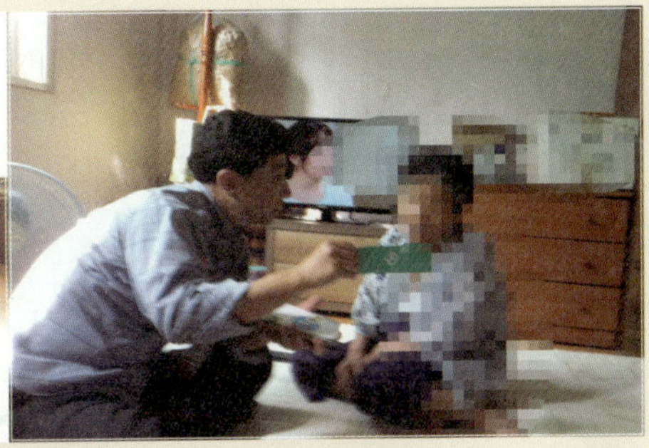
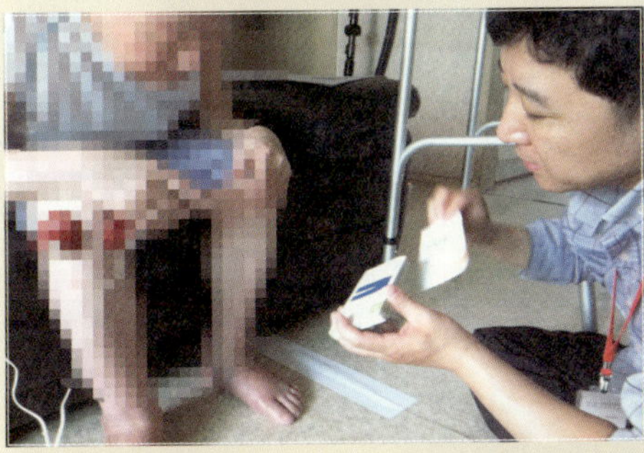

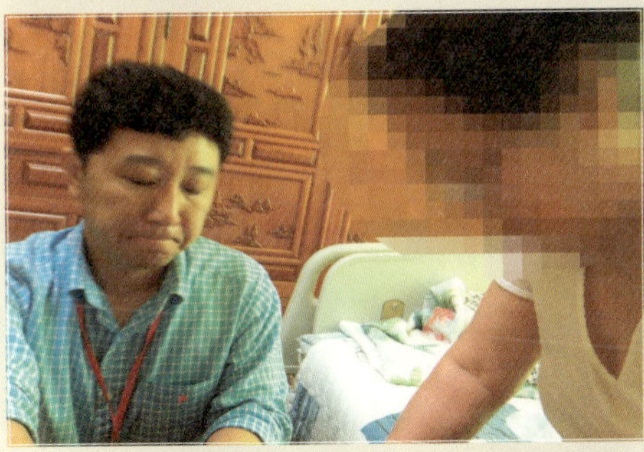
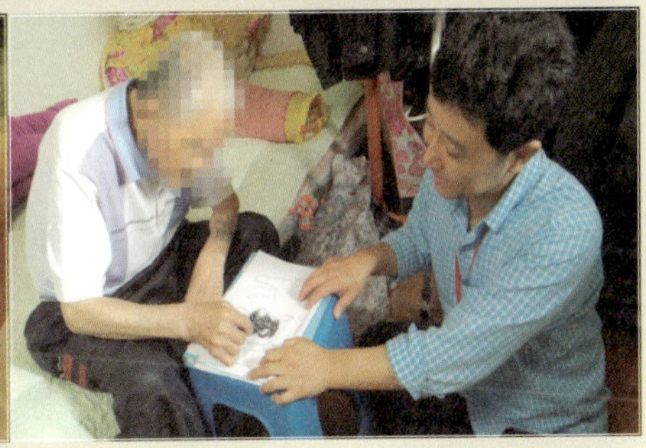
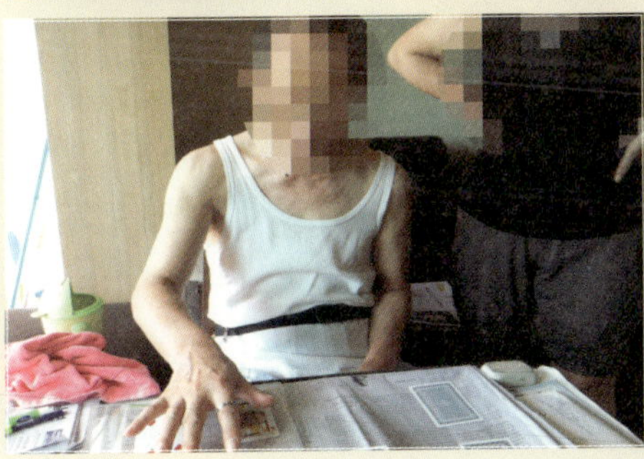
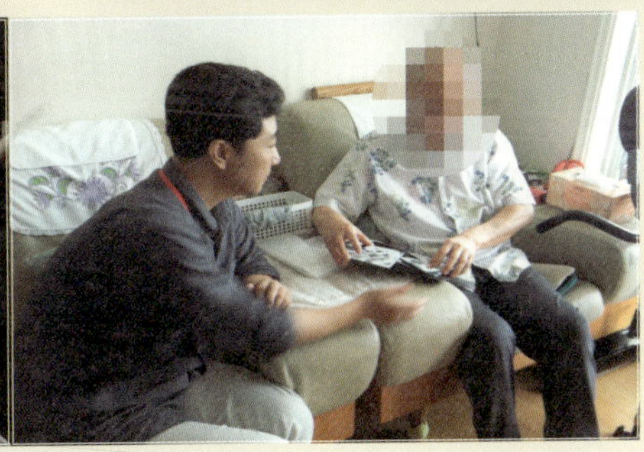

손

참고문헌

강선영(2010). 우울증 노인의 재활레크리에이션 경험. **한국여가레크리에이션학회지, 34**(2), 125-133.

강정연·유병인·이용상(2007). 장애인 재활승마의 치료 효과에 관한 문헌 고찰. **한국웰니스학회, 2**(1), 35-45.

강정희(2012). 여성노인의 요양시설 생활경험에 대한 질적 사례 연구. 부산대학교 대학원 박사학위논문.

강종구·김영표·정광조·최종근(2018). **포커스 그룹 연구 방법론**. 서울: 학지사.

강현옥(2012). 영어 놀이 활동 적용 다문화가족 어머니의 부모역할 증진 프로그램 개발. 청주대학교 대학원 박사학위논문.

고미영(2013). **질적사례 연구**. 서울: 청목출판사.

권영애(2009). 민요중심의 음악치료 프로그램이 노인우울과 생활만족도에 미치는 효과. 명지대학교 사회교육대학원 석사학위논문.

권중돈(2010). **노인복지론**. 서울: 학지사.

강정희(2012). 여성노인의 요양시설 생활경험에 대한 질적 사례 연구. 부산대학교 대학원 박사학위논문.

권은희(2003). 뇌졸중 환자의 재활동기에 관한 연구: 개인 및 가족지지 요인을 중심으로. 이화여자대학교 대학원 석사학위논문.

김경화(2007). 경증치매 노인을 위한 몬테소리 프로그램 활용방안. **한국사회복지위원회, 3**(2), 65-78.

김규수(2002). **정신보건 사회사업 실천론**. 서울: 형설출판사.

김기전(2014). 집중 재활·프로그램이 뇌성마비아동의 운동수행에 미치는 영향. 단국대학교 대학원 박사학위논문.

김도호·박재성(2005). 치료레크리에이션에 관한 국내 학술 연구 동향 분석. **한국스포츠리서치, 16**(3), 803-812.

김란선(2016). 영양교육 요구도 조사를 위한 고학년 초등학생의 영양교육 프로그램 개발: 포커스 그룹 인터뷰 결과. 경희대학교 동서의학대학원 석사학위논문.

김문영(2003). 인지 행동적 집단 상담과 지지적 집단 상담이 노인의 정신건강에 미치는 효과. 계명대학교 대학원 박사학위논문.

김민경(2017). 국내외 치매관리정책에 대한 비교연구. **국가정책연구, 31**, 233-260.

김민정(2016). 소아암 환아 어머니의 수용전념치료 참여 경험에 대한 질적 사례 연구. 서울여자대학교 일반대학원 박사학위논문.

김민정(2009). 도구를 활용한 또래 신체활동이 유아의 사회적 유능감에 미치는 영향. 한국교육대학교 교육대학원 석사학위논문.

김선일(2015). 농업의 가치를 적용한 박물관 교유의 협동학습 연구: 농업박물관 어린이 농업박사 프로그램을 중심으로. 한양대학교 대학원 석사학위논문.

김영길(2008). 요양병원 장기입원환자에 대한 운동놀이 프로그램의 효과. 석사학위논문. 상주대학교 산업대학원.

김영숙(2002). **치매에 대한 통합적 접근법**. 서울: 교육과학사.

김영옥(2000). 유아의 협동 작업을 위한교수-학습모형 연구: 대안적 학습 형태의 설계. **유아교육연구,** 20(2), 201-222.

김영희(2015). 다문화가정 영유아 발달지원 경험에 관한 질적 사례 연구. 동신대학교 대학원 박사학위논문.

김예주·이윤주(2012). 국내 놀이치료의 연구동향. **한국놀이치료학회지,** 15(3), 329-343.

김용택(2015). 가족태권도 프로그램 참여 동기 참여만족이 고객신뢰와 구전의도에 미치는 영향. 전북대학교 대학원 석사학위논문.

김은숙(2010). 한국 최초 숲 유치원 교육에 관한 연구. 인천대학교 대학원 석사학위논문.

김은영(2016). 유치원 교실 상호작용 속의 유아의 자유와 교사의 권위: 솔잎유치원의 질적 사례 연구. 성균관대학교 대학원 박사학위논문.

김점순·정정심(2003). 민속놀이 프로그램이 치매노인의 인지기능, 일상생활수행능력 및 문제행동에 미치는 효과. **대한간호학회지,** 35(6), 1153-1162.

김정애·이은희(2003). 지역사회 노인의 정신건강 향상을 위한 웃음치료 프로그램의 효과연구. **한국가족복지학,** 17(1), 85-104.

김지애(2009). 노인요양시설 치매노인의 인지기능, 일상생활수행능력, 불안, 우울에 관한 연구. 이화여자대학교 대학원 석사학위논문.

김진락·오영훈(2016). 치료레크리에이션 프로그램이 치매노인의 인지기능 및 스트레스에 미치는 효과성 연구. **상담심리교육복지,** 3(1), 5-22.

김진숙(2015). 전통놀이를 활용한 통합미술치료가 노년기의 우울과 자아통합감에 미치는 효과. 한양대학교 예술디자인대학원 석사학위논문.

김지영(2014). 대학생 진로발달에 있어서 인턴십 프로그램 경험의 의미에 관한 질적 사례 연구. 고려대학교 대학원 박사학위논문.

김진호(2004). 치매노인을 위한 게임요법의 효과성 연구: 인지기능과 이상행동을 중심으로. 목원대학교 산업정보대학원 석사학위논문.

김태덕(2010). 통합 재활 프로그램이 뇌졸중 노인의 일상생활수행능력 및 건강관련 삶의 질 향상에 미치는 효과. 한영신학대학교 박사학위논문.

김현나(2015). 치료레크리에이션이 노인의 우울감 변화에 미치는 영향. **한국 여**

가레크리에이션학회지, 39(1), 112-124.
김현주·송영혜(2014). 회상중심 모래상자 놀이가 노인의 자아통합감에 미치는 영향. **놀이치료연구, 18**(1), 73-87.
김혜경(2016). 청소년 노동인권 옹호행동에 관한 질적 사례 연구. 경기대학교 대학원 박사학위논문.
김홍록(2003). 노인의 레크리에이션 활동을 위한 복지시설 정책방안에 관한 연구. **한국여가레크리에이션학회지, 25**, 129-155.
노상은·전남희(2018). 노인여가 복지 프로그램의 효과성 검증 연구 동향 분석: 레크리에이션, 치료레크리에이션, 놀이치료. **한국케어매니지먼트연구, 26**, 111-134.
노상은(2016). 농노인의 장애 정체성: '분리'와 '통합'을 초월한 자기결정권을 중심으로. 경기대학교 대학원 박사학위논문.
노용구(2006). 노인의 심리 및 사회적응력 향상을 위한 치료레크리에이션 프로그램 개발연구. **한국여가레크리에이션학회지, 30**(2), 77-88.
노인인력개발원(2014). 우리나라 연령주의 실태에 관한 조사연구-노동시장을 중심으로. 보고서.
류은석·전영숙(2016). 치료레크리에이션을 병행한 집단 미술치료가 치매노인의 인지기능 우울 대인관계에 미치는 효과. **미술치료연구, 23**(5), 1371-1393.
류진희(2000). **유아의 발달에 적합한 신체 활동**. 서울: 양서원.
맹세호·박창우(2016). 치료레크리에이션 프로그램이 조현병 환자의 대인관계에 미치는 영향. **한국케어매니지먼트, 21**, 77-99.
문희봉(2015). 노인장기요양기관 운영자의 시설 운영 경험에 관한 사례 연구. 호남대학교 대학원 박사학위논문.
문희자(2009). 노인레크리에이션 참여 유무에 따른 정신건강 및 생활만족도 관계. 목표대학교 대학원 석사학위논문.
박경숙(2000). 한국 노인의 사회적 관계: 가족과 지역사회와의 연계 정도. **한국사회학, 34**, 621-647.
박귀영(2013). **사회문제론**. 경기: 정민사. 149, 164-168.
박동자(2010). 요양보호사의 재가 및 시설 장기요양서비스 제공경험. 경기대학교 사회복지대학원 석사학위논문.
방보나(2009). 시각적 표상을 통한 마인드 맵 프로그램이 학습 부진아의 어휘력 및 문장이해력에 미치는 효과. 대전대학교 대학원 석사학위논문.
박상돈(2018). 미술교육에서 영상교육의 영향 요인에 관한 질적 연구. 한국교원대학교 대학원 박사학위논문.
박선태·최병태·서보준·송은희·김극명·신성일·이은경(2015). **노인복지론**. 경기: 공동체.

박세혁(2006). 여가 및 레크리에이션 연구동향. **한국체육학회보, 85,** 34-35.
박성매(2009). 중등도 뇌성마비 성인 남성의 심리재활 동기 강화를 위한 집단 미술치료 사례 연구. 명지대학교 대학원 석사학위논문.
박윤자(2012). 협동적 유아 자연 친화교육 프로그램 개발 및 효과. 배재대학교 대학원 박사학위논문.
박인숙·김남초(2016). 통합 레크리에이션 프로그램이 여성 노인의 기분상태, 유연성 및 스트레스에 미치는 영향. **한국산학기술학회지논문지, 17**(6), 70-80.
박인옥·김진세·이강준·정인과(1998). 한국 노인의 우울요인. **노인정신의학, 2**(1), 47-63.
박주한·박용환(2005). 치매예방을 위한 정책현황과 과제: 신체활동을 통한 치매예방을 위하여. **한국체육정책학회지, 4,** 45-67.
박지연·이숙향·김남희(2014). **질적연구—시작부터 완성까지**. 서울: 학지사.
박지영(2007). 노인자살생존자의 자살경험에 관한 연구: 모과 옹두리에서의 비상. 이화여자대학교 대학원 박사학위논문.
박지윤(2018). 재활승마 참여와 재활승마장 선택 동인 연구. 전북대학교 대학원 석사학위논문.
박진영(2012). 사회문화예술교육 수업사례 연구: 사례내적 및 사례간 분석을 중심으로. **평행교육연구, 18**(4), 173-205.
백찬규(2017). **젊은 노인의 탄생**. 서울: 원앤원북스.
박찬옥(2006). **유아놀이지도**. 서울: 학문사.
박홍세(2001). 레크리에이션 진행자의 프로그램 개발 및 여가유능감과 여가 만족에 관한 연구. 연세대학교 교육대학원 석사학위논문.
배영하·빙원철·김수정(2009). 게임활동 중 나타나는 비규범적 행위의 원인성, 정당성 그리고 지도방향: 초등학교 체육교과의 게임활동을 중심으로. **한국체육과학지, 20**(2), 649-959.
백진영(2016). 유아 주도 자유놀이 원내 컨설팅을 통한 교사의 변화. 배재대학교 대학원 박사학위논문.
보건복지부(2015). 제3차 치매관리 종합계획(2016~2020년).
손화자(2016). 민요를 통한 노인 놀이 방안 연구. 중앙대학교 대학원 석사학위논문.
서윤수(2018). 노인 복지시설의 여가 프로그램 유형 및 운영 특성에 관한 연구. 서울한영대학교 대학원 석사학위논문.
서주옥(2007). 치료레크리에이션이 치매 노인의 협응력 증진에 미치는 영향에 관한 실증적 연구: 전통놀이 프로그램을 중심으로. 상명대학교 대학원 석사학위논문.
서현숙(2007). 놀이 개념의 분석과 교육적 가치. 계명대학교 대학원 박사학위논문.
선정주(2012). 치매예방 프로그램이 여성 독서노인의 인지기능, 우울 및 삶의 질에 미치는 효과. 전남대학교 대학원 박사학위논문.
손화자(2016). 민요를 통한 노인놀이 방안 연구. 중앙대학교 국악교육대학원석사학위논문.
송남영(2013). 중증 지적장애인의 의사소통 사례 연구: 전략의 맥락과 내용을 중심으로. 성공회대학교 박사학위논문.
송우진(2017). 초발 뇌졸중 환자의 재활의료 이용에 관한 연구. 차의과학대학교 대학원 박사학위논문.
송효주(2009). 노인특성을 고려한 노인요양시설 치유환경 평가에 관한 연구. 중앙대학교 건설대학원 석사학위논문.
신경림·서아영(2005). **사례 연구방법** 서울: 한경사.
신경자(2002). 여성 사회교육 프로그램의 효과성 분석; 의정부시 지역을 중심으로. 건국대학교 행정대학원 석사학위논문.
신귀연(2001). 장애아동 부모의 의료재활 서비스에 대한 만족도 연구: 대전광역시 물리, 작업, 언어치료를 받는 장애아동의 부모를 대상으로. 대전대학교 행정대학원 석사학위논문.
신성은(2005). 스포츠적인 레크리에이션 개발 확대, 확대, 보급, 레크리에이션에 대한 분류 및 개념 정리.
신순미(2018). 경로당 치매예방 프로그램이 노인들의 신체 및 인지기능에 미치는 영향. 경남대학교 행정대학원 석사학위논문.
신혜원(2009). 노인 놀이치료의 통합적 콘텐트 개발에 관한 연구. 고려대학교 대학원 박사학위논문.
신혜원(2015). 초기 치매 의심 노인을 위한 통합적 노인놀이치료 프로그램 개발 및 효과성 평가. **노인치료연구, 19**(3), 95-109.
심영미(2010). 노인복지서비스 전달체계와 효과성 평가. 경기대학교 일반대학원 박사학위논문.
신성일·김영희(2013). 노인의 삶의 질에 관련한 변인들의 메타분석. **상담학연구, 14**(6), 3673-3690.
신일석(2010). 웃음 프로그램이 부부의 주관적 행복감 및 결혼 만족도에 미치는 영향. 명지대학교 대학원 석사학위논문.
신정택·김성훈·박윤식(2009). 국내 정상급 선수를 위한 승부근성 검사지 개발. **한국사회체육학회지, 36**(2), 775-772.
안계일(2008). 노인의 여가활동과 여가만족 및 성공적 노화의 관계. 경기대학교 대학원 박사학위논문.
양영순(2008). 고령사회에서 노인의 시간사용과 역할에 관한 연구. **한국사회복**

지조사연구, 16, 1-26.
양혜경(2006). 음악을 활용한 치료레크리에이션이 치매노인의 인지기능에 미치는 효과. **한국노년학, 26**(4), 749-765.
오병희(2001). 협동놀이를 통한 일반 아동의 특수아동에 대한 수용태도 변화. 중앙대학교 교육대학원 석사학위논문.
오희(2008). 치매노인 주 부양가족의 건강상태, 부양부담감 및 삶의 질 연구. 경희대학교 대학원 석사학위논문.
유기웅·정종원·김영석·김한별(2012). **질적 연구방법의 이해**. 서울: 박영사.
유미숙 역(2009). **놀이치료: 치료관계의 기술**. 서울: 학지사.
유광국(2016). 청소년의 게임중심 레크리에이션 활동이 학업 스트레스, 자아존중감, 우울, 자살충동에 미치는 영향. 충남대학교 대학원 박사학위논문.
유재홍(2006). 노인의 레크리에이션 참여 정도와 신체적 자기효능감의 관계. 영남대학교 교육대학원 석사학위논문.
유정옥(2014). 노인 대상 기능성게임 기반 신체활동 프로그램의 효과. 부산대학교 대학원 박사학위논문.
윤영숙(2013). 부모교육 프로그램의 효과성 평가 척도 개발. 경성대학교 대학원 박사학위논문.
윤종율(2000). 지역사회 거주노인의 인지기능자애와 사망률. **Web Health Research, 3**(5), 6-14.
윤지원(2015). 노인의 여가활동 및 여가만족과 성공적 노화 인식의 관계: 노인복지관 평생교육 프로그램 참여 노인을 중심으로. 서울시립대학교 대학원 석사학위논문.
원시연(2013). **국가치매관리정책의 문제점 및 개선과제**. 이슈와 논점.
이기영·정순둘(2005). 가족복지 프로그램의 최근 동향에 관한 연구. 한국가족사회복지학회 추계학술대회.
이나영(2008). 유아의 협동 활동 프로그램 개발 및 효과검증. 전남대학교 대 학원 박사학위논문.
이난희(2009). 집단 미술치료가 뇌질환 노인의 인지기능과 우울에 미치는 영향. 대구대학교 재활과학대학원 석사학위논문.
이문숙(2015). 치료레크리에이션 프로그램에 따른 치매노인의 뇌파변화가 우울감 및 수면장애와 삶의 질에 미치는 영향. **한국산학기술학회논문지, 16**(8), 5096-5110.
이미선(2015). 청각장애인 부부의 결혼생활 경험에 관한 질적 사례 연구. 전북대학교 대학원 박사학위논문.
이상덕(2004). 노년기 여가활동과 스트레스, 삶의 질에 대한 연구. 고려대학교 대학원 박사학위논문.

이석민(2007). 스포츠 산업: 장애인 스포츠용품의 현재와 미래. **스포츠과학, 100,** 73-80.

이성호(2017). 노인의 사회활동이 삶의 질에 미치는 영향에 관한 연구. 배재대학교 대학원 박사학위논문.

이솔지(2008). 알코올중독자의 회복경험에 관한 질적 연구 : 영성을 중심으로. 부산대학교 일반대학원. 석사학위논문.

이순천(2014). 협동적 극놀이 활동이 유아의 사회적 유능감에 미치는 영향. 한국교육대학교 대학원 석사학위논문.

이승희(2016). 전통놀이를 활용한 집단 표현 예술치료가 노인의 우울과 생활만족도에 미치는 효과. 명지대학교 사회교육대학원 석사학위논문.

이영호·정영조·장안기·김인(1993). 노인 환장에 있어서 인지기능 및 기타 임상 증상의 치료 경과에 따른 변화에 대한 연구: 기능성 정신장애군과 기질성 정신장애군을 비교하여. **신경정신의학학회지, 32**(1), 103-113.

이용돈(2010). 지역사회복지거버넌스의 효과성과 그 영향요인에 관한 연구: 지역사회복지협의체의 공공·민간부문 종사자의 인식비교를 중심으로. 중앙대학교 대학원 박사학위논문.

이은혜(1990). **놀이 이론**. 서울: 창지사.

이재칠(2006). 한국 재가노인 복지정책의 집행에 관한 실증적 연구: 서울특별시를 중심으로. 명지대학교 대학원 박사학위논문.

이정재·김현나(2007). **맛있는 레크리에이션**. 서울: 대경북스.

이정훈(2012). 시설거주 치매노인의 우울 감소 및 인지기능 향상을 위한 치료레크리에이션 프로그램 개발 및 효과에 관한 연구. 꽃동네대학원 석사학위논문.

이지현·한경혜(2012). 예비 노인의 친구관계망 특성이 행복감에 미치는 영향: 성별 차이를 중심으로. **보건사회연구, 32**(2), 170-205.

이진(2018). 요양보호사의 학습전이와 직무역량에 관한 연구: 치매교육 프로그램 참가자를 중심으로. 가천대학교 일반대학원 박사학위논문.

이주훈(2011). 체육수업에서 도전의식 프로그램을 통한 정의적 영역 발달 사례연구. 한양대학교 대학원 박사학위논문.

이태영(2004). 노인취업훈련 프로그램의 개발과 효과성에 관한 연구. 중학대학교 사회개발대학원 석사학위논문.

이필영(2012). 거동불편 노인을 위한 재활레크리에이션 체조 프로그램 개발 및 적용 효과 검증. **한국운동재활학회지, 8**(1), 27-36.

이현지(2014). 유교 문화와 새로운 노인복지 패러다임 모색. **국학연구**, 573- 606.

이화석·김영미(2011). 레크리에이션 댄스 참가자의 여가경험이 여가 만족과 심리적 웰빙에 미치는 영향. **한국무용과학회지, 23,** 1-15.

이화정 · 양병찬 · 변종임(2003). **평생교육 프로그램 개발의 실제**. 서울: 학지사.
이호준(1998). 협동학습과 경쟁학습에 따른 아동의 학업성취, 학습태도 및 교유관계 비교연구. 전북대학교 교육대학원 석사학위논문
장민정(2003). 노인의 신체기능 취약성과 부양서비스에 대한 지각이 노인의 심리적 안녕 및 우울감에 미치는 영향. 이화여자대학교 대학원 석사학위논문.
장기봉(2018). 정부 치매 관리 정책에 대한 만족도가 치매 불안 수준에 미치는 영향에 관한 연구. 중앙대학교 행정대학원 석사학위논문.
장숙(2010). 성인 지적장애인 남동생을 돌보는 비 장애 누나들의 부양경험. 이화여자 대학교 대학원 박사학위논문.
장지은(2018). 영화를 본 치매관의 실체와 인간긍정의 보편적 인간상 모색. 경기대학교 대학원 박사학위논문.
장혜숙(2013). 주제 중심 통합적 놀이치료 프로그램이 요양시설 노인의 생활만족도와 자아통합감 증진에 미치는 효과. 경운대학교 사회복지대학원 석사학위논문.
장혜영(2014). 재가 치매노인 배우자의 돌봄체험에 관한 해석학적 현상학 연구. 서울대학교 대학원 박사학위논문.
장호순(2006). 치료레크리에이션이 여성 노인의 소외감 감소에 미치는 영향. 대전대학교 대학원 석사학위논문.
전남희 · 조원일(2018). 유튜브에 나타난 노인여가 프로그램의 영역별 대상과 기능적 요소 분석, **한국여가레크리에이션학회, 42**(8), 43-57.
전영수(2006). 레크리에이션 댄스가 노년기의 자기효능감 증진에 미치는 효과: 프로그램과 효과성 검증. 경기대학교 대학원 박사학위논문.
전은수(2013). 감각 장애인의 금융관련 문제 대처 과정에 관한 질적연구: 자립생활 패러다임 중심으로. 경기대학교 대학원 박사학위논문.
정길택(2015). 놀이 속성과 어린이 놀이시설의 관계 연구. 단국대학교 대학원 박사학위논문.
정애련 · 김미연(2017). 치료놀이 프로그램이 서울형 데이케어센터 이용 노인의 자아존중감과 자아통합감 증진에 미치는 효과. **아동가족치료연구, 15**, 67-80.
정여주(2006). **노인미술치료**. 서울: 학지사.
정우열(2017). 공공갈등관리의 성공과 실패사례 연구. 경남대학교 대학원 박사학위논문.
정원철(2008). **정신보건사회사업론**. 경기: 공동체.
전은미(2007). 치료레크리에이션 프로그램이 치매노인의 인지기능과 우울, 자아존중감에 미치는 효과. 대전대학교 석사학위논문.
전은영 · 김숙영 · 유현숙(2009). 음악요법과 율동운동이 시설 여성 노인의 삶의 질, 혈압 및 상지근력에 미치는 효과. **대한간호학회지, 39**(6), 829-839.

정경자(2014). 효과적인 노인여가 스포츠 프로그램을 위한 질적탐색. **한국체육학회지, 53**(6), 151-166.
정문성(2002). **협동학습의 이해와 실천**. 서울: 교육과학사.
정병천(2010). 군 리더의 감성역량이 집단 효과성에 미치는 영향. 동양대학교 대학원 박사학위논문.
전향원(2004). 창작무용이 협동학습과 경쟁학습이 학습태도와 자아개념 및 학업성취도에 미치는 영향. 전남대학교 대학원 박사학위논문.
조성한(2006). **사회복지정책론**. 경기: 법문사.
조영윤(2004). 치료레크리에이션이 치매 노인에게 미치는 효과성 사례 연구: 인지 기능과 일상생활수행능력을 중심으로. 한남대학교 사회복지대학원 석사학위 논문.
조용기 역(2010). **흥미와 노력 그 교육적 의의**. 서울: 교우사.
조용란(2012). 음악 놀이치료 프로그램이 노인의 우울에 미치는 영향. **예술심리치료연구, 8**(2), 102-123.
조용환(2015). 현장연구와 실행연구. **한국교육인류학회, 18**(4), 1-49.
조유향(2006). **치매노인케어론**. 서울: 집문당.
조장은(2013). 시각적 흥미를 유발하는 그래픽 디자인: 패러다임을 통한 시각표현을 중심으로. 이화여자대학교 대학원 박사학위논문.
조해숙(2011). 도구를 활용한 신체활동이 유아의 신체적 자아개념 및 공간개념에 미치는 영향. 전남대학교 교육대학원 석사학위논문.
전병주(2017). 베이비붐 세대의 성공적 노화에 미치는 영향요인: Rowe & Kahn의 이론을 적용하여. 한국교통대학교 대학원 석사학위논문.
정경숙(2001). 협동놀이 프로그램이 혼합 연령 집단 종일반 유아의 친 사회적 행동에 미치는 효과. 건국대학교 교육대학원 석사학위논문.
정경아(2009). 초등학교 창작 표현활동 수업개선을 위한 실행연구. 청주교육대학교 교육대학원 석사학위논문.
정경자·박정근·김성문(2017). 효과적인 노인여가 스포츠 프로그램을 위한 질적 탐색. **한국체육학회지, 53**(6), 151-166.
정문성(2008). **협동학습의 이해와 실천**. 서울: 교육과학사.
정준구(2013). **치료레크리에이션 개론**. 서울: 신정.
정여주(2018). 모야모야병으로 뇌질환 자애를 겪는 성인의 재활 미술치료 체험에 관한 해석학적 현상학 연구. 차의과학대학교 미술치료대학원 석사학위 논문.
주찬희·김옥녀(2018). 지역특성에 따른 노인복지관 프로그램 분석과 발전방향에 관한 연구. **한국콘텐츠학회논문지, 18**(1), 370-380.
차영희(2018). 놀이치료 프로그램이 노인의 우울과 죽음불안에 미치는 영향.

광주여자대학교 대학원 석사학위논문.

최슬애(2018). 재활병원 종사자의 직무 스트레스 정도에 따른 빗속의 사람(PITR) 그림 검사 반응 특서 연구. 대구사이버대학교 대학원 석사학위논문.

최인순(2008). 마인드맵을 활용한 시각문화감상교육. 건국대학교 대학원 석사학위논문.

최정호(2014). 근거이론을 통한 노인장기요양 실천 현장의 사례관리 수행과정 경험에 관련 연구: 대구광역시 재가노인복지시설을 중심으로. 영남대학교 대학원 박사학위논문.

추수진(2011). 대학 운동선수의 성취목표 성향이 승부근성 및 운동 몰입에 미치는 영향. 경희대학교 교육대학원 석사학위논문.

통계청(2016). **인구동향조사**. 서울: 통계청.

한용철(2015). 노인체육진행자의 협동학습모형 적용에 관한 문화기술적 이해. 인천대학교 대학원 박사학위논문.

한윤수·최정현(2008). 레크리에이션 복합운동 프로그램이 여성 노인의 체력에 미치는 효과. **한국노년학회**, 941-952.

한지선(2005). 인지능력 활성화를 통한 영문법 지도: 귀납적 특성을 통한 협동학습을 중심으로. 단국대학교 교육대학원 석사학위논문.

허 근·김지연(2017). **치매예방과 대처법**. 경기: 공동체.

홍명표(2007). 치료레크리에이션이 치매노인의 인지기능과 우울에 미치는 효과 연구: 실험설계 방법을 활용하여. 목원대학교 산업정도대학원 석사학위논문.

홍미연(2016). 알코올 중독자의 회복경험에 관한 질적 사례 연구. 광주대학교 사회복지전문대학원 박사학위논문.

홍은경·강정원(2001). 협력적 동작 표현 활동이 유아의 친사회적 기술에 미치는 효과. **한국유아교육학회, 21**(3), 5-26.

홍예영(2017). 아동양육시설 퇴소를 앞둔 청소년의 심리적 변화과정에 대한 질적 사례 연구. 서울여자대학교 일반대학원 박사학위논문.

Barsarab, D. J., & Root, D. K.(1992). *The training evaluation process*. MA: Kluwer Academic Publishes.

Boyer, K. A., Andriacchi, T. P,. & Beaupre, G. S.(2012). The role of phusical activity in changes in walking mechanics with age. *Gait & Posture, 36*(1), 149-153.

Creswell, J. W.(2010). **질적 연구방법론** (조흥식, 정선욱, 김진숙, 권지성 역). 서울: 학지사(원전은 2007년에 출판).

Deborah K. Paiget.(2010). **사회복지 질적 연구 방법론** (유태균 역). 서울: 나남출판(원전은 1998).

Folstein, M. F., & Folstein, S. E.(1975). Mini-mental state: a practical method for grading the cognitive state of patients for clinician. *Journal of Psychiatric Research, 12*(3), 189-198.

Johnson, D. W., & Johnson, R. T.(1994). *Learning together and alone: Cooperative, competitive, and individualistic learning*. MA: Allyn and Bacon.

Kamii, C., & Devries, R.(1980). *Group games in early education. Implication of Piaget's theory*. Washington. D. C: NAEYC.

Lewin, K.(1946). Action research and minority problems. *Journal of Issues, 2*(4), 34-46.

Merriam, S. B.(1988). *Case study research in sducation; A qualitative approach*. San Francisco; Jossey-Bass. 질적사례 연구법. 허미화 역(1994). 서울: 양서원.

Merriam, S. B.(1998). *Qualitative research and case study application in education*. San Francisco: Jossey-Bass.

Miles, M. and Huberman, M.(1994). *Qualitative data analysis*. CA: SagePublication. 질적자료분석론. 박태영·박소영·반정호 외(공역). 서울: 학지사.

Montessori, M. M(1992). Education for human development: Understanding Montessori, Schocken Books, New York.

Morgan, D. L.(1998). The Focus Group Guide book(Focusgroupkit1). CA: Sage.

Morse, J. M., & Field, P. A.(1995). Qualitative Research Methods for Health Professionals. London: Chapman and Hall.

Rotter J. B.(1980). 'Interpersonal treatment, trustworthiness and gullibility', *American Psychologist, 26*(1), 1-7.

Rowe, J. W., and R. L. Kahn(1998). *Successful Aging*. New York: Pantheon 87 Books.

Slavin. R. E.(1996). Research on cooperative learning and achievement: What we needs to know. *Contempory Education Psychology, 21*, 43-69.

Schaefer, C. E.(1993). *The therapeutic powers of play*. N. J.: Jason Anderson.

Stake, R. E.(1995). *The art of case study research*. Thousand Oaks, CA: Sage. 홍용희·노경주·심종희 역(2000). **질적 사례 연구**. 서울: 창지사.

Stake, R. E.(2000). Case studies. In Denzin, N. and Lincoln, Y. (eds.). *Handbook of qualitative research*. (pp. 435-454). Thousand Oaks, CA: SAGE.

Stake, R. E.(2005). Qualitative case studies in Norman K. Denzin & Yvonn.

Patton, M. Q.(2002). *Qualitative research and evaluation methods*(3rd ed.).

Thousand Oaks. CA: Sage.
WHO.(2011). WHO Guidelines on Health-Rehabolitation, concept paper.
Yin. R. K.(2003). *Case study research design and methods*(3rd de.). Thousand Oaks, CA: Sage.
Yin, R. K.(2009). *Case Study research : Design and Methods*(4th ed). LosAngeles, CA: Sage.

저/자/약/력

전 남 희

경기대학교 대학원 노인복지학 석사
경기대학교 대학원 사회복지학 박사

저서

- 21세기레크리에이션플레이파트 전서
- 명랑운동회 전서
- 복지레크리에이션
- 건강한 노인을 위한 노인놀이지도치매예방재활놀이 전서 I

연구 논문

- 정신장애 노숙인 재활쉼터 종사자들의 서비스 지원 경험
- 유튜브(You Tube)에 나타난 노인여가 프로그램의 영역별 대상과 기능적 요소 분석: 레크리에이션, 치료레크리에이션, 놀이치료
- 노인 여가 복지 프로그램의 효과성 검증 연구 동향 분석: 레크리에이션, 치료레크리에이션, 놀이치료
- 노인 대상 치매예방 놀이 프로그램의 효과성 검증을 위한 사례 연구

|저자| 전남희
|자문| 전영수, 김은숙
|도움| 조현숙, 전태양, 전재민

재활놀이 유튜브 동영상 강의 '허클베리핀TV'에서 보세요.

노인놀이지도 치매예방
재활놀이 실제 Ⅰ

초판 1쇄 인쇄 / 2021년 11월 20일
초판 1쇄 발행 / 2021년 11월 25일

저 자 / 전 남 희
발행인 / 이 중 수
발행처 / **동 문 사**

서울특별시 서대문구 홍제원 1길 12
(홍제동 137-8)
Tel : 02)736-3718(대), 736-3710, 3720
Fax : 02)736-3719
등록번호 : 1974.04.27. 제9-17호
가격 : 24,000원

ISBN : 979-11-6328-353-9 (93330)
E-mail : dong736@naver.com
www.dongmunsa.com